浙江省普通高校"十三五"新形态教材
高等职业教育汽车类专业创新教材

汽车销售基础与实务

主　编　周瑞丽　冯　霞
副主编　孙　丽　吴荣辉
参　编　厍银柱　康　超　梁文丹　李栋材

机械工业出版社
CHINA MACHINE PRESS

本书是 2020 年浙江省普通高校"十二五"新形态教材建设项目,以汽车 4S 店整车销售的情境为主线,全面、系统地介绍汽车销售各个环节的知识和技能,包括汽车销售市场环境认识、汽车销售顾问职业素养、客户开发、展厅接待、需求分析、产品介绍、试乘试驾、报价成交、交车、售后跟踪及车展销售等内容。

本书通俗易懂,图文并茂,形式生动活泼,有利于激发学生的学习兴趣。本书配有丰富的教学资源,可以通过扫描二维码观看现场视频,并有教学课件、任务工单等资源供参考和应用。

本书适用于高等职业院校汽车营销相关课程,也可供其他汽车专业方向学生学习使用,同时还可供在职的汽车销售顾问、售后服务顾问以及相关人员阅读参考。

图书在版编目(CIP)数据

汽车销售基础与实务 / 周瑞丽,冯霞主编 .— 北京:机械工业出版社,2022.4(2023.8重印)
高等职业教育汽车类专业创新教材
ISBN 978-7-111-70247-4

Ⅰ.①汽… Ⅱ.①周…②冯… Ⅲ.①汽车—销售—高等职业教育—教材 Ⅳ.①F766

中国版本图书馆CIP数据核字(2022)第034512号

机械工业出版社(北京市百万庄大街22号 邮政编码100037)
策划编辑:齐福江 责任编辑:齐福江
责任校对:史静怡 贾立萍 责任印制:李 昂
北京捷迅佳彩印刷有限公司印刷

2023年8月第1版第3次印刷
184mm×260mm·13印张·336千字
标准书号:ISBN 978-7-111-70247-4
定价:59.00元

电话服务 网络服务
客服电话:010-88361066 机 工 官 网:www.cmpbook.com
　　　　　010-88379833 机 工 官 博:weibo.com/cmp1952
　　　　　010-68326294 金 书 网:www.golden-book.com
封底无防伪标均为盗版 机工教育服务网:www.cmpedu.com

前言

2000年以来，随着我国经济的发展，作为衣食住行的重要组成部分，汽车的销量出现爆发式增长：2000年，我国汽车市场的销量还居世界第八位；2005年便跃居世界第二位，仅次于美国；2009年，汽车需求出现了井喷式增长，超越美国成为世界第一大汽车消费国。到目前为止，汽车产销量虽然增长速度逐渐减缓，但仍然稳居世界第一。

汽车产销量的增长也带来汽车行业人才需求的剧增，对汽车销售人才的要求也越来越高。权威机构预测，未来几年内汽车销售人才仍然紧缺。

党的二十大报告中指出："统筹职业教育、高等教育、继续教育协同创新，推进职普融通、产教融合、科教融汇、优化职业教育类型定位"。这本《汽车销售基础与实务》是在深度产教融合的基础上，经过校企共同开发的，凸显汽车销售职业人才培养的新形态教材。

《汽车销售基础与实务》以汽车4S店整车销售的情境为主线，全面、系统地介绍汽车销售各个环节的知识和技能，包括汽车销售市场环境认识、汽车销售顾问职业素养、客户开发、展厅接待、需求分析、产品介绍、试乘试驾、报价成交、交车、售后跟踪及车展销售等内容。

为更加贴近实际，本书采用的图片、流程、表单等素材大部分来源于相关汽车厂家及4S店。为体现营销工作过程的真实性，人物对话中所用的非规范术语未作修改。党的二十大报告指出："推动制造业高端化、智能化、绿色化发展"。汽车产业必将实现更高质量的发展，大量新技术新方法的应用，对于汽车产业销售人才的培养也提出了新要求。因此，本书在销售知识的基础上，融入新能源等汽车产业新技术，以应对人才培养的新要求。

本书通俗易懂，图文并茂，形式生动活泼，有利于激发学生的学习兴趣。本书配有丰富的教学资源，可以通过扫描二维码观看现场视频，并有教学课件、可修改的任务工单等资源供参考和应用。

本书已经入选2020年浙江省普通高校"十三五"新形态教材建设项目，并在"浙江省高校教材建设网"公示。

本书适用于职业院校汽车营销相关课程，也可供其他汽车专业方向学生学习使用，同时还可供在职的汽车销售顾问、售后服务顾问以及其他汽车行业相关人员阅读参考。

本书由台州职业技术学院周瑞丽（编写学习情境一、四、五、九）、无锡商业职业技术学院冯霞（编写学习情境七、八）任主编；包头职业技术学院孙丽（编写学习情境六）、汽车行业资深专家吴荣辉（编写学习情境二）任副主编；内蒙古农业大学职业技术学院库银柱（编写学习情境三）、康超（编写学习情境十）、台州职业技术学院梁文丹和李栋材参加编写和整理工作。

本书在编写过程中，参考了同类图书以及汽车厂家、4S店、网络的相关资料，在此对相关人员深表感谢！限于编者水平，本书难免存在不足之处，敬请广大读者不吝指正！

编 者

二维码总目录

素材名称	二维码	页码	素材名称	二维码	页码
站姿		026	巧用寒暄		066
坐姿		027	与客户道别		066
行姿		029	引领与寒暄		069
蹲姿		030	赞美顾客的技巧		069
邀请客户就坐礼仪		033	客户进入展厅四处张望接待		070
邀请客户上车礼仪		033	客户进入展厅直接看车接待		070
名片礼仪		033	客户直接问价接待		071
展厅准备		062	客户爱理不理应对		071
展厅接待主要工作		066	客户看一会就离开		072

(续)

素材名称	二维码	页码	素材名称	二维码	页码
客户喜欢，同伴觉得不好		072	价格商谈的技巧		140
竞品对比异议处理方法		104	贷款商谈		145
六方位绕车介绍		107	汽车保险商谈		148
车侧方介绍要点		107	汽车精品商谈		151
驾驶室介绍要点		107	新车交付		173
试乘试驾准备		117	售后电话回访		179
试乘试驾流程要点		125			

目 录

前 言
二维码总目录

学习情境一
汽车销售市场环境认识 / 001
任务一　汽车市场环境认识 / 002
任务二　汽车 4S 店体验 / 011

学习情境二
汽车销售顾问职业素养 / 018
任务一　汽车销售顾问岗位要求与职业形象塑造 / 019
任务二　了解汽车销售流程 / 038

学习情境三
客户开发 / 044
任务一　客户开发准备与实施 / 045
任务二　潜在客户管理 / 053

学习情境四
展厅接待 / 058
任务一　展厅接待准备 / 059
任务二　展厅接待流程 / 064

Contents

学习情境五
需求分析 / 077
任务一　客户购买动机及客户类型分析 / 078
任务二　需求分析方法 / 084

学习情境六
产品介绍 / 099
任务一　汽车产品展示方法 / 100
任务二　六方位介绍法 / 106

学习情境七
试乘试驾 / 115
任务一　试乘试驾准备 / 116
任务二　试乘试驾流程 / 125

学习情境八
报价成交 / 136
任务一　车辆报价与商谈 / 137
任务二　增值业务洽谈 / 144
任务三　签约成交 / 155

学习情境九
交车及售后跟踪 / 168
任务一　交车流程 / 169
任务二　售后跟踪 / 179

学习情境十
车展销售 / 187
任务一　车展销售概述 / 188
任务二　车展销售技巧 / 195

参考文献 / 200

学习情境一
汽车销售市场环境认识

本情境主要学习汽车销售市场环境的认知，分为两个工作任务：任务一汽车市场环境认识，任务二汽车4S店体验。

通过本情境的学习，你能够认识汽车销售市场环境的现状和发展趋势、汽车4S店的工作流程及各种实际场景的真实体验，为后续汽车销售内容的学习和工作奠定基础。

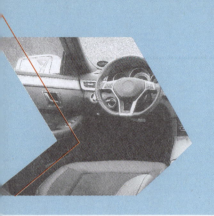

任务一 汽车市场环境认识

➡ 情境导入

作为从事汽车销售的相关人员，只有了解汽车销售市场现状，预测未来汽车行业发展趋势，准确把握时机，运用适当的汽车销售模式，才能实现高效的产品销售。

通过本任务的学习，可以掌握汽车市场现状及发展趋势，熟悉汽车产品基本知识和特点，掌握汽车销售的主要模式，为从事汽车销售服务工作打下理论基础。

➡ 任务目标

1. 能描述我国汽车销售市场现状。
2. 能描述我国汽车销售的模式及特点。
3. 能描述我国汽车销售模式的发展趋势。
4. 能调研、分析所在区域汽车销售模式的特点及发展趋势。

一、基本知识

1. 我国汽车销售市场现状

（1）我国汽车产销量的数据

我国汽车的产销量自2009年开始跃居世界第一。根据2022年1月中国汽车工业协会发布的数据，2021年我国汽车产销量分别达2608.2万辆和2627.5万辆。

近年来，虽然受大环境的影响，我国汽车产销量有所下降，但至今为止仍然稳居世界汽车产销量第一的"宝座"。

根据公安部交管局的数据，截至2021年底，全国汽车保有量达到3.02亿辆。仅仅从汽车销售数量就可以看出，我国仍然是汽车消费大国，人们的生产、生活已经离不开汽车。发展汽车工业可以不断改善人类的生活水平，推动社会的进步，汽车产业在国民经济中的作用已经不言而喻。

（2）国家政策对汽车行业的影响

近年来，国家有关部门出台的一系列政策，特别是"反垄断"政策，对汽车行业造成较大的影响。

1）2014年7月31日，国家工商总局发布《关于停止实施汽车总经销商和汽车品牌授权经销商备案工作的公告》，规定自2014年10月1日起，停止实施汽车总经销商和汽车品牌授权经销商备案工作。

影响结果：4S店汽车经销权垄断打破；4S店利润降低；催生汽车城和平行进口车业务。4S店发展受到限制，并造成一大批经营状况不佳的企业倒闭。

2）国家发改委、公安部等十部委于2014年9月3日发布《关于促进汽车维修业转型升级 提升服务质量的指导意见》，促进汽车产业升级；鼓励连锁经营，促进市场结构优化；鼓励品牌化发展，充实汽车行业发展内涵。

影响结果：洗车美容、快修快保、高端品牌专修等业态连锁体系出现。

3）交通运输部2015年17号令发布。

第一，车主可以自由选择修车地点。规定显示，托修方有权自主选择维修经营者进行维修。除汽车生产厂家履行缺陷汽车产品召回、汽车质量"三包"责任外，任何单位和个人不得强制或者变相强制车主到指定维修点保养或修车。

第二，托修方、维修经营者可以使用同质配件维修机动车。同质配件是指产品质量等同或者高于装车零部件标准要求，且具有良好装车性能的配件。

影响结果：4S店对车主的限制解除，对综合汽车维修企业有利。大批售后维修"品牌件"厂家及汽配供应链产生。

4）"互联网+"。"互联网+"就是利用互联网的平台和信息通信技术，把互联网和包括传统行业在内的各行各业结合起来，在新的领域创造一种新的生态。

影响结果：汽车销售和售后服务的模式发生重大变革。让消费者更方便地拥有汽车，而诸多汽车后市场服务O2O企业则通过互联网对接不同的服务提供商和需求方，方便车主购车后的各类服务消费。

2. 我国汽车销售模式及特点

在国家相关政策法规的指导下，经过汽车制造厂、经销商、消费者三方利益和责任博弈，目前我国的汽车销售模式可概括为4种：汽车品牌特许经营店、汽车交易市场、汽车超市、汽车园区。

（1）汽车品牌特许经营店

汽车品牌特许经营模式通常是汽车制造商与汽车经销商签订合同，授权汽车经销商在一定区域内从事指定品牌汽车的营销活动，通常在同一专卖店中仅销售单一品牌的产品，具有统一的外观形象、统一的标识，实行统一的管理标准。

汽车特许经销商的功能通常包括新车销售、二手车回收/销售、维修服务、配件销售、信息反馈等。汽车制造商通常会对汽车经销商的销售模式、宣传模式、服务标准、销售流程、专卖店的CI（企业形象识别）等做出要求。

汽车品牌特许经销商也称为汽车专卖店，根据汽车专卖店各种功能的不同组合，可以分成2S专卖店、3S专卖店、4S专卖店等，其主流是以"四位一体"为核心的4S专卖店模式（图1-1-1），即整车销售（Sale）、零配件（Spare part）、售后服务（Service）、信息反馈（Survey）。

汽车专卖店销售模式的特点：由于有汽车生产厂家的支持，汽车专卖店在品牌、信誉和服务等方面

图1-1-1 4S专卖店

具有先天的优势，更容易取得消费者的信任。但是汽车专卖店投资大、资金回收慢，销售的品牌和车型相对单一，而且专卖店必须取得汽车生产厂家的授权，销售政策也受到厂家的管控。

（2）汽车交易市场

汽车交易市场（图1-1-2）是将许多汽车专卖店集中在一起，提供多种品牌汽车的销售和服务，同时还提供汽车销售的其他延伸服务，如贷款、保险、上牌等的一种汽车销售模式。它通常由一家实体公司来运作汽车交易市场，形成自己的品牌，并由该公司组织相关资源提供延伸服务。汽车交易市场是我国汽车流通领域独有的一种销售模式，曾是中国汽车市场的主流模式，遍布各大中型城市，为促进我国汽车流通市场的发展发挥了重要作用，今后在很多地方还将发挥主要作用。目前绝大部分的大中城市至少有3~4家交易市场，有的甚至有10多家，沈阳、上海、西安、深圳等城市仍在建设大型或超大型的汽车交易市场，有的甚至以建设中国最大或亚洲最大的汽车交易市场为目标。

汽车交易市场销售模式的特点：汽车交易市场管理与服务集中，经营品牌多，利于消费者"货比三家"，同时也利于监管部门对交易活动的管控，以及提供上牌、保险、金融、配件及其他售后服务的全方位提供。但是汽车交易市场占地面积大，难以找到合适的场地，一般只能选择比较偏远的地区。另外，由于汽车交易市场商家众多，良莠不齐，管理难度较大。

（3）汽车超市

汽车超市是一种可以代理多种品牌的汽车，并提供这些代理品牌汽车销售和服务的汽车销售模式。例如，四川成都某汽车经销商早在2002年就在采用"超市大卖场"的模式进行新车销售，其销售展厅里就汇集了各种品牌的车辆，并且进口车与国产车摆在一起销售。最著名的汽车超市是苏宁汽车超市（图1-1-3），2017年7月，首家苏宁汽车超市在南京开业。

汽车超市销售模式的特点：汽车超市销售的品牌和车型多，方便消费者选购的同时，也避免单一品牌、高低端品牌经营带来的风险，并且汽车超市可以通过大批进货或买断车型等手段取得价格优势，让利消费者或者获取更大的利润。但是汽车超市因为汽车生产厂家实行专卖政策及市场竞争的原因，难以取得汽车经销代理权，只能从指定的专卖店进货，造成成本增加。

图1-1-2 汽车交易市场

图1-1-3 第一家苏宁汽车超市

（4）汽车园区

汽车园区是一种新型的销售模式，是现代化、都市化、花园式、主题式4个园区特色的有机结合，是有形汽车交易市场在规模和功能上的"升级版"。汽车园区主要体现在功能上的全面性，在汽车销售、维修及配件销售等方面更多地加入汽车文化、汽车科技交流、汽车科普教育、汽车展示，汽车信息、汽车旅游和娱乐等功能。例如某国际汽车城，不仅提供汽车交易、工商、税务、车检、交通、银行、保险等服务，还从事进口车展销、汽车咨询、汽车俱乐部、汽车博物馆、车迷论坛、餐饮娱乐等服务，并具备二手车的交易、评估、过户、转籍、置换、拍卖、保险等功能。有的甚至在汽车园区内或周围建立大型购物中心，以满足消费者一站式的消费习惯。近年来风靡全国的"酷车小镇"（图1-1-4）就属于汽车园区这种类型。

图1-1-4 酷车小镇

汽车园区销售模式的特点：汽车园区能更好地提供汽车销售、汽车展示、售后服务、二手车交易等完善服务，兼顾了汽车专营店的特点；汽车品牌更齐全，管理更系统规范，客户选择范围更广；园区一般设在城市的郊区，经销商所需的投资会相对减少；园区集商贸和娱乐于一身，具有更强的吸引消费人气的能力。但是，汽车园区投资巨大，投资回收期长；功能复杂，管理困难。

总体看来，目前中国的一级市场上，以4S店为主导的销售体系已经形成，但在二级市场，包括非沿海和经济发达地区的省会城市，围绕汽车销售、汽车服务和后市场等其他产业，更多规模化的汽车交易市场正在成为一股不可忽视的新兴力量。

3. 我国汽车销售模式的发展趋势

随着中国汽车企业的逐渐成熟，汽车厂家之间的竞争日趋激烈，不同企业之间的市场份额在新一轮的兼并重组、渠道争夺中发生变化，随着中国汽车市场的发展，汽车销售模式将会走向多样化、扁平化、信息化、一体化和网络化。

（1）多样化

在今后相当长的一段时间内，我国汽车销售将是专卖店、汽车超市、交易市场、汽车园区等多种销售模式并存，甚至会出现如国美、苏宁这些大的家电连锁商，形成汽车连锁零售商。

（2）扁平化

所谓扁平化，是指营销渠道的层级要尽可能少，厂商与消费者的距离应尽可能近。因此，企业通常的做法是对通路成员的职责进行重组，从而达到以最少的通路成员完成既定销售任务的目的。为降低渠道的成本，渠道的扁平化设计已经渐渐成为主流，在汽车营销渠道模式的选择上，虽然不同企业由于自身特点不同，在渠道结构的表现上会有较大差异，但在营销通路的设计中，扁平化会成为不同企业把握的一个基本原则。

（3）信息化

渠道的信息化建设，其主要目的是提高信息反馈速度。随着社会的不断发展，互联网应用的普及率不断提高，一些传统的营销手段淡出市场的同时，一些富有创新的模式开始登上舞台。电子商务在整体汽车营销模式中的比重必然会大幅增加，车型选择、订单处理、资金往来、物流配送、配件供应、维修服务等都能够在网上实现或通过网络提供信息支持。有业内人士认为，对于国内汽车企业而言，信息化也许比整车制造更为重要，国外汽车巨头的一大优势就是信息化所带来的反馈速度和沟通效果。

（4）一体化

整合服务资源，实现渠道建设的一体化。如果说多样化、扁平化、信息化解决了汽车营销渠道模式、结构和效率的问题，那么要提高渠道的综合服务功能，则有赖于渠道建设的一体化。有调查显示，对于普通的汽车消费者来说，超过92%的用户倾向于经销商能提供统一的销售、维修服务。今后随着汽车市场的发展，经销商只有提供一体化的"一条龙服务"才能够适应未来市场的需要,而以往的销售、服务相分离的运营方式将因为不适应消费者要求而被市场淘汰。

(5)网络化

相对于传统营销手段,网络营销能够超越时间和空间的制约,更直接地满足消费者的需求,同时减少了传统营销中层层加价的问题,能很好地控制终端客户的满意度,给客户更大的优惠,因而具有更大的优势。企业通过大力探索各种具体的营销业务,如电子商务、网上调研、网上新产品开发、网上分销、网上服务等,充分利用网络资源,并不断向网络营销靠拢。作为一项新的销售模式,不可否认网络营销存在着诸多不足,但随着信息化、网络化的发展,网络营销将会是未来销售模式的风向标。

电子商务进入市场以后,给传统行业带来了巨大的冲击!如今面临市场再次进化,线上线下重度融合的新零售模式,让整个零售业重新定义。

自无人超市之后,2018 年,天猫无人汽车销售店(图 1-1-5)也来了!没有一个销售员、没有一个服务员,更没有一个收银员。手机上天猫下单,支付宝完成付款,无人汽车店提车走人。全部流程只需 20 分钟,一切公开透明,没有后顾之忧。由于全程不需要人工,节约了大量成本,价格上将比传统 4S 店便宜很多。需要人工介入的试乘试驾,采用传统 4S 店的模式,而上牌照问题则可以与交通管理部门合作解决。

图 1-1-5 "无人"汽车销售店

线上+线下的新销售模式,将烦琐及可能产生黑暗交易的流程全部放到了线上,例如合同、车价、保险、贷款等一系列手续均在网上完成,体现其优越性!仅用了 3 天,天猫就卖出 3 万多辆汽车,相当于一个大型汽车集团一年的销量。

综上,国家反垄断政策,特别是原国家工商行政管理总局出台的《关于停止实施汽车总经销商和汽车品牌授权经销商备案工作的公告》,打破原有整车销售的垄断局面,出现了类似家电行业"国美""苏宁"的汽车"大卖场"销售模式。电商行业的发展,实现了利用互联网进行汽车销售,使汽车的销售模式与家电产品的销售模式越来越接近。

二、拓展知识

1. 新能源汽车市场概况

汽车产业快速发展带来的交通拥堵、能源危机和环境污染是限制汽车发展的主要瓶颈,新能源汽车产业已成为国家重点发展和大力扶持的产业。由于国家政策的扶持,新能源汽车得到飞速地发展,2021 年新能源汽车销量达 352.1 万辆,累计保有量已超过 784 万辆。新能源汽车后市场将需要大量的销售、维修及其他方面的专业人才。

(1)新能源汽车的定义

新能源汽车包括两层含义,即新能源和汽车。

新能源又称非常规能源,是指传统能源之外的各种能源形式,即刚开始开发利用或正在积极研究、有待推广的能源,如太阳能、地热能、风能、海洋能、生物质能和核聚变能等。

根据 2017 年 7 月 1 日正式实施的《新能源汽车生产企业及产品准入管理规定》(工信部第 39 号令):新能源汽车是指采用新型动力系统,完全或者主要依靠新型能源驱动的汽车,包括插电式混合动力(含增程式)汽车、纯电动汽车和燃料电池汽车等。

汽车用的新型能源,即非常规的车用燃料,指除汽油、柴油、天然气(NG)、液化石油气（LPG）、乙醇汽油（EG）、甲醇、二甲醚之外的燃料。

增程式电动汽车（Extended-Range Electric Vehicles，简称EREV），是电动汽车的一种。其与纯电动汽车的区别是，车辆上安装了一台燃油发动机（内燃机），但不直接驱动车辆，只是在动力电池电量不足时为动力电池充电。

如图1-1-6是特斯拉纯电动汽车；图1-1-7是比亚迪秦插电式混合动力汽车；图1-1-8是燃料电池汽车。

图1-1-6　特斯拉纯电动汽车

图1-1-7　比亚迪秦插电式混合动力汽车

图1-1-8　燃料电池汽车

（2）我国新能源汽车现状与发展趋势

由于气候变暖、环境污染、能源危机等原因，新能源汽车的开发早已引起了全球汽车生产厂家的关注，绝大多数汽车公司转向研究和开发新能源汽车。各国政府也相继发布新能源汽车发展战略和国家计划，加大政策支持力度，增加研发投入，全力推进新能源汽车产业化。随着新能源汽车技术瓶颈突破的预期大大增强，新能源汽车产业进入了快速发展的新阶段。

与国外新能源汽车应用相似，我国新能源汽车目前主要应用在大型公交汽车、物流营运汽车、共享汽车、网约汽车等方面，家庭用车占比较少。如图1-1-9是应用广泛的城市纯电动公交车。

根据中国汽车工业协会发布的汽车工业产销量数据显示，即便在汽车行业整体产销量下滑的情况下，我国新能源汽车仍然保持大幅度的上涨趋势。2021年全国新注册登记新能源汽车295万辆，占新注册登记汽车总量的11.25%，与上年相比增加178万辆，增长151.61%。

综上所述，新能源汽车虽然在短期内不能完全替

图1-1-9　纯电动公交车

代传统的内燃机汽车，但新能源汽车成为汽车产业的主流是大势所趋。

2. 新能源汽车销售的优惠政策

（1）新能源汽车的补贴政策

政府对加快新能源汽车的发展起着至关重要的作用。政府出台政策引导和加大资金投入，推进汽车生产企业加大对新能源汽车研发的力度，同时要加大示范运行范围和力度，为新能源汽车规模化、产业化发展做准备。针对新能源汽车产业的发展，我国政府相继出台一系列政策、法规和技术标准，并且根据发展状况不断更新和调整。

新能源汽车补贴标准是为贯彻落实国务院关于培育战略性新兴产业和加强节能减排工作的部署和要求，由中央财政安排专项资金，支持开展私人购买新能源汽车补贴试点。2013年以前的政策是：1.6L以下、排放达国Ⅳ、满足第三阶段《乘用车燃料消耗量限值》的乘用车和非插电式混合动力车补贴3000元；插电式（PlugIn）混合动力车补贴4000~50000元；电动车补贴60000元。

自2010年中央实施新能源汽车补贴政策以来，补贴额度逐年下降，享受补贴的车辆标准逐年提高。2013年，财政部、科技部、工业和信息化部、国家发展改革委联合发布的《关于继续开展新能源汽车推广应用工作的通知》规定，纯电动乘用车、插电式混合动力（含增程式）乘用车、纯电动专用车、燃料电池汽车2014和2015年度的补助标准将在2013年标准基础上下降10%和20%。

为加快汽车产业技术进步，着力培育战略性新兴产业，推进节能减排，2015年4月29日，财政部、国家发展改革委、工信部和科技部四部委联合下发的新一轮新能源汽车补贴政策正式出台，补贴额度大幅退坡。政府部门对新能源汽车的补贴政策进行调整，由普惠扶持转向择优扶强。

在新能源汽车补贴政策不断调整的同时，政府对汽车企业的燃料消耗量限值的要求不断降低。2017年新能源汽车补贴增加了整车能耗要求，提高了整车续驶里程门槛要求，引入了动力电池新国标，提高了动力电池的安全性、循环寿命、充放电性能等指标要求，设置了动力电池能量密度门槛，提高了燃料电池汽车技术要求和安全要求。

2018年2月13日，财政部正式发布由四部委联合起草的《关于调整完善新能源汽车推广应用财政补贴政策的通知》，纯电动乘用车的补贴普遍减少，更加细分了补贴标准，实现了"低退高补"的态势。尤其是对纯电动车型来说，对于长续驶里程、高能量密度电池的产品持扶持态度，对于短续驶里程、技术指标落后的产品则降低了补贴标准。

国家对新能源乘用车补贴对象依然是纯电动汽车、插电式混合动力汽车和燃料电池汽车，但对车辆的技术要求进一步提高。

一是纯电动综合工况续驶里程补贴。续驶300km以下的车型补贴会大幅下降，只有续驶300km及以上的车型才能获得比以往更高的财政支持；续驶里程下限从100km提升到了150km，并且增加了400km续驶里程补贴的档位。

二是动力蓄电池系统能量密度补贴。对于纯电动乘用车动力蓄电池系统能量密度的硬性要求，从90Wh/kg提升到105Wh/kg；1.1倍的补贴调整系数依然存在，但是电池系统能量密度必须达到140Wh/kg（2017年为120Wh/kg）才能享受，对于低能量密度的车型（105~120Wh/kg），补贴调整系数则是下降到了0.5。

2019年3月26日，四部委联合印发了《关于进一步完善新能源汽车推广应用财政补贴政策的通知》，对2019年及过渡期间的新能源汽车补贴方法进行了规定。此次补贴总体来看是国家补贴下调了50%以上，取消了地方补贴，对应整体退坡幅度在60%以上。地方补贴取消转向至充电（加氢）基础设施建设及配套运营服务等方面。对续驶里程、动力蓄电池系统的质量能量密度、能耗水平等提出了更高的要求，进一步增强了各项性能指标的提升。

从纵向看，国家对新能源汽车的补贴政策的变化（表1-1-1）是：补贴力度逐渐减小；补贴从普惠制到扶强扶优；补贴更加注重对新能源汽车关键技术发展的侧重；补贴通过新能源汽车各项性能指标的细化与提升进行考量；补贴从单一的生产转向新能源汽车基础设施建设及配套运营服务等方面。这些变化实则对于新能源汽车行业的长远发展有利。

表 1-1-1　2020 年新能源汽车国家补贴标准

（单位：万元）

车辆类型	纯电动续驶里程 R（工况法、Km）		
纯电动乘用车	$300 \leq R < 400$	$R \geq 400$	$R \geq 50$（NEDC 工况） $R \geq 43$（WLTC 工况）
	0.91	1.26	—
插电式混合动力（含增程式）乘用车	—	—	0.48

1. 纯电动乘用车单车补贴金额 = Min { 里程补贴标准，车辆带电量 ×280 元 }× 电池系统能量密度调整系数 × 车辆能耗调整系统。
2. 对于非私人购买或用于营运的新能源乘用车，按照相应补贴金额的 0.7 倍给予补贴。
3. 补贴前售价应在 30 万元以下（以机动车销售统一发票、企业官方指导价等为参考依据，"换电模式"除外）。

（2）新能源汽车财税政策

1）车辆购置税：2014 年 8 月 1 日，国家税务总局等 3 部委联合发布《关于免征新能源汽车车辆购置税的公告》，规定自 2014 年 9 月 1 日至 2017 年 12 月 31 日，对购置的新能源汽车免征车辆购置税。为配合该政策的实施，8 月 29 日，工信部、国税总局联合发布《免征车辆购置税的新能源汽车车型目录（第一批）》，明确了首批享受政策优惠的车企与车型。

2019 年，政府工作报告明确表示，将新能源汽车车辆购置税优惠政策再延续 3 年。依据财政部等部委联合发布的相关政策显示，从 2021 年 1 月 1 日起，至 2022 年 12 月 31 日止，新能源汽车继续享受免征车辆购置税的税收优惠。

2）车船税：为鼓励购买新能源汽车，2015 年，《财政部、国家税务总局、工业和信息化部关于节约能源使用新能源车船车船税优惠政策的通知》（财税〔2015〕51 号）规定，"对使用新能源车船，免征车船税。"免征车船税的新能源汽车是指纯电动商用车、插电式（含增程式）混合动力汽车、燃料电池商用车，纯电动乘用车和燃料电池乘用车不属于车船税征税范围，对其不征车船税。三部门还联合制定《享受车船税减免优惠的节约能源、使用新能源汽车车型目录》，新能源汽车只有列入目录才能享受免征优惠。

3）其他税种：为鼓励新能源汽车的生产，国家还对新能源汽车生产厂家实施了增值税、企业所得税、消费税等税种的税收优惠政策。

（3）新能源汽车贷款政策

2017 年 11 月 8 日，央行正式发布《关于调整汽车贷款有关政策的通知》，宣布自 2018 年 1 月 1 日起，购买新能源汽车贷款最高发放比例为 85%，商用新能源汽车贷款最高发放比例为 75%。也就是说，只要买新能源汽车，首付只需 15%！

（4）新能源汽车交通相关政策

1）新能源汽车的驾驶资格：电动汽车的车长、车宽，包括车速都和传统燃油车一样，最高时速超过60km/h，驾驶者必须持有C类驾驶证才能上路行驶。

2）新能源汽车的牌照：按照国家规定，新能源汽车上牌必须符合工信部发布的《全国机动车辆生产企业及产品公告》相关规定，以及拥有车辆合格证、购车发票、完税证明、交强险等，而未列入《道路机动车辆生产企业及产品公告》的汽车，按照规定不能上牌。

城市微型电动汽车各项指标符合国家相关条件的，可以按照规定申领牌照，使得车辆及驾驶更有保障，并且享受免除车辆购置税、不受车牌尾号限制，以及购车补贴等鼓励政策。

3）不受尾号限行规定的限制：根据公安部交通管理局的统一部署，自2017年11月20日起，将在全国分三批推广新能源汽车专用号牌，全国实行"绿色车牌"。绿色车牌享有其他车牌没有的"特权"。比如，凡悬挂绿色车牌的车辆，不受尾号限行规定的限制；大量停车场免费停车2h；而送货的快递车，只要是绿色车牌，也不受尾号限行规定的限制。

➡ 复习题

1. 判断题

（1）我国的汽车销售模式包括汽车专卖店、汽车交易市场、汽车超市、汽车园区。（　　）

（2）国家发改委、公安部等10部委于2014年9月3日发布《关于促进汽车维修业转型升级提升服务质量的指导意见》促进汽车产业升级，影响结果是4S店汽车经销权垄断被打破。（　　）

（3）交通运输部17号令规定车主可以自由选择修车地点。（　　）

（4）交通运输部17号令提出托修方、维修经营者可以使用同质配件维修机动车，影响结果是"副厂件"终于"转正"成为"品牌件"，大批汽配供应链产生。（　　）

2. 单项选择题

（1）托修方、维修经营者可以使用（　　）维修机动车。

　　A. 高质量配件　　　　　　　　　　B. 质量等级低，但能保证装配的配件
　　C. 同质配件　　　　　　　　　　　D. 任何厂家配件

（2）产生"大量资金涌入汽车后市场，O2O模式对传统汽车维修服务带来巨大冲击，维修企业的利润严重缩减"影响结果的是（　　）政策。

　　A. 社保入税　　　　　　　　　　　B. 国家环保政策
　　C. "互联网+"政策　　　　　　　　D. 交通运输部17号令

（3）以下不属于汽车专卖店优势的是（　　）。

　　A. 服务优势　　　B. 品牌优势　　　C. 信誉优势　　　D. 投资优势

3. 多项选择题

（1）以下属于汽车专卖店劣势的有（　　）。

　　A. 品牌和车型相对单一　　　　　　B. 消费者的品牌认知度、忠诚度不高
　　C. 投资大、回收慢　　　　　　　　D. 车型、价格都是由厂家定制

（2）汽车交易市场提供的服务有（　　）。

　　A. 单一品牌汽车的销售　　　　　　B. 多种品牌汽车的销售
　　C. 贷款　　　　　　　　　　　　　D. 保险

（3）我国汽车销售模式的发展趋势呈（　　）。

　　A. 多样化　　　　B. 扁平化　　　　C. 信息化　　　　D. 网络化

任务二　汽车 4S 店体验

🔶 情境导入

王老师带领学生来 4S 店参观学习，作为销售顾问，请你引导王老师一行参观该店，并完成讲解介绍工作。

🔶 任务目标

1. 能描述汽车 4S 店经营模式的概念。
2. 能描述汽车 4S 店经营模式的优势和劣势。
3. 能描述汽车 4S 店的组织机构及岗位职责。

一、基本知识

1. 汽车 4S 店经营模式

4S 店是 1998 年以后才逐步由欧洲引入到我国的。由于 4S 店与汽车生产厂家之间建立了紧密的产销关系，具有购物环境优美、品牌意识强等优势，一度被国内诸多厂家效仿，这种模式在国内发展极为迅速。

图 1-2-1 是一汽 - 大众 4S 店的外观形象图。

汽车 4S 店是一种以"四位一体"为核心的汽车特许经营模式，包括整车销售（Sale）、零配件（Spare Part）、售后服务（Service）、信息反馈（Survey）四部分。4S 店拥有统一的外观形象、标识和管理标准，一般只经营单一品牌。汽车 4S 店是由汽车经销商投资建设，用以销售由生产商特别授权的品牌汽车，其渠道模式可以表述为：汽车厂商—专卖店—最终用户。

图 1-2-1　一汽 - 大众 4S 店的外观形象图

1）整车销售（Sale）是相对于配件销售来说，整车销售的工作主要是销售整辆汽车。

2）零配件（Spare Part）指汽车原厂件供应，包括汽车零部件、装潢件、配置件和索赔件。

3）售后服务（Service）是现代汽车企业服务的主要组成部分，是整车销售后为客户提供的车辆使用的相关服务工作，包括车辆维修、质量保修、维护保养、车内装饰、索赔咨询、技术咨询和配件供应等。

4）信息反馈（Survey）是指定期回访客户，了解客户的心理及需求，倾听客户的意见，认真做好记录，建立客户档案，可为经销商带来新的商机。

2. 汽车 4S 店经营模式的优势和劣势

（1）汽车 4S 店的优势

1）完善的服务系统。4S 店是集售前售后于一体的汽车综合服务企业，具有完善的服务管理系统。服务人员全部经过专业培训上岗，拥有完善的服务体系，能够较好地处理和解决车主从购车、养护到车险赔付的一系列问题。普通汽车维修店由于工作人员专业化素质不够高、店面管理模式不够成熟，出了问题相互推诿，找不到负责方，容易给车主留下不好的印象，信誉度远不及 4S 店。再者，由于 4S 店改进了之前的汽车营销观念，从满足客户需求的角度来销售汽车产品，站在车主的角度考虑问题，从而消除了广大车主的后顾之忧，会给车主留下良好的印象。

2）专业的技术支持。4S 店一般只经营一个厂家的车型，因此厂家会负责对工作人员进行系统培训及提供维修方面的技术支持。这些工作人员在汽车的性能、技术参数、使用、维护、常见故障等方面都积累了丰富经验，做到了"专而精"。与之相比，普通汽车维修店的工作人员接触的车型较多，很难对每种车型做到精通，在一些技术方面有时只知其一不知其二，只是经验化操作。因此，4S 店专业化的服务更易令车主放心，可信任度较高。

3）安心的售后服务。4S 店非常注重服务品牌的建立，并且可以得到汽车生产厂家的技术支持，向消费者提供原厂配件。每一家汽车 4S 店都有一整套健全完善的汽车售后服务流程，并且由专业售后服务顾问来完成。在汽车的购买、保养、维修服务等全过程都体现出以客户为本的良好售后服务理念。因此，车主既放心购车，也放心售后。销售与售后的一条龙服务，在给车主带来方便的同时，也给 4S 店带来了更大的市场和收益。

4）人性化的服务。4S 店的售后服务还给客户提供了无微不至的人性化关怀。如定期的短信发送，提醒车主年审、保险、索赔、保养的时间；代办保险和二手车置换业务，开通 24 小时救援热线，车辆在路上出了故障，只要车主打电话求助，就可以马上安排服务人员及时处理救援；针对客户汽车保养、简单故障维修，在售后部成立快修区，车主只要把车钥匙交给售后部前台工作人员，然后就可以坐在休息室里喝咖啡、看电视、上网、听音乐，售后部工作人员会以最快的速度将车修好。据了解，一般正常的汽车保养，连带赠送的洗车服务仅需 45min 到 1h，而车主在等待的 1 小时中会享受到优质的服务。

（2）汽车 4S 店的劣势

一般来说，汽车 4S 店具有如下的劣势：

1）投资大，风险高。一个 4S 店的建设需要大量的资金投入，少则上百万元，多则上千万元，一般由经销商自己投资建立，存在较高的投资风险。

2）车型单一。4S 店的展厅里面没有更多同档次车型进行比较，无法满足消费者多样性的需求。

3）维修保养费用偏高。

4）标准流程环节多，加上客户较多，会导致服务等待时间增长。

3. 汽车 4S 店的组织机构及岗位职责

下面以一汽-大众 4S 店为例，介绍 4S 店的组织机构及岗位职责。

（1）汽车 4S 店组织机构图

经销商申请开业验收时必须满足最低人数（18人）配置标准，其他业务虽未配备专职人员，但仍需由现有人员兼职开展。开业一年后，当各项业务量均达到基础运营规模，配备人数根据业务量增加。当某项业务量未达到基础运营规模，该项业务执行开业版本对应的岗位要求；其他岗位根据业务量发展及实际情况自行配备。图1-2-2所示是一汽-大众4S店基础运营组织机构图。

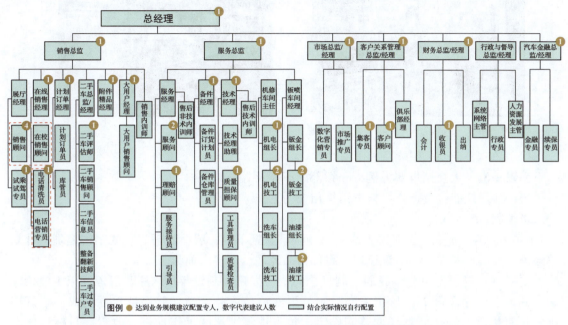

图 1-2-2　一汽-大众 4S 店基础运营组织机构图

图 1-2-3 是汽车 4S 店销售前台，图 1-2-4 是汽车 4S 店销售展厅。

图 1-2-3　汽车 4S 店销售前台

图 1-2-4　汽车 4S 店销售展厅

图 1-2-5 是汽车 4S 店售后服务接待前台，图 1-2-6 是汽车 4S 店售后维修车间，图 1-2-7 是汽车 4S 店配件（备件）部。

图 1-2-5　汽车 4S 店售后服务接待前台

图 1-2-6　汽车 4S 店售后维修车间

图 1-2-7　汽车 4S 店配件（备件）部

（2）汽车 4S 店部门职能及人员编制

下面以一汽 - 大众销售部为例，介绍部门职能及人员编制。

销售部部门职能：负责公司整车销售相关的工作。

人员编制：2~5 人。

1）销售总监（1 人）。直接上级：总经理；直接下级：展厅经理、在线销售经理、计划订单经理、大用户经理、二手车经理、附件精品经理、销售内训师。

主要职责：根据公司总体规划，制订公司销售战略，制订年度 / 月度销售目标（包括零售、大用户、二手车等），与相关部门制订附件精品业务计划，并保证目标完成；制订销售满意度目标并与经销商总经理共同确定，负责销售满意度工作推进、改善和目标达成，维护品牌形象、提升销售满意度；负责展厅销售、大用户、二手车等业务的制度、流程的制订和开展；负责销售订单、车辆交接、资金、车辆保管及人员内训等业务各环节的管理监控，并推进改善；负责与一汽 - 大众、相关部门共同解决重大客户投诉；按照集团商务政策、促销政策、销售流程等开展销售工作，与市场部和客户关系管理部共同制订销售策略，并配合一汽 - 大众或经销商组织各类活动；收集行业销售相关信息，对行业信息和经销商本身进、销、存等信息进行分析，并将信息提供给集团和经销商市场部和客户关系管理部。

2）在线销售经理（1 人）。直接上级：销售总监；直接下级：在线销售顾问、电话清洗员、电话营销专员。

主要职责：年度 / 月度网络销售计划制订、跟踪和落实，保证完成年度网络销售目标；业务协调管理及统筹，管理在线销售顾问的日常工作，对在线销量负责；督导数字化平台、系统、工具的使用，每日晨会更新数字化平台推广、最新价格、库存及产品等信息；制订网络销售方案，将销售线索分配给在线销售顾问，对销售线索进行统计、分析，并促成最终成交，同时对战败线索进行审核；收集并向市场部提供竞品促销、产品等信息，与市场部共同制订销售策略和组织培训下属营销和销售话术、工作技巧及业务知识；负责解决一般用户投诉；配合解决重大客户投诉；月度指标分解及目标设定，监控工作进度并提供月度业绩公告。

3）展厅经理（1 人）。直接上级：销售总监；直接下级：销售顾问、试乘试驾专员。

主要职责：年度 / 月度展厅销售计划制订、跟踪和落实，保证完成年度展厅销售目标；负责监督销售顾问按照标准销售流程开展工作；与客户关系管理部共同制订销售满意度年度目标，负责销售满意度工作推进、改善和目标达成；与相关部门共同制订附件精品的年度目标和销售计划，保证目标完成；负责营造良好的展厅销售环境和氛围；执行一汽 - 大众的销售 / 促销政策，配合一汽 - 大众或经销商组织的各类活动；推进试乘试驾工作开展，提高试乘试驾率，负责与一汽 - 大众联系订购试乘试驾车辆；负责解决一般用户投诉；配合解决重大客户投诉；收集并向市场部和客户关系管理部提供竞品促销、产品等信息，与市场部和客户关系管理部共同制订销售策略和销售话术。

4）销售顾问（1~2人）。直接上级：展厅经理；直接下级：无。

主要职责：根据年度/月度展厅销售计划，按照展厅销售流程开展展厅销售工作，完成销售目标；提升销售满意度，负责销售满意度改善和年度目标达成；按照标准销售流程的要求开展展厅接待工作；利用汽车经销商管理（DMS）系统进行客户管理，负责客户回访、客户档案维护，开展客户维系工作；接听销售来电，记录来电客户信息；配合客户顾问登记来店客户信息；推进试乘试驾工作开展，提高试乘试驾率。按照试乘试驾流程，为客户复印驾照和准备试乘试驾资料，陪同客户试乘试驾，了解客户试乘试驾感受和体验；推荐金融衍生和二手车业务，提高二手车置换率和车贷渗透率；根据附件精品的工作计划开展销售工作，完成销售目标；按照一汽-大众的展厅检查标准，进行展厅日常维护，展车管理；执行一汽-大众的销售/促销政策，配合一汽-大众或经销商组织的各类活动；收集并向市场部提供竞品促销等信息，与市场部共同制订销售话术；负责解决一般用户投诉；配合解决重大客户投诉；对新车客户/回厂客户进行俱乐部入会邀约、办理，并协助俱乐部会员进行积分和权益使用。

5）计划订单经理。直接上级：销售总监；直接下级：计划订单员、库管员。

主要职责：根据公司总体销售战略，协助销售总监制订年度/月度销售计划；利用R3（集成企业资源计划系统）、DMS销售系统，负责销售预测、提报订单、配额/订单交易等工作，监控资金、物流信息；根据订单状态和资源需求，协助财务部门做好资金规划；根据物流信息，协助库管员做好接车准备；统计、分析日常进、销、存数据，形成销售预测，并向本部门和市场部提供相关信息。

（3）其他主要岗位人员职责

1）服务总监。直接上级：总经理；直接下级：服务经理、备件经理、技术经理、钣喷车间主任、机修车间主任。

主要职责：根据公司总体规划，制订公司服务战略，制订年度/月度服务目标（包括维修台次、维修产值、一次修复率等），与相关部门制订附件精品业务计划，并保证目标完成；制订服务满意度目标并与经销商总经理共同确定，负责服务满意度工作推进、改善和目标达成，维护品牌形象、提升服务满意度；负责车间管理、备件管理、技术管理、附件精品管理及人员内训管理等业务制度、流程的制订和开展，搭建良好、高效的服务质量管理体系；负责服务接待、维修、索赔、交车等服务业务各项环节的管理监控，并推进改善；负责与一汽-大众、相关部门共同解决重大客户投诉和重大质量问题；按照一汽-大众商务政策、服务营销策略以及服务流程开展服务工作，制订服务策略，并配合市场部和客户关系管理部开展服务营销工作；配合一汽-大众或经销商组织的各类活动；收集行业服务相关信息，对行业信息和经销商本身维修服务信息进行分析，并将信息提供给一汽-大众和经销商客户关系管理部。

2）二手车总监/经理。直接上级：销售总监；直接下级：二手车评估师、二手车销售顾问、二手车信息员、整备翻新技师、二手车过户专员。

主要职责：根据总经理下达的任务制订二手车业务运营工作规划；与其他部门管理者有效沟通，确保业务顺利开展；合理分解各项业务指标，确保业务目标达成；进行二手车部门人员安排，工作分配；通过业务管理保证业务流程的有效执行；进行二手车业务的内部及市场推广计划制订；制订有效的培训、考核及激励机制确保业务目标达成及团队稳定；督导部门执行人员日常业务工作，确保二手车业务流程顺利执行，流程工具填写规范；进行二手车业务的渠道管理、批售业务管控、收购和销售价格审批、二手车业务数据总结及分析；确保二手车业务的各项标准达到一汽-大众的要求。

3）市场总监/经理。直接上级：自行设置汇报上级；直接下级：市场推广专员、数字化营销专员。

主要职责：组织制订公司总体发展战略和年度各项营销目标；负责监督市场调研、市场分析、各类市场活动的执行情况和效果，督促改进；负责处理危机公关事件；按照要求向一汽-大众相关部门反馈当地市场信息、市场开拓计划和市场行动材料等；组织相关部门对客户投诉进行处理，对于重要投诉，负责与一汽-大众共同协调处理。

4）客户关系管理总监/经理。直接上级：自行设置汇报上级；直接下级：俱乐部经理、客户顾问、集客专员。

主要职责：制订经销商客户关系管理业务发展策略，建立业务流程及规章管理制度；负责牵头协调跨部门业务需求，制订客户关系管理工作计划；负责监督并改善客户数据管理工作；负责客户互动工作的过程监控及执行效果的改善，含客户营销与维系、客户俱乐部筹建与运营、客户回访等工作；发现本公司在客户满意度、品牌规范中出现的问题，跟踪各相关部门整改情况，并定期将整改结果向总经理汇报；组织相关部门对一般投诉进行处理，对于升级投诉及重要投诉与一汽-大众共同协调处理，并跟踪处理结果；负责推进公司所辖MINI-4S店、城市展厅及特许服务店客户关系管理工作。

5）汽车金融总监/经理。直接下级：金融专员、续保专员。

主要职责：根据一汽-大众商务政策、促销政策、销售流程等开展销售工作，与市场部共同制订销售策略，并配合一汽-大众或经销商组织的各类活动；根据公司总体规划，制订公司汽车金融业务销售战略，制订年度/季度/月度销售目标（包括车贷/车险/租赁），并保证目标完成；负责与店内市场部、客户关系管理部沟通，共同制订汽车金融满意度年度目标，负责汽车金融满意度工作推进、改善和目标达成，维护品牌形象、提升汽车金融满意度；开展市场调研，了解相关政策与法规，分析用户类别、购买意向、消费特征等信息；获取竞争对手信息，包括金融产品特征、合作伙伴信息、价格、促销、市场营销等；根据一汽-大众相关管理文件，负责车贷、车险、租赁等业务的制度、流程的制订、开展和监控；根据一汽-大众汽车金融业务数据质量相关文件，负责汽车金融业务的数据管理工作；负责银行、金融公司、保险公司、租赁公司等合作伙伴的开发与管理；负责汽车金融团队的人员招聘、任免、日常管理、激励措施的制订及培训工作；负责与一汽-大众、相关部门共同解决重大客户投诉。

二、拓展知识

汽车4S店具有严格的管理制度，与车辆销售相关的制度如下：

1. 人员的管理

所有人员必须遵守公司的管理制度，不得以任何理由违反公司制度。必须爱护公司，对公司配发的办公用品设备应爱惜使用，损坏赔偿。必须随时无条件接受公司对其办公设施的检查，不得在业务过程中损害公司利益，如经发现，公司将给予罚款、解聘直至追究法律责任。

2. 库存车辆管理

1）经检验合格交付销售部门的车辆应有交接车手续。

2）生产部门竣工验收合格通知书应随车交于销售部门，生产、销售部门双方均要做好登记。

3）对生产部门交付给销售部门的合格车辆，生产、销售两部门的人员应对车辆逐项进行复检，对复核不合格的车辆应及时返还生产部门复修，直到合格。

4）验收合格的车辆，应停放在指定位置，关闭总电源，关、锁好所有车门、窗及发动机和行李舱。

5）未经领导批准，任何人不得动用库存合格车。

6）对未销售的库存合格车应定期清洗、发动，一定时间内以保证车容、车貌的整洁和车况的完好。

7）对库存合格车应指定专人保管。

3. 销售合同管理

1）销售合同的签订应规范化、具体化，字迹清晰、工整。销售合同一式两份，客户和公司各留一份。

2）销售合同中每栏目均应填写清楚，牵涉到具体金额、数量等关键数据时，必须用大写数字填写，合同中的其他要求，应根据双方约定逐项填写清楚。

3）合同签订后应及时按片区归档整理，每半年装订成册，并一道编制索引。

4）对用户负责，对合同内容应做好保密工作，未经领导批准，非签约人无权查阅合同内容。

复习题

1. 判断题

（1）汽车4S店仅具有汽车销售功能。（　　）

（2）4S店销售汽车的优点是投入小、风险低。（　　）

（3）展厅里面没有更多同档次车型进行比较，无法满足消费者多样性的需求是4S店的一大劣势。（　　）

（4）汽车4S店可以根据经销商的特性来确定展厅的外观形象，不需要统一的外观形象和标识。（　　）

2. 单项选择题

（1）汽车4S店在汽车的（　　）等全过程都体现出以客户为本的良好售后服务理念。

　　A. 咨询、购买、维修　　　　　　B. 咨询、保养、维修

　　C. 购买、保养、维修　　　　　　D. 维护、维修、保养

（2）汽车4S店采用统一的管理标准，一般经营（　　）。

　　A. 单一的车型　　　　　　　　　B. 单一的品牌

　　C. 单一品牌多种车型　　　　　　D. 多种品牌多种车型

（3）汽车4S店是从（　　）角度出发来销售汽车产品。

　　A. 提高销售额　　B. 提高品牌知名度　　C. 满足客户需求　　D. 展示品牌形象

（4）以下不属于售后服务部的岗位是（　　）。

　　A. 售后经理　　　B. 销售顾问　　　C. 维修接待　　　D. 机修技师

3. 多项选择题

（1）汽车4S店是一种以"四位一体"为核心的汽车特许经营模式，包括（　　）4部分。

　　A. 整车销售　　　B. 零配件　　　C. 售后服务　　　D. 信息反馈

（2）汽车4S店的优势是（　　）。

　　A. 完善的服务系统　B. 专业的技术支持　C. 安心的售后服务　D. 投资小，风险低

学习情境二
汽车销售顾问职业素养

汽车销售顾问是汽车经销商与消费者之间的重要桥梁。销售顾问的一言一行，都会影响客户的购买行为，因此，汽车销售顾问的职业素养就显得至关重要。

本情境主要学习汽车销售顾问的职业素养，分为两个工作任务：任务一汽车销售顾问岗位要求与职业形象塑造，任务二了解汽车销售流程。

通过本情境的学习，你能够掌握汽车销售顾问的岗位要求，学会如何塑造职业形象，了解汽车销售流程。

任务一　汽车销售顾问岗位要求与职业形象塑造

 情境导入

周丽是一名大学毕业生,通过校园招聘会,成功应聘为某品牌汽车4S店销售实习生。今天是周丽去4S店报到的第一天,她像往常一样,穿着T恤和牛仔裤,搭配了自己最喜欢的运动鞋,还特意染了头发和化了浓妆。销售经理看到周丽的衣着后,告诉她要学习的东西还有很多,在了解汽车销售顾问岗位要求的基础上,还需要塑造个人的职业形象。

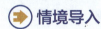 任务目标

1. 能描述汽车销售顾问的岗位职责和岗位要求。
2. 能描述和执行汽车销售顾问仪容仪表的标准。
3. 能描述和执行汽车销售顾问仪态的标准。

一、基本知识

汽车销售顾问是指为客户提供顾问式的专业汽车消费咨询和导购服务的汽车销售服务人员,其工作范围实际上也就是从事汽车销售的工作,其立足点是以客户的需求和利益为出发点,向客户提供符合客户需求和利益的产品销售服务。汽车销售顾问具体工作包含客户开发、客户跟踪、销售导购、销售洽谈、销售成交等基本过程,还可能涉及汽车保险、上牌、装饰、交车、理赔、年检等业务的介绍、成交或代办。

汽车销售顾问如果想在汽车销售领域获得成功,必须了解汽车销售顾问岗位职责与岗位要求,并在实际工作中严格执行,才能具备核心竞争力,从而取得令人羡慕的成就。

1. 汽车销售顾问的岗位职责

汽车销售顾问的岗位职责是指作为汽车销售人员必须做的工作和相应承担的责任,具体包含以下几方面内容。

（1）收集信息

汽车企业在市场竞争中能否占据有利的地位,在很大程度上取决于信息的获得程度。汽车销售顾问对于获得信息具有十分有利的条件,易于获得需求动态、竞争状况以及客户的意见等销售重要信息。及时、持续不断地搜集这些信息并将其反馈给企业,是汽车销售顾问应当承担的一项重要责任。

（2）建立沟通关系

汽车销售顾问应运用各种管理和人际交往方法,建立、维持和发展与主要潜在客户、老客户之间的业务关系和人际关系,以便获得更多的销售机会,扩大企业产品的市场份额。

(3) 产品销售

汽车销售顾问将汽车企业生产出来的产品,从生产者手中转移到消费者手中,满足消费者的需要,为企业再生产创造条件就是汽车产品销售,是通过销售过程中的一系列活动来完成的。

(4) 提供服务

"一切以服务为宗旨"是销售活动的出发点和立足点。汽车销售顾问不仅要为客户提供满意的产品,更重要的是还要为客户提供各种周到和完善的服务。汽车销售顾问提供的服务包括售前、售中和售后服务。

(5) 树立形象

汽车销售顾问是通过销售过程的个人行为,使客户对企业产生信赖或好感,并促使这种信赖或好感向市场扩散,从而为企业赢得广泛的声誉,树立良好的企业形象。

汽车销售顾问需要做一系列扎实的努力来建立良好的企业形象。首先,要销售自己,以真诚的态度与客户接触,使客户对汽车销售顾问产生信赖和好感;其次,使客户对整个购车交易过程满意;再次,使客户对企业所提供的各种售后服务满意。

2. 汽车销售顾问的岗位要求

(1) 汽车销售顾问岗位基本素质要求

销售顾问的素质与能力并非天生,而是在自身基本素质的基础上,经过后天的不断努力培养而成的。汽车销售顾问必备的基本素质包含职业道德素质、身体素质、心理素质、业务能力素质。

1) 职业道德素质:职业道德是汽车销售顾问培养过程中不容忽视的问题。良好的品德和职业操守是一名合格的汽车销售顾问应具备的最基本的素质。

① 爱岗敬业,踏实工作。对销售工作充满极大热情是一名优秀的汽车销售顾问最重要的特质。即使因为其他的事件或情况导致情绪不佳,但与客户接触时,汽车销售顾问都应展现笑容、满怀热情以及易于沟通。汽车销售工作是艰苦和充满压力的,只有热爱岗位,理解工作的意义所在,才能发挥自己的主动性,激发创造力,才能把销售工作干得更加出色。同时,销售顾问流动性大,企业很难控制人员流动,而且许多企业的业务关系是靠销售顾问维系的,一旦销售顾问离开,企业往往会受到很大损失,因此销售顾问只有忠诚于企业,与企业同心同德才可能赢得企业的信任,获得更好的职业发展。

② 诚实守信,有责任心。销售顾问的言行举止都代表着企业,因此必须诚实守信,有责任感,否则会失去客户的信任,不但会影响销量,也会影响企业形象,甚至会对整个汽车市场造成伤害。如在销售工作中,销售顾问不能兑现对客户的许诺,客户就会选择其他的汽车4S店。因此在销售过程中,销售顾问承诺客户的事情一定要在第一时间兑现;没有把握的事情不得随意应承;有把握的事情也要经过深思熟虑才能说"可以";在没弄清楚客户所需信息的情况下,不能随意回答客户的问题;对于当时不能回答的问题,不能直接拒绝,应该晚些再给客户一个肯定的答案。

③ 保持谦虚谨慎和好学的态度。销售是一项实践性极强的工作,销售经验往往来自大量的交易和销售活动,来自与客户无数次的沟通,因此要不断以足够谦虚、真诚和好学的态度改进工作作风并加以完善。

2) 身体素质:无论是展厅销售还是外出销售,销售工作都是一项艰苦的体力劳动。因此,销售顾问必须具有健康的身体、充沛的精力才能胜任,良好的身体素质是实施销售活动的重要保障。

3）心理素质：成功的销售顾问都具有一些有利于达成交易的个人心理素养，性格开朗、自信、有耐心、积极上进且具有良好的个性品格的人更适合做汽车销售顾问。

4）业务能力素质：销售顾问在销售过程中，会接触到各种各样的客户，这就需要销售顾问根据不同客户的特点在短时间内确定具体的销售方式和技巧，因此，销售顾问还要求具有较高的业务能力素质，主要包含以下几个方面。

① 要具有现代营销观念。营销观念是指销售顾问对销售活动的基本看法和在销售实践中遵循的指导思想。营销观念决定着销售顾问的销售目的、销售态度，影响着销售过程中各种销售方法和技巧的运用，也最终影响着企业和客户的利益。在销售活动中，销售顾问要摒弃"以企业为中心"的传统销售观念，树立和坚持"以客户为中心"的现代营销观念。要牢记给客户的永远是客户所能获得的利益，而不仅仅是一辆物质形式的汽车产品。因此，每个汽车销售顾问必须坚持一个原则，那就是：重要的不是销售技巧，而是销售意识与观念。

② 要具有丰富的专业知识。销售顾问应掌握的专业知识是非常广泛的，专业知识的积累关系着素质、能力的提高，更会影响销售业绩。销售顾问所应具备的专业知识包括企业知识、产品知识、市场知识和用户知识等。

a. 企业知识：主要包括企业的历史、企业在同行业中的地位、企业的经营方针、企业的规章制度、企业文化、企业的生产规模和生产能力、企业的销售政策和定价政策、企业的服务项目、企业的交货方式与结算方式、企业的供货条件等。

b. 产品知识：销售顾问掌握产品知识的最低标准是客户想了解的和想知道的。在调查和实践中发现，客户在购买汽车时问得最多的问题是关于汽车能给客户所带来的利益。这些知识主要包括：汽车品牌，产品的性价比，售前、售中和售后服务，产品的主要优点，产品的特殊利益等。

c. 市场知识：不了解市场知识，不能适应市场环境，如何能销售商品。

d. 用户知识：主要包括产品的去向分布，用户的心理、性格、消费习惯和爱好，何人掌握购买决定权，用户的购买动机、购买习惯、采购条件、购买方式、购买时间、购买力等内容。

其他知识：销售顾问还需涉猎与销售相关的法律知识、财会知识、人际关系知识、经济地理人文知识、市场情报学知识等。

③ 具有较扎实的基本功。汽车销售顾问的首要基本功是要具有用职业的方式去开拓客户的能力。除此之外，还包括以下内容。

a. 开放的心态。随时随地有意识地寻求各种与销售相关的信息，把一些人们认为毫不相关的问题联系起来，从而构成自己的市场。

b. 吃苦耐劳的精神。能独辟蹊径，有充分的耐心去等待客户，有足够的勇气去开拓客户，用巧妙的方式去诱导客户，用机智的慧眼去洞察客户。

c. 善于以逸待劳去获得客户的能力。尊重客户，了解客户的想法，对客户以诚相待，消除客户的心理障碍，用公关的方式去接触客户，善于用客户去开发客户。

④ 具有熟练的销售技巧。汽车销售顾问应当熟练地掌握发掘客户的各种方法，创造吸引客户的条件，取得客户的信任。

（2）汽车销售顾问的岗位能力要求

一名优秀的销售顾问除具备上述的基本素质外，还应具有较强的个人能力。

1）学习能力：汽车销售顾问应该了解国家的方针政策、相关的经济法规、国家的宏观和微观经济政策、行业环境、市场形势、未来趋势、商品知识等，通过不断地向书本学习、向实践学习、向经验学习、向对手学习，做到知己知彼，百战不殆。除此之外，汽车销售顾问应该系统地学习经营管理学、营销学、心理学、公关学等知识，通过不断地完善自己的知识结构，达到从专才、通才向复合型人才的转变，从而适应日益复杂的市场形势变化的需要。

2）沟通能力：汽车销售的过程实际上就是一个人与人沟通的过程，从跟客户接触开始，汽车销售顾问就通过各种方式与客户进行沟通。汽车销售顾问的沟通能力是最重要的能力，沟通能力直接影响销售过程中客户对产品和服务的了解。很多人认为汽车销售顾问只要能说会道就行了，其实不然，汽车销售顾问的沟通能力除了语言表达能力之外，还包括倾听、文字表达、电话交谈、投诉应对等。沟通与平时的交谈是有着本质的区别的，与客户沟通不仅仅是聊天，还应有明确的目的性，注重沟通的效果。

3）创造能力：无论是开拓市场还是挖掘新的客户，都要求汽车销售顾问具有开拓创新的精神和能力，在满足现实需求的前提下，更要创造和发现潜在的需求。

4）应变能力：在实际的销售过程中，销售顾问必然会遇到一些意想不到的情况，为了应对这些突发状况，就要求销售顾问具备一定的应变能力，遇事不惊，随机应变，理智地分析和处理并做出决策。

5）总结分析能力：总结分析的能力也就是在汽车销售工作中积累经验的能力。一名汽车销售顾问如果在工作中不去分析成功和失败的原因，不去寻找自身存在的差距，不对每一天工作的得失进行总结，不把经验整理记录下来，不把教训总结出来并寻找到防止再犯的对策，那么就无法得到提高，也就放弃了从经验和实践中学习的机会。这也正是很多汽车销售顾问只会纸上谈兵，一到实际销售过程中往往不知从何下手，工作了一两年，回过头来看，自己的能力却没有明显提高的原因。因此，汽车销售顾问在日常工作中要注意对经验的积累，最好能形成文字，经常拿出来整理整理，随着经验的增多，慢慢地就会形成自己的销售风格。

6）计划和执行能力：凡事预则立，不预则废，说的就是工作要有计划性。竞争日益激烈，如何应对？唯一的办法就是比别人更有效率地工作。要想提高工作效率就必须提高工作的计划性。汽车销售顾问每天要接触很多新客户，又要维系老客户，还要进行工作的总结和填写各种报表，每月还要对销售业绩进行分析，对客户进行分类管理等，日常工作非常繁杂。如果缺乏计划性，汽车销售顾问在客户维系方面就容易出现漏洞，降低客户的满意度，因此，计划性决定了汽车销售顾问工作的效率。

汽车销售是一种实践性的工作，要取得良好的销售业绩，光靠在家里或办公中想着如何开拓客户、如何说服客户、如何成交是没有用的。要想成功，汽车销售顾问必须每天不折不扣地执行工作目标和工作计划，才能一步一步迈向成功。

7）自我管理能力：一名专业的汽车销售顾问的成长往往需要长期的经验累积，需要掌握多学科的知识。对于一名刚从事汽车销售工作的新人来说，制定合理的事业规划和人生规划就显得尤为重要。一方面要找到自身存在的差距，另一方面要明确自身的发展目标，虽然很多汽车销售顾问制定了明确的目标，但在工作中说一套做一套，缺乏自我管理的能力，专业能力成长缓慢。因此，自我管理实际上就是自我约束、自我调整、自我激励，这也是汽车销售顾问快速成长的关键因素。

8）团队协作能力：汽车销售工作虽然体现的是个人的能力，但是也离不开集体的配合和支持。在汽车销售的过程中，销售顾问会与企业的各个部门和各个岗位的同事进行工作的衔接和配合。作为汽车销售顾问，在整个销售业务流程中要主动协调与各个部门和各个岗位之间的关系,如前台接待、财务部、售后服务部、客户服务部、行政部、市场部、保险部、精品部、零件部等的关系。如果没有这些部门的配合和协作,就会影响汽车销售业务的开展,也会影响客户的满意度,从而使客户对汽车销售顾问丧失信心。因此说,汽车销售顾问的协作能力是非常重要的。

(3) 汽车销售顾问职业形象要求

在汽车交易的过程中,客户除注重汽车本身外,也会在意购买汽车过程中所享受到的服务,优质和差异化的服务往往更能打动客户的心。作为提供服务的汽车销售顾问,首先应塑造一个良好的职业形象,这是提供优质服务的基本要求。

汽车销售顾问是企业最直接的代表,也是客户感知品牌的重要交互对象,因此要求汽车销售顾问对外展示亲和、专业、自信和真诚的形象。

1) 亲和:汽车销售顾问具备亲和力,提供贴心的服务可以拉近与客户的距离、建立信任、与客户产生最大交集。通过着装、言语、举止以及诸多服务细节,让客户感觉轻松自在,为其创造没有压力和焦虑的购车环境。

2) 专业:越来越多的客户会对意向车型进行广泛搜索和深度研究,并希望与汽车销售顾问深入探讨产品。因此汽车销售顾问不仅需要熟知汽车产品的各项技术性能参数,更需要对产品、汽车新技术和发展趋势有所了解,并将这些专业知识以易理解、易感受的方式传达给客户。

3) 自信:汽车销售顾问需要对汽车产品的质量与性能充满信心,并且相信通过自己有理有据、详实丰富的介绍,客户能完全信服并喜爱上产品。

4) 真诚:汽车销售顾问需真心诚意地对待每一位客户,不因为他们的行为与购买决定有任何偏见,也不为了更快地卖出一辆车而做出无法兑现的承诺。不论客户是否最终购买车辆,汽车销售顾问都应尽己所能为其提供印象深刻的体验。

3. 汽车销售顾问的仪容仪表标准

仪容仪表通常是指人的外观、外貌。在人际交往中,每个人的仪容仪表都会引起交往对象的特别关注,并将影响到对方对自己的整体评价。汽车销售顾问在上岗前必须做好仪容仪表的准备,良好的第一印象是销售工作的良好开端。

(1) 仪容仪表标准

汽车销售顾问仪容仪表的标准见表2-1-1。

表2-1-1 汽车销售顾问仪容仪表的标准

部位	内容要求	男士注意事项	女士注意事项
头发	健康、洁净、整齐、卫生、清爽、秀美	1. 男士头发长度适中、发型适合自己 2. 要求前不覆额、侧不掩耳、后不及领	1. 女士头发总体上梳理有型,给人文雅、庄重、干练的印象 2. 忌用过度花哨的头饰
面容	整体要求干净、整洁。眼睛无分泌物,鼻毛不外露,注意口腔卫生	1. 胡须干净 2. 吸烟者注意牙齿保健,不宜满嘴烟垢	淡妆自然,确保与颈部协调
手	双手保持洁净,指甲修剪整齐,长度不应超过手指指尖	不得佩戴夸张的戒指和首饰	1. 指甲油颜色以浅色系为主 2. 经常检查指甲油是否斑驳脱落
身体	勤洗澡、勤换洗衣物,避免身体有异味,不要使用刺鼻香水		

（续）

部位	内容要求	男士注意事项	女士注意事项
着装	着装一般为统一制服，大方、得体，穿着与自己的体型、销售的产品和公司的形象相符	1. 保持服装干净、熨烫平整，裤线保持笔挺 2. 衣袋不乱放杂物，西装或衬衣口袋不插笔和名片 3. 保持皮鞋光亮 4. 领带、衬衣、西装、袜子、鞋子颜色协调 5. 注意领带不要松，还要注意领带打结处不要脏 6. 衬衣的每一个纽扣要扣好 7. 衬衣的领口及衣襟保持干净	1. 女士衬衣须系于裙或裤内，表面不能有明显内衣痕迹 2. 衬衣避免鲜艳的颜色 3. 穿裙装时，一律搭配肤色丝袜，无破洞 4. 保持皮鞋光亮、清洁；为保证安全，鞋跟在 5cm 以下 5. 丝巾结要齐于领口，丝巾下部不可低于衣襟，丝巾要保持干净平整、无污渍，蝴蝶结扣平整饱满
饰物	吊牌（胸卡）正面朝前佩戴于胸前，岗位名牌佩戴于左胸西装口袋处	不得佩戴夸张、尖锐的饰物	尽量避免太大的耳环、扎眼的戒指、项链、手镯

（2）妆容设计

有人说："世界上没有难看的人，只有不懂得如何将自己打扮得体的人。"化妆是人类文明的产物，化妆后的妆容在汽车销售顾问职业形象的信息传播中有着重要的作用。良好的妆容能够激活汽车销售顾问在职场中不断创造的内驱力。

一提到化妆，人们总会想到苏东坡的诗"淡妆浓抹总相宜"。确实，淡妆和浓抹各有各的风采，浓抹会给人一种华丽的视觉感受，而淡妆更显得亲切温暖，有一种回归自然的感觉，在没有特别要求的生活中，也很实用。

化妆是自尊自爱的体现，是对销售对象的尊重，也是组织管理完善的一个标志。但是，汽车销售顾问岗位的化妆要求与业余生活中的化妆有所不同。

女性汽车销售顾问的职业形象是沉稳、干练、典雅，上班前淡淡地化一下妆，打扮得体一些，不仅会给职业生活增添光彩，而且更会使自己充满旺盛的活力与自信。女士面容形象如图 2-1-1 所示。

男性汽车销售顾问虽不必像女性一样精心化妆，但整洁的形象还是至关重要的。男性的皮肤较粗，质地硬，毛孔大，表皮很容易角化，可以通过美容、护肤来排解皮肤及五官缺陷带来的烦恼。修饰自己并不需要占用很多时间，但却能由此获得不少"收益"。因此，男性汽车销售顾问恰当必要的修饰，不仅是对自己的职业形象负责，也是销售过程中对客户的一种尊重。男士面容形象如图 2-1-2 所示。

图 2-1-1　女士面容

图 2-1-2　男士面容

4. 汽车销售顾问的仪态标准

仪态是指人在行为中的姿势和风度，姿势是指身体呈现的样子，风度是气质方面的展露。个人仪态是一种不说话的"语言"，能在很大程度上反映一个人的素质、修养及其被别人信任的程度。只有平时注重多方面知识的储备和能力的积蓄，才能做到气质独特、卓尔不群，也才会有专业的行为举止。汽车销售顾问必须注重仪态，尤其注意自己的站姿、行姿、坐姿、蹲姿等。

（1）站姿

正确的站姿要求抬头、目视前方，挺胸直腰收腹，肩平，双臂自然下垂，双腿并拢直立、脚尖分呈V字形，身体重心放到两脚中间，也可两脚分开、比肩略窄，双手合起放在腹前或背后。

1）男士站姿：昂首挺胸对于男士站姿非常重要，可使身高增加2cm左右。许多男性销售顾问虽然个子高，但却没有给人高大之感；而相反，有许多男士身高不占绝对优势，通过得体的服饰、站姿、走路姿态、精神状态的弥补，却给人以高大的感觉。从某种意义上讲，身高也掌握在自己手中。

① 男士站姿：有两种。

标准步：双腿并拢脚尖自然张开，两脚之间的夹角不超过15°，如图2-1-3所示。

跨立步：双脚平行不超过肩宽，以20cm为宜，如图2-1-4所示。

图2-1-3 男士标准步站姿　　图2-1-4 男士跨立步站姿

② 男士站姿要领

a. 正位站姿：双腿并拢，两手放在身体两侧，手的中指贴于裤缝。

b. 前腹式站姿：左手在腹前握住右手手腕或右手握住左手手腕（展厅销售顾问常用的站姿）。

c. 后背式站姿：双手在背后腰际相握，左手握住右手手腕或右手握住左手手腕（展厅外销售顾问常用的站姿）。

2）女士站姿

① 女士站姿有两种方式：

a. 小八字步：双脚跟并拢，脚尖分开约30°，如图2-1-5所示。

b. 丁字步：在八字步基础上，将左脚放在右脚的内1/2处，两脚间的夹角约成45°，两腿夹紧，挺胸抬头，图2-1-6所示。

图 2-1-5　女士小八字步前腹式站姿　　图 2-1-6　女士丁字步腰际式站姿

② 女士站姿要领

a. 前腹式站姿：双手虎口相交叠放于身前。手指伸直但不要外翘（展厅销售时常用的站姿）。

b. 腰际式站姿：双手握放在腰际，手指可以自然弯曲（迎宾时常用的站姿）。

3）站姿注意事项

① 展厅销售顾问站立时不可以手插在裤袋里，这样会显得过于随意。

② 不可以歪倚斜靠，给人以散漫、不羁的印象。

③ 不可以双手抱在胸前或叉腰，给人拒人千里、傲慢的感觉。

（2）坐姿

1）男士坐姿：男士坐姿要求轻轻入座，至少坐满椅子的 2/3，身体重心垂直向下，两腿分开与肩同宽，手自然放在腿上，大腿与小腿成 90°，表现出销售顾问的干练与自信。与客户对坐交谈时，身体稍向前倾，表示尊重和谦虚，不要把小腿交叉蜷缩在椅子下，这样会显得腿短且姿态窝囊。图 2-1-7、图 2-1-8 所示为男士坐姿的正面和侧面。

图 2-1-7　男士坐姿正面　　图 2-1-8　男士坐姿侧面

2）女士坐姿：女士坐姿种类包括正位坐姿、双腿斜放式坐姿、双腿交叉式坐姿、前伸后屈式坐姿和架腿式坐姿。

① 正位坐姿：正位坐姿要求身体重心垂直向下，两腿并拢，大腿和小腿成 90° 角，双手虎口相交轻握放在左腿上，挺胸直腰，面带笑容，如图 2-1-9 所示。

② 双腿斜放式坐姿：双腿斜放式坐姿要求身体重心垂直向下，两腿并拢，大腿和小腿成 90° 角，平行斜放于一侧，双手虎口相交轻握放在左腿上。如果双腿斜放在左侧，手就可以放在右腿上；如果双腿斜放在右侧，手就可以放在左腿上，挺胸直腰，面带笑容，如图 2-1-10 所示。

图2-1-9　女士正位坐姿　　　图2-1-10　女士双腿斜放式坐姿

③ 双腿交叉式坐姿：双腿交叉式坐姿要求身体重心垂直向下，两腿并拢，大腿和小腿成 90° 角，平行斜放于一侧，双脚在脚踝处交叉，双手虎口相交轻握放在左腿上。如果双腿斜放在左侧，手就可以放在右腿上；如果双腿斜放在右侧，手就可以放在左腿上，挺胸直腰，面带笑容，如图 2-1-11 所示。

④ 前伸后屈式坐姿：前伸后屈式坐姿要求身体重心垂直向下，双膝并拢，左脚前伸、右脚后屈，或右脚前伸、左脚后屈，双手虎口相交轻握放在左腿上。更换脚位时，手可以不必更换，挺胸直腰，面带笑容，如图2-1-12所示。

⑤ 架腿式坐姿：架腿式坐姿要求将双腿完全一上一下交叠，双腿之间没有任何缝隙，犹如一条直线。双腿斜放于左右一侧，叠放在上的脚的脚尖垂向地面。这种坐姿极为优雅，尤其适合穿短裙时使用，如图 2-1-13 所示。

图 2-1-11　女士双腿交叉式坐姿　　图 2-1-12　女士前伸后屈式坐姿　　图 2-1-13　女士架腿式坐姿

3）入座、离座时的姿态规范：坐姿可分为入座、坐、离座三个细节，因此汽车销售顾问在展厅服务过程中应掌握以下规范：

① 入座尽量轻缓，汽车销售顾问带客户到会客区入座时，要尽量轻缓，避免座椅发出声响，噪音扰人。

② 坐立自然，如因坐立时间长而感到疲劳时，可以变换腿部姿势，即在标准坐姿的基础上，双腿可向右或向左自然倾斜。

③ 离座有序、有礼

- 离座时，汽车销售顾问要让身份高者先离座，即客户先离座，身份同等可同时离座。
- 离开座椅后，汽车销售顾问要起身轻稳，要先站定，方可离去。不能猛起猛出，发出声响。
- 离座的礼节同入座一样，坚持"左入左出"，礼貌如一。

4）不雅的坐姿：汽车销售顾问在展厅或其他正式场合，都不得有下列姿势：

① 双腿过度叉开。

坐姿

② 高架"二郎腿"。
③ 腿脚抖动摇晃。
④ 左顾右盼，摇头晃脑。
⑤ 上身前倾后仰或弯腰曲背。
⑥ 双手或端臂，或抱脑后，或抱膝盖，或抱小腿，或放于臀部下面。
⑦ 双腿长长前伸，或脚尖指他人。
⑧ 双手支撑椅子。
⑨ 跷脚又摸脚。
⑩ 坐下后随意挪动椅子。

图 2-1-14　男士不雅坐姿

男士不雅坐姿如图 2-1-14 所示。

（3）行姿

行姿反映的是人的动态美，是最引人注目的身体语言之一。汽车销售顾问行走的基本要求是行走时目光平视，头正颈直，挺胸收腹，两臂自然下垂前后摆动，前摆向内折约 35°左右，后摆角度不要超过 15°，行走时要保持由髋关节带动，身体重心提起，步履要稳健。行姿主要有以下要领：

1）男士行姿的要领：男性汽车销售顾问要步伐矫健、稳重、刚毅，展现出阳刚之美，如图 2-1-15 所示。

① 方向明确。
② 身体协调，面带微笑，姿势稳健。
③ 步伐从容，步态平衡，步幅适中，步速均匀，走成直线。
④ 双臂自然摆动，挺胸抬头，目视前方。

2）女士行姿的要领：女性销售顾问穿高跟鞋后，脚跟提高了，身体重心自然前移，为了保持身体平衡，髋关节、膝关节、踝关节要绷直，胸部自然挺起，且要收腹、提臀、直腰，使走姿更显挺拔，平添魅力，如图 2-1-16 所示。

图 2-1-15　男士行走姿势　　图 2-1-16　女士行走姿势

① 方向明确。
② 身体协调，面带微笑，姿势优美。
③ 步伐从容，步态平衡，步幅适中，步速均匀，走成直线。
④ 双臂自然摆动，挺胸抬头，目视前方，步履要轻盈。

3）行走的原则：汽车销售顾问要与客户同行时，应以前为尊、以右侧为大，即汽车销售顾问应将前或右让给客户。汽车销售顾问应在左侧指引前行，如果是三人同行则中间为尊。多人同行则以前为大，然后依前后次序，越来越小。接近展厅门口，汽车销售顾问应当紧走几步，超前为客户开门后，让女客户先行、男客户次之。

4）行姿注意事项：汽车销售顾问在展厅或其他正式场合，都不得有下列行姿：

① 摇头耸肩，左右摇摆。

② 弯腰弓背，步履蹒跚。

③ 手插兜行走。

④ 边走边用手机打电话。

行姿

（4）蹲姿

1）蹲姿和要领

① 高低式蹲姿：应左脚在前，右脚靠后。左脚完全着地，右脚脚跟提起，右膝低于左膝，右腿左侧可靠于左小腿内侧，形成左膝高、右膝低姿势，臀部向下，上身微前倾，基本上用左腿支撑身体。采用此姿势时，女性应并紧双腿，男性则可适度分开。若捡拾身体左侧的东西，则姿势相反。如图 2-1-17、图 2-1-18 分别为男士、女士高低式蹲姿。

图 2-1-17　男士高低式蹲姿　　　图 2-1-18　女士高低式蹲姿

② 交叉式蹲姿：交叉式蹲姿主要适用于女性。它虽然造型优美但操作难度较大。这种蹲姿要求在下蹲时，右脚在前，左脚居后；右小腿垂直于地面，全脚着地。右腿在上、左腿在下交叉重叠。左膝从后下方伸向右侧，左脚跟抬起脚尖着地。两腿前后靠紧，合力支撑身体，如图 2-1-19 所示。

③ 半蹲式蹲姿：半蹲式蹲姿多为在行进之中临时采用，如拾物、系鞋带等。它的基本特征是身体半立半蹲。要求在蹲下之时，上身稍许下弯，但不宜与下肢构成直角或者锐角。臀部务必向下。双膝可微微弯曲，其角度可根据实际需要有所变化，但一般应为钝角。身体的重心应当被放在一条腿上，而双腿之间却不宜过度地分开，如图 2-1-20 所示。

④ 半跪式蹲姿：又称单腿蹲姿，与半蹲式蹲姿一样，也属于一种非正式的蹲姿，多适用于下蹲的时间较长的情况。它的基本特征是双腿一蹲一跪，如图 2-1-21 所示。

图 2-1-19　女士交叉式蹲姿　　图 2-1-20　女士半蹲式蹲姿　　图 2-1-21　女士半跪式蹲姿

2）采用蹲姿时应注意的问题：汽车销售顾问采用蹲姿讲解服务时不要上体晃动。上体要保持直立，不能将上体前倾于前腿上，如果长时间的蹲姿介绍产品会产生疲劳，则汽车销售顾问可以更换脚位，做适当的调整。女士尤其是穿套裙需要采用蹲姿时，一定要注意双腿尽量靠紧，下蹲时要用手轻轻整理好裙子，蹲下时动作要轻缓一些，动作过急、过快都会给客户留下一个粗鲁的印象。

蹲姿

（5）鞠躬

1）鞠躬的动作要领：行鞠躬礼时要面对客户，双脚并拢，视线由客户的脸上落至自己的脚前 1.5m 左右（15°礼）或脚前 1m 处（30°礼），男士双手自然放在身体的两侧，女士双手合起自然放在体前，如图 2-1-22 所示为女士鞠躬图。

2）鞠躬的种类与话术：鞠躬的种类包括 15°鞠躬、30°鞠躬、45°鞠躬和 90°鞠躬，如图 2-1-23 所示。

图 2-1-22　女士鞠躬　　　　　图 2-1-23　不同角度的鞠躬礼

① 15°鞠躬：一般适合于客户来到展厅时，或者是为客户去取相关资料时使用。行 15°鞠躬礼时，汽车销售顾问的话术是"您好"或"请您稍等"。

② 30°鞠躬：一般适合于客户来到展厅时，或者是为客户去取相关资料时使用。行 30°鞠躬礼时，汽车销售顾问的话术是"欢迎再次光临 4S 店展厅""谢谢您""请您慢走"。

③ 45°鞠躬：一般适合于客户来到展厅，汽车销售顾问为其提供交车服务时使用，行 45°鞠躬礼时汽车销售顾问的话术是"很感谢您"；或者是客户不满意服务、产品质量时，汽车销售顾问使用 45°鞠躬，话术是"对不起""非常抱歉"。

④ 90°鞠躬：一般适合于老客户再次来到展厅选购汽车或者是带来新朋友时使用，行 90°鞠躬礼时则表示对客户更深度的谢意，汽车销售顾问的话术是"十分感谢您"；或者是客户不满意产品质量和售后服务来到 4S 店投诉时，汽车销售顾问使用 90°鞠躬，话术是"为给您带来的不便深表歉意"。

3）鞠躬需要注意的问题：汽车销售顾问在行鞠躬礼时首先要根据需要选择鞠躬的形式。其次，鞠躬时还需要注意眼睛往下看，不要一直注视对方。行礼起来后，注视对方 2s，之后要转移眼神。不要一直盯着客户，这样既不礼貌，也会使客户不知所措。同时，也要避免鞠躬时不看客户的情况，给客户的印象是敷衍了事的感觉。鞠躬要脱帽，戴帽子鞠躬是不礼貌的；鞠躬时，嘴里不能吃东西或叼香烟；倒背双手的鞠躬，会给客户留下不够专业的印象。

（6）表情

在迎接客户过程中，神态表情是非常重要的。所谓神态表情，通常是指一个人在面部所表现出来的其内在的思想、感觉和情绪，它包括眼神、笑容及其面部肌肉的综合运动。在人际交往中，神态表情真实可信地反映着人们的思想、情感、反应，以及其他方面的心理活动与变化，因此显得更加直观、可信。它超越了地域文化的界限，成为一种人类的世界性"语言"，民族性、地域性差异较小。现代传播学认为，表情属于人际交流之中的"非语言信息传播系统"，并且是其核心组成部分。

1）微笑：人们的交往应是从微笑开始的，没有笑容就没有好的人际关系，因为微笑是一种令人愉悦、舒服的表情，它能打破工作中产生的僵局，消除双方的戒备心理，是汽车销售顾问的第一项工作。

微笑的基本做法是不发声、不露齿，肌肉放松，嘴角两端向上略微提起，面含笑意，要口眼鼻眉结合，做到真笑。发自内心的微笑，会自然调动人的五官，使眼睛略眯、眉毛上扬、鼻翼张开、脸肌收拢、嘴角上翘。要神情结合，显出气质。笑的时候要精神饱满、神采奕奕、亲切甜美。要声情并茂，相辅相成。只有声情并茂，你的热情、诚意才能为人理解，并起到锦上添花的效果。图2-1-24是微笑的表情。

图2-1-24　微笑的表情

2）眼神：眼睛是人类的心灵之窗。眼神，是对眼睛的总体活动的一种统称，是面部表情的核心。在人际交往时，眼神是一种真实的、含蓄的语言。对自己而言，它能够最明显、最自然、最准确地展示自身的心理活动。对他人而言，与其交往所得信息的87%来自视觉，眼神的千变万化表露着人们千变万化的内心世界。因此，在接待活动中，接待人员要有友善的眼神，在注视的方式、部位、角度等3个方面注意规范礼仪。如图2-1-25所示的斜视、仰视、俯视都不合适。正确的视角应该是平视，如图2-1-26所示。

斜视　　　　　　仰视　　　　　　俯视

图2-1-25　不同的视角

图2-1-26　眼睛平视

汽车销售顾问应当把握好与客户交流时眼神的要领：

① 汽车销售顾问与客户交谈时，两眼视线落在对方的鼻间，偶尔也可以注视对方的双眼；恳请对方时，注视对方的双眼，既可表示自己对客户全神贯注，又可表示对客户所讲的话正在洗耳恭听。

② 汽车销售顾问与客户较长时间交谈时，可以把客户的整个面部视为注视区域。注视客户的面部时，最好不要聚焦于一处，以散点柔视为宜。

③ 汽车销售顾问与客户相距较远时，一般应当以客户的全身为注视点，尤其是在站立服务时。在递接物品时，应注视客户的手部。这样，以表示诚恳与尊重。

（7）倾听

倾听的基本要素首先是要集中注意力了解客户的心理，观察对方身体语言，辨析对方的全部想法，并给予积极的信息反馈；其次，要努力营造双方感兴趣的话题，掌握提问技巧，用开放式问题拓展语言空间。

倾听有三大原则，第一是耐心倾听客户的语言表达；第二要关心客户语言表达的主要问题点有哪些；第三要避免先入为主。在倾听过程中应伴随积极的身体回应，比如：点头、目光注视、身体前倾、适当地记录等；有时还可以适当加入一些口头回应，比如"嗯、啊、是、然后呢"等语言，或采用重复客户的话语等。图2-1-27为销售顾问认真聆听客户说话。

图2-1-27 销售顾问认真聆听客户说话

（8）手势

1）手势的运用原则

① 简洁明确。

② 动作幅度适度。

③ 和谐统一。

2）手势的种类：手势包括提臂式、前摆式、斜摆式、横臂式、回摆式、前伸式、鞠躬前伸式、直臂式、引导式和双臂伸展式，下面以右手为例进行说明。

① 提臂式：提臂式要求大臂基本不动，右侧小臂提起，做象征性方位指引，适用于在车内介绍产品时使用。话术为"您请看！"

② 前摆式：前摆式要求五指并拢，手掌伸直，以肩关节为轴，手臂从身体一侧由下而上抬起，到腰的高度再由身前摆向右方，摆至距离身体15cm的位置，目视来到4S店的客户，面带微笑。适用于来店的客户的迎接，话术为"您请！"

③ 斜摆式：当销售顾问带领客户到会客区请客户入座时，右手摆向座位的地方，要求将右手先从身体的一侧抬起，摆到高于腰部位置后，再向右侧下方座位的方向摆去，使大小臂成一条斜线，指尖指向椅子的具体位置，手指伸直并拢，手、手腕和小臂成一条直线，掌心略为倾斜。话术为"您请坐！"

④ 横摆式：横摆式要求五指并拢，手掌自然伸直，手心向上，肘部微弯曲，手掌、手腕和小臂成一条直线，右臂从腹前抬起，以肘为轴向一旁摆动到腰部，并与身体正面成45°时停止，头部和上体微向伸出的手一侧倾斜，左手自然下垂，面带微笑表示对客户的欢迎和尊重。适用于来店的客户的迎接，话术为"您请往右！"

⑤ 回摆式：回摆式动作同横摆式，但是方向不同，所以，小臂的运行轨迹为身体左侧胸前摆动。适用于来店的客户的迎接，话术为"您请往左！"

⑥ 前伸式：身体正直，伸出右手，掌心向上，大臂与小臂成90°，小臂与手腕、手掌成一条直线。

⑦ 鞠躬前伸式：鞠躬前伸式动作要求与前伸式基本相同，区别在身体前倾15°。适用于与客户洽谈签字时，高规格的肢体表达。话术为"请您在这里签字！"

⑧ 直臂式：直臂式要求五指并拢，手掌自然伸直，屈肘从身体前抬起，向指引的方向摆到肩的高度，肘关节基本伸直。多在展厅中为客户指引时使用，话术为"您这边请！"

⑨ 引导式：引导式要求五指并拢，手掌自然伸直，手心微斜45°，肘关节自然弯曲，销售顾问站在被引导者的左侧。

⑩ 双臂伸展式：双臂伸展式要求先向右侧伸出右手、再向左侧伸出左手，手指伸直并拢，右手齐肩、左手齐胸，然后鞠躬45°。适用于车展现场，汽车销售顾问对众多观众表达感谢时使用。话术为"谢谢大家！"

3）手势运用时的注意事项：汽车销售顾问得体地运用手势不仅能够展现汽车销售顾问的职业素养，同时也可以体现品牌的风采。在销售过程中的手势运用应注意以下几点：

① 手势不易过大或过小。
② 手势运用不可以过于繁多，以免喧宾夺主。
③ 手势不要生硬，生硬会使人敬畏疏远。

（9）握手礼仪

握手时（图2-1-28），身体以标准站姿站立；上体略前倾；右手手臂前伸，肘关节屈；拇指张开，四指并拢。主人（销售顾问）与客人（客户）之间，客人抵达时主人应先伸手，客人告辞时由客人先伸手；年长者与年轻者之间，年长者应先伸手；身份、地位不同者之间，应由身份和地位高者先伸手；女士和男士之间，应由女士先伸手。先到者先伸手；握手时间1~3s；注视对方双眼。女士与女士握手时，手指相握；男士与女士握手，男士轻握女士手指；男士与男士握手，虎口相握。

图2-1-28 握手

（10）名片礼仪

名片是现代人的自我介绍信和社交的联谊卡。一般名片上应该印上工作单位、姓名、身份、地址、邮政编码等。也有些名片在背面印上企业、公司的简介、经营范围、产品及服务范围，以方便客户和作为宣传。很多企业有标准的员工名片格式，有的要加印公司的标识、企业经营理念。名片最基本的功能就是一种自我介绍。

名片除了在面谈时使用外，还有其他一些妙用，如去拜访客户时，对方不在，可将名片留下，客户回来后看到名片，就知道你来过了。把标有时间、地点的名片装入信封发出，可以代表正规请柬，且比口头或电话邀请显得正式。向客户赠送小礼物，如让人转交，随带名片一张，附几句恭贺之词，无形中关系便又深了一层。如图2-1-29所示为如何递送名片。

图2-1-29 递送名片

在使用名片的过程中有如下注意事项：

1）名片应放在随手可取的地方，不应东摸西摸，半天找不到。递送上名片后，要大方地说"这是我的名片，请多多关照"。

2）接受名片要起身，接过他人名片后要点头致谢，认真轻读一遍，不出声，以示敬重。

3)接过别人的名片,切忌不加确认就放入包中,要精心放入自己名片夹或上衣口袋里。忌放在裤兜、裙兜、提包、钱夹中;忌随手乱扔,无意识地玩弄对方的名片,避免在对方的名片上书写不相关的东西。

4)当名片交换完毕后,如果对方表示了"请坐",这时就可以坐下。

二、拓展知识

某汽车品牌经销商岗位任职要求:

岗位名称	相关工作经验	专业知识与技能	职业素养
总经理	5年以上汽车行业销售和服务经验,2年以上企业管理经验	企业管理知识 汽车产品知识 汽车营销知识 人力资源管理知识 财务管理知识	团队领导能力 组织协调能力 沟通能力 解决问题能力
销售总监	5年以上汽车销售经验,2年以上的人员管理经验	市场营销知识 产品和汽车技术知识 企业管理、人力资源管理知识 财务管理知识 销售流程知识	营销管理能力 沟通能力 市场开拓能力 客户投诉处理能力 团队激励能力
在线销售经理	3年以上汽车销售经验,1年以上企业管理经验	市场营销知识 产品和汽车技术知识 网站维护的基本知识 销售流程知识 熟练使用办公软件	沟通能力 人际交往能力 客户投诉处理能力 团队领导能力
展厅经理	3年以上汽车销售经验,1年以上企业管理经验	市场营销知识 产品和汽车技术知识 企业管理、人力资源管理知识 财务管理知识 销售流程知识 熟练使用办公软件	团队领导能力 人际交往能力 协调合作能力 突发事件处理的应变能力
计划订单经理	1年以上汽车行业销售工作经验	市场营销知识 产品和汽车行业知识 财务管理知识 数据统计分析能力 熟练使用办公软件	执行能力 沟通能力 团队合作 服务意识
销售顾问	1年以上汽车销售或汽车维修的经验	了解汽车销售的运作模式及汽车行业的发展趋势 掌握汽车性价、配备、卖点等产品知识 财务知识和熟练驾驶汽车 熟练运用标准销售流程 熟练使用办公软件	职业化的个人形象 人际交往能力 谈判能力 突发事件处理的应变能力
在线销售顾问	1年以上汽车销售或汽车维修的经验	了解汽车销售的运作模式及汽车行业的发展趋势 掌握汽车性价、配备等产品知识 财务知识和熟练驾驶汽车 熟练运用标准销售流程 熟练使用办公软件	沟通能力 人际交往能力 客户投诉处理能力

（续）

岗位名称	相关工作经验	专业知识与技能	职业素养
电话营销专员	1年以上汽车销售或汽车维修经验，有从事销售顾问经验者优先	了解汽车销售的运作模式及汽车行业的发展趋势 掌握汽车性价、配备等产品知识 财务知识 电话沟通礼仪 市场营销知识 熟练使用办公软件	团队协作 沟通能力 人际交往能力 速记能力
二手车销售顾问	2年以上汽车行业销售经验或1年以上二手车行业销售经验	了解掌握车型、配置等产品知识 商务洽谈技能 熟练驾驶汽车 了解常见车型市场销售行情价格 熟练使用办公软件	职业化的个人形象 具备渠道开拓与沟通能力 处理客户投诉能力
服务经理	3年以上汽车行业服务工作经验；1年以上人员管理经验	服务营销知识 汽车理论知识和汽车维修经验 客户服务知识 人力资源管理知识 财务管理知识 熟练使用办公软件	执行能力 沟通能力 团队合作 服务意识
服务顾问	具有1年以上汽车维修经历	熟知汽车保养维护和驾驶知识 具有较强的故障诊断技能 能准确估算维修价格、时间 掌握《质量担保条例》 掌握《售后服务核心流程》 具有管理经验，较强的语言表达能力、组织沟通协调能力 掌握企业管理知识、营销知识、用户心理学、社交礼仪 熟练使用办公软件	客户服务 解释沟通能力 抱怨处理能力 组织协调能力 团队合作
服务接待员	1年以上汽车行业服务工作经验	具有一定的汽车专业知识 善于与人沟通，有良好的管理能力 具有良好的文字表达能力 较强的组织协调能力	身体健康，形象较好 喜欢与人打交道，热爱服务业 沟通能力
理赔顾问	具有1年以上汽车维修经历，1年以上保险理赔相关工作经验	熟知汽车保养维护和驾驶知识，具有较强的故障诊断技能 能准确估算维修价格及维修时间 掌握《质量担保条例》及《售后服务核心流程》 具有管理经验，较强的语言表达能力、组织沟通协调能力 掌握企业管理知识、营销知识、用户心理学、社交礼仪 熟悉汽车驾驶，有驾驶执照 熟知汽车保险理赔流程	组织能力 沟通能力 团队合作 服务意识 执行能力 观察能力

复习题

1. 判断题

（1）汽车销售顾问是指为客户提供顾问式的专业汽车消费咨询和导购服务的汽车销售服务人员。（　　）
（2）汽车销售顾问只需要集中精力卖出汽车，不需要收集信息。（　　）
（3）销售顾问要坚持"以企业为中心"的销售观念。（　　）
（4）销售顾问最重要的是掌握销售技巧，说服客户购买，对汽车专业知识可以不了解。（　　）
（5）汽车销售顾问按常规修饰个人仪容时，可以不用回避他人，当众修饰自己。（　　）
（6）汽车销售顾问的头发一般可以完全不加修饰，有时可以花哨。（　　）
（7）整洁原则并不意味着时髦和高档，只要保持服饰的干净合体、全身整齐有致即可。（　　）
（8）汽车服务交往中穿着时髦甚至暴露的衣服来表现你的坦诚热情，是不可能被客户接受的。（　　）

2. 单项选择题

（1）销售活动的出发点和立足点是（　　）。
　　A. 销售产品　　　　　　　　B. 树立企业形象
　　C. 以服务为宗旨　　　　　　D. 增加盈利
（2）汽车销售顾问需掌握的基本知识中不包括（　　）。
　　A. 市场营销知识　　　　　　B. 企业知识
　　C. 产品知识　　　　　　　　D. 销售知识
（3）汽车销售顾问快速成长的关键因素是（　　）。
　　A. 沟通能力　　　　　　　　B. 分析能力
　　C. 自我管理能力　　　　　　D. 应变能力
（4）汽车销售顾问在从事销售工作时，适合女士的发型是（　　）。
　　A. 发髻　　　　　　　　　　B. 披肩发
　　C. 爆炸式　　　　　　　　　D. 小平头
（5）男士销售顾问的发型最长不要后及领口，以（　　）cm 为佳。
　　A. 1~2　　　　　　　　　　B. 5~6
　　C. 7~9　　　　　　　　　　D. 9~10
（6）着装打扮要优先考虑3个要素，以下不属于优先考虑要素的是（　　）。
　　A. 目的　　　B. 时间　　　C. 地点　　　D. 心情
（7）汽车销售顾问上班时穿着要正统，饰品佩戴遵循"以少为佳"的原则，最多不要超过（　　）件。
　　A. 1　　　　B. 2　　　　C. 3　　　　D. 4
（8）不属于正确的仪态礼仪的是（　　）。
　　A. 自然舒展　B. 端庄稳重　C. 和蔼可亲　D. 充满童真
（9）走姿中手臂的摆动幅度以（　　）为宜。
　　A. 30°~35°　B. 40°~55°　C. 90°　　　D. 10°~25°

3. 多项选择题

（1）销售人员所应具备的专业知识包括（　　）。
   A. 市场营销学知识　　　　　　　　B. 企业文化知识
   C. 产品知识　　　　　　　　　　　D. 沟通谈判知识

（2）汽车销售顾问的沟通能力除了语言表达能力之外，还应该学会（　　）。
   A. 倾听　　　　　　　　　　　　　B. 文字表达
   C. 电话交谈　　　　　　　　　　　D. 投诉应对

（3）以下对于沟通与平时的交谈说法正确的是（　　）。
   A. 沟通更具目的性　　　　　　　　B. 二者都注重效果
   C. 两者大多都通过聊天的形式　　　D. 都需要轻松的环境

任务二　了解汽车销售流程

情境导入

经过几天的岗前培训，汽车销售顾问周丽制定了详细的销售目标，准备大展拳脚。但是汽车销售经理却认为她刚开始还不能独立接待客户，必须先进行汽车销售标准流程的学习，通过考核后才可以独立接待客户。

任务目标

1. 能描述顾问式销售的概念。
2. 能描述标准化汽车销售流程的内容。
3. 能执行标准化汽车销售流程。

一、基本知识

1. 顾问式销售

汽车销售过程中，销售顾问要严格按照本品牌制定的汽车销售标准流程操作，在任何一个环节都要精益求精，用最热情周到的服务态度和专业精准的汽车知识为客户提供"顾问式"的购车服务。首先让我们了解一下什么是顾问式销售。

图 2-2-1 所示为汽车 4S 店顾问式销售的场景样例。客户周女士没有购车经验和汽车知识，听同事说新迈腾性能好、性价比高就想买，但又觉得价格太高。销售顾问通过给周女士提供专业的服务和与周女士的沟通，得知周女士用车主要是接送孩子和上下班，销售顾问给周女士挑选了高尔夫，周女士很满意。

顾问式销售是一种全新的销售概念与销售模式，它起源于 20 世纪 90 年代，具有丰富的内涵以及清晰的实践性。它是指销售顾问以专业销售技巧进行产品介绍的同时，运用分析能力、综合能力、实践能力、创造能力、说服能力满足客户的要求，并预见客户的未来需求，提出积极建议的销售方法。

图 2-2-1　汽车 4S 店顾问式销售的场景

顾问式销售是站在专业角度和客户利益角度为客户提供专业意见和解决方案以及增值服务，使客户做出对产品或服务的正确选择。顾问式销售同时建立了客户对产品或服务的品牌提供者的感情及忠诚度，有利于进一步开展关系营销，达到长期稳定的合作关系，从而提高市场竞争力。

传统销售理论认为，客户是上帝，好商品就是性能好、价格低，服务是为了更好地卖出产品。而顾问式销售认为，客户是朋友、是与销售者存在共同利益的群体，好商品是客户真正需要的产品，服务本身就是商品。可以看出，顾问式销售将销售者定位在客户的朋友、销售者和顾问三个角色上。因此，如何扮演好这三种角色，是实现顾问式销售的关键所在。

一般说来，顾问式销售给客户带来的最大好处就是使客户在收集信息、评估选择和购买决定这三个过程中得到一个顾问，从而减少购买支出；同时，通过面对面的直接接触，给客户带来情感满足。顾问式销售给企业带来的利益在于能够最大限度地引起消费需求，增加企业销售机会；同时让客户产生好的购后反应。"一个满意的客户是企业最好的广告"，因此促进了企业的长期发展，形成企业和客户双赢的销售关系。

2. 汽车销售流程

合理的标准化流程有助于降低服务风险，提高成功的比率，有效提升客户的满意度，还能更好地规范销售顾问的销售行为，因此，各汽车品牌厂家及经销商都制定了各自的标准化销售流程，虽然流程名称不尽相同，但服务的内容都会包含其中，通常标准化汽车销售流程包含以下几个环节（图2-2-2）。

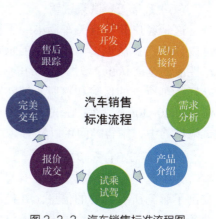

图2-2-2　汽车销售标准流程图

（1）环节1：客户开发

客户是汽车经销商存在的基础，因此汽车销售流程应从客户开发开始。客户开发是指汽车经销商通过广告宣传等方式培养潜在客户，使潜在客户转变为现实客户，以及从竞争对手那里吸引新客户的过程。对于潜在客户的开发，最重要的是通过了解潜在客户的购买需求来和他建立一种良好的关系。当销售顾问确认关系建立后，就可以对潜在客户进行邀约了。

（2）环节2：展厅接待

给客户留下一个良好的第一印象。由于客户通常预先对购车经历持有负面的想法，因此殷勤有礼的专业销售顾问的接待将会消除客户的负面情绪，为购买经历设定一种愉快和满意的基调。若是接打电话则应注意的是：礼貌而友好、不打断对方、需要了解对方的问题，且做到简捷有效。若是接待来访客户，则销售顾问在客户到来时应以微笑迎接，即使正忙于帮助其他客户也应如此，避免客户因无人理睬而心情不畅。这是因为客户往往会有这样的期望："我想销售顾问在我走进展厅时至少会给我一个招呼""我不希望在参观展厅时销售顾问老是在我身边走来走去，如果有问题我会问销售顾问"。因此，销售顾问在迎接客户时就应立刻询问能提供什么帮助，了解客户来访的目的，并进一步消除其疑虑不安的情绪，同时注意不要多个销售顾问毫无意义地围着一个客户。如果客户消除了疑虑，就会在展厅停留更长时间，销售顾问也就有更多的时间与客户接触。

（3）环节3：需求分析

客户在进行咨询时会期望销售顾问诚实可靠，并能根据客户的需求提供给客户所需要的信息，因此，销售顾问在与客户交流时重点是建立客户对销售顾问及经销商的信心。对销售顾问的信赖会使客户感到放松，并畅所欲言地说出他的需求，这是销售顾问和经销商在咨询步骤中，通过建立客户信任所能获得的最重要利益。

（4）环节4：产品介绍

汽车产品的展示是销售汽车的关键环节。通过调研，客户在展示过程中做出购买决策的占绝大部分。但是，消费者做出不购买的决定也是在汽车展示的过程中发生的。在汽车展示过程中，消费者通常会从三个方面来收集供他决策使用的信息：销售顾问的专业水平、销售顾问的可信任度、产品符合内心真实需求的匹配程度。因此销售顾问在进行汽车产品介绍时，应该针对客户真正的需求，结合销售卖点，做到有的放矢，建立客户的信任感。销售顾问必须通过介绍直接针对客户需求和购买动机的相关产品特性，帮助客户了解该辆车是如何符合其需求的，只有这时客户才会认识其价值。在车辆介绍过程中，要坚决避免夸夸其谈、说得太多，夸大其词、过分吹嘘，提供毫无根据的比较信息，一味贬低他人，不能解答客户提出的问题，强调客户不感兴趣的车型配置等。

（5）环节5：试乘试驾

这是客户获得有关车辆第一手材料的最好机会，可以让汽车自己推销自己。通过试驾，可以让客户在认识了车辆静态展示功能的基础上，更能体验动态的驾乘乐趣，增加客户对汽车性能的全面认识，增加客户的购买意愿。在试驾前，应确保车辆整洁、工作正常且燃油充足，办好行车所需的保险和执照。试驾客户必须有驾驶证、并签试驾协议以确保安全。试驾时间通常以20~30min为宜。在试驾过程中，销售顾问应让客户集中精神进行驾驶体验，避免多说话。试乘试驾中，销售顾问可以针对客户的需求和购买动机进行解释说明，以建立客户的信任感。

（6）环节6：报价成交

为了避免在报价成交阶段引起客户的疑虑，对销售顾问来说，重要的是要让客户感到他自己了解到所有必要的信息，并控制着这个重要步骤。如果销售顾问已明了客户在价格和其他条件上的要求，然后提出销售议案，那么客户将会感到销售顾问会全盘考虑到他的财务需求和关心的问题，他是在和一位诚实且值得信赖的销售顾问打交道。

价格协商是报价成交过程的重要环节，销售顾问在与客户进行价格协商时应注意：一般在介绍完车辆的所有配置、装备、附赠品之后确定协商的价格，也可以在价格僵持的过程中为了促成交易略施小惠，如赠送小礼品等；销售顾问应向客户解释汽车总价的具体构成，以便客户明了，并有实惠之感；价格清单务必要书写清楚；除非有促销活动的安排，否则销售顾问不应主动提及价格优惠；销售顾问要充分利用和执行价格权限，特殊情况要上报销售经理；价格谈判应在小会议室进行，以避免影响其他客户。

（7）环节7：完美交车

交车过程是令客户感到兴奋的时刻，如果汽车经销商可以使客户有愉快的交车体验，那么就为经销商与客户的长期合作关系奠定了积极基础。在交车时，客户一般会期望按时交付。因此，销售顾问必须按约定的日期和时间交车。万一有延误，必须和客户联系以避免使客户感到不快。销售顾问还应确保交车时服务经理或服务顾问在场，这是为了方便客户了解售后服务的问题。

（8）环节8：售后跟踪

售后跟踪最重要的是认识到，对于一位购买了新车的客户来说，第一次维修服务是他亲身体验经销商服务流程的第一次机会。跟踪步骤的要点是在客户购买新车与第一次维修服务之间继续促进双方的关系，以保证客户会返回经销商处进行第一次维护保养。新车出售后对客户的跟踪是联系客户与服务部门的桥梁，因而售后跟踪十分重要，这是服务部门的责任。售后服务好坏是客户重点关心的内容。汽车经销商服务部门应该充分重视这项工作，如果客户和经销商建立了良好的关系，他就更有可能介绍别的客户，或再次购买。如果客户自己认识服务部门的人员，他就更有可能回来进行维护服务或购买零件，这就为汽车经销商的存在与发展奠定了良好的基础。

二、拓展知识

产品营销的模式很多，以下介绍比较流行的体验式营销，以供参考。

1. 体验式营销的背景

由于市场竞争的加剧和技术更新速度的加快，同一行业的不同企业提供的产品/服务越来越趋同，致使销售工作面临的挑战也越来越大。

（1）低价竞争无法保证服务质量

同质化的市场竞争，各产品之间差异化越来越小，服务的水平也越来越接近，这个时候竞争的焦点往往会集中到价格上，即实行低价竞争，最终陷入恶性循环，在价格降得很低的情况下，导致利润很低甚至没有，也就没法保证服务质量。

（2）产品技术更新和市场需求变化加快

产品技术更新和市场需求变化加快，对销售方式灵活性的要求就越来越高。

（3）客户更加注重"体验"

当服务也陷入同质化的竞争后，竞争的趋势也就从重视产品、服务、方案等"结果"转变为重视"结果+过程"。实际上，注重"过程"也就是注重"体验"。

2. 体验式营销的定义和目的

体验式营销（销售），顾名思义，就是通过体验的形式进行营销，让客户亲自来感受你的产品，在他有了亲身体会后能把产品介绍给其他客户。

客户（消费者）需求多样化、个性化，希望寻找那些能够给其生活带来难忘、深刻的体验和乐趣的产品和消费方式。给他们创造更多体验的乐趣，给他们提供更多新颖的消费享受，给他们设立更多奇特的消费经历，给他们留下更多刻骨铭心的消费记忆，这是现代企业能够时刻抓住和引领消费市场的核心与关键。

通过客户体验产品以达到销售的目的，这种营销模式曾经给销售人员带来了很好的销售业绩。体验式营销并不难，只要你能"用心"加上"态度好"，很多事你都能做得比别人好。

3. 汽车体验式营销及应用案例

"一次体验胜过百次诉说"。在消费者需求日益多样化、个性化的当下，体验式营销以能够洞察到消费者深层次需求、为品牌与消费者提供良好沟通的优势，在市场中的作用日益明显，成为众多汽车厂商角逐市场的利器。经销商为客户提供一份满意的体验往往能促使交易达成。汽车体验式营销是汽车厂家或经销商从消费者的感官、情感、思考、行动和关联五个方面，重新定义、设计营销的思考方式，是以汽车产品或服务为道具，激发并满足顾客体验需求，从而达到销量目标的营销模式。

（1）汽车体验式营销四个阶段

1）第一阶段：知觉体验阶段。知觉体验即感官体验，将视觉、听觉、触觉、味觉与嗅觉等知觉器官应用在体验式营销上。感官体验可区分为公司与产品（识别）、引发消费者购买动机和增加产品的附加价值等。汽车体验式营销中，早期的赏车会、车展可以归为这个阶段。

2）第二阶段：思维体验阶段。思维体验即以创意的方式引起消费者的惊奇、兴趣、对问题进行集中或分散的思考,为消费者创造认知和解决问题的体验。这种体验方式的关键点在于用户的互动,传统的汽车命名、汽车涂鸦设计等可以归类其中。

3)第三阶段:行为体验阶段。行为体验指通过消费者的身体体验,指出他们做事的替代方法、替代的生活形态与互动,丰富消费者的生活,从而使消费者被激发或自发地改变生活形态。传统的试乘试驾可以归属到这个阶段。

4)第四阶段:情感体验阶段。情感体验即体现消费者内在的感情与情绪,使消费者在消费中感受到各种情感,如亲情、友情和爱情等。这一阶段的内容比较广,也可以说,要达到情感体验的目的,厂商要设计除了以上体验之外的体验环节与内容,例如对经销商服务和文化的体验等,上升到了品牌文化内涵,而不仅仅局限于产品本身,这种体验实际上是考验经销商自身全面能力的一种方式,最终目的是完成用户对品牌黏度的建设。这也为汽车经销商开展体验式营销留出了广度和深度。

(2)汽车体验式营销应用案例

以下介绍汽车体验式销售(营销)案例,供参考。

【案例】长安汽车"逸路有你——寻访长安百年工业自强之路"

2012年,长安汽车举办"逸路有你——寻访长安百年工业自强之路"的活动,活动采用了别开生面的寻访形式,在赢得消费者高度评价的同时,也为逸动品牌推广提供了强大的推动力,更为其抢占市场打下了坚实基础,成为汽车厂商体验式营销的典型案例。

长安汽车此次活动以寻访百年工业自强之路为主线,通过首批逸动车主代表亲自驾车感受长安汽车工业的发展,真切体验逸动品质。长安逸动汽车车主驾车从长安汽车渝北工厂出发,沿江而下,途经宜昌、武汉、南京、济南等数十个城市,造访汉阳兵工厂、金陵制造局等近代工业发展旧址,历时10天,行程近3000km,最后抵达北京,成功完成逸动上市后第一次长距离品质之旅。

长安汽车方面相关人士表示,寻访之旅旨在通过中国近代工业自强之路寻访,让长安车主了解中国近代工业发展的历史以及长安汽车成长背后的奋斗史,感受长安汽车文化。同时,更借助长距离、长时间的行驶路程充分检验逸动的卓越品质。

而相比于一般的体验活动,此次长时间、长途试驾的寻访活动为消费者提供了最真实、最准确的产品性能判断依据。据介绍,在此次从重庆至北京的长距离路程中,车主对逸动在多种路况、气候条件、行驶状况下的各种性能表现都进行了检验,见证了其不俗的动力性、稳定性、油耗、加速、制动等性能。

参与此次寻访活动的车主普遍认为,"逸动是一款品质卓越的中级车,动力输出、操控驾乘、经济节油、安全稳定等各项综合性能表现突出,是一款理想的用车。"车主们还表示,越深度接触逸动,就会有越多的惊喜,值得亲身见证。可见,此次寻访之旅为逸动上市推广奠定了良好的口碑基础。

➡ 复习题

1. 判断题

(1)顾问式销售是仅从专业角度介绍产品,促进成交。( )

(2)汽车销售顾问要严格按照本品牌制定的汽车标准销售流程操作。( )

(3)顾问式销售认为,顾客是上帝,好商品就是性能好、价格低,服务是为了更好地卖

出产品。（　　）

（4）价格协商是报价成交过程的重要环节。（　　）

2. 单项选择题

（1）客户在展示过程中做出购买决策的占绝大部分，因此（　　）是销售汽车的关键环节。

　　A. 客户开发　　　　　　　　B. 产品介绍
　　C. 报价成交　　　　　　　　D. 完美交车

（2）在汽车销售流程中，客户最期待的流程是（　　）。

　　A. 试乘试驾　　　　　　　　B. 交车
　　C. 售后回访　　　　　　　　D. 产品介绍

（3）属于车辆动态展示和客户亲自体验的环节是（　　）。

　　A. 展车介绍　　　　　　　　B. 观看产品单页
　　C. 观看宣传视频　　　　　　D. 试乘试驾

（4）汽车销售流程应从（　　）开始。

　　A. 客户开发　　　　　　　　B. 展厅接待
　　C. 产品介绍　　　　　　　　D. 试乘试驾

（5）贯穿整个销售过程的重要环节是（　　）。

　　A. 客户开发　　　　　　　　B. 展厅接待
　　C. 产品介绍　　　　　　　　D. 需求分析

（6）销售人员在与顾客交流时重点是（　　）。

　　A. 谈判价格　　　　　　　　B. 展示车辆
　　C. 成交产品　　　　　　　　D. 建立顾客对销售人员及经销商的信心

03

学习情境三
客户开发

客户开发工作是汽车销售工作的第一步，通过客户开发，建立客户对销售顾问以及经销商的信任，为后续的接待工作做好铺垫。

本情境主要学习客户开发的流程和技巧，分为两个工作任务：任务一客户开发准备与实施，任务二潜在客户管理。

通过本情境的学习，你能够掌握潜在客户开发的流程和技巧，以及潜在客户的管理方法。

任务一 客户开发准备与实施

情境导入

销售顾问周丽在收集和整理潜在客户信息时,发现一位新客户龚女士,曾来电咨询过一汽－大众新迈腾轿车的售价等情况,那么她应该如何做好客户开发前的准备工作,并成功邀约龚女士到店呢?

任务目标

1. 能描述客户开发的重要性。
2. 能进行客户开发前的准备。
3. 能描述客户开发流程和进行开发渠道分析。
4. 能制订客户开发方案。

一、基本知识

客户开发是汽车销售工作的第一步,销售顾问通过各种途径了解汽车销售市场和客户情况,对有实力和有意向的客户重点沟通,最终完成目标客户开发任务。

1. 客户开发的重要性

(1)客户开发是保持稳定销售量的基础

销售顾问要想保持稳定的销售业绩,必须有足够的客户积累。在实际的销售过程中,随着客户成交,如果没有新的客户来补充,那么销售顾问的销售机会将越来越少,因此,开发潜在客户是维持销售顾问销量的基本前提。作为一名销售顾问,要时刻以积极的心态去发现潜在客户,正像汽车销售大师乔·吉拉德所说:"不管你所遇见的是怎样的人,你都必须将他们视为真的想向你购买商品的顾客。这样一种积极的心态,是你销售成功的重要前提!"

(2)客户开发可以使销售顾问保持良好的状态

销售顾问的主要工作场所是4S店内,受地理位置、交通情况、品牌知名度等因素影响,每一家4S店的客流量都不同。当展厅内客流量比较少或者没有客源时,销售顾问应该积极地通过各种途径开发潜在客户,而不应该无所事事,等客上门。销售顾问从开发客户到成交会经历很长一段时间,并会遇到很多困难,但最终的成交可以给销售顾问带来很大的成就感,并会使销售顾问更加乐此不疲地投入到集客活动中去,甚至在日常生活中也时刻不忘记自己是一名汽车销售顾问,随时捕捉身边有用的客户信息。这样大大充实了销售顾问的生活和工作内容,使销售顾问保持一种积极乐观的状态。

2. 客户开发前的准备工作

销售顾问必须事先做好客户开发前的准备工作，主要目的在于：展示产品知识和个人形象，给客户留下良好的印象，让客户充分了解产品，取得客户的信任；能够顺利开展后续的工作；建立销售顾问的信心。销售顾问如果不做好客户开发前的准备工作，则很难达到预期的开发目的。

客户开发前的准备工作包括销售顾问仪容仪表准备、心理素质准备，以及专业知识和技能的准备等。

（1）仪容仪表的准备

有的客户开发工作需要通过电话、微信等方式联系客户，也有需要销售顾问与客户见面的情况。销售顾问在与新客户见面前，应按照职业形象标准整理自己的仪容仪表，保持良好的职业形象，否则可能会给客户留下不好的印象。

【案例】某汽车4S店的销售顾问第一次去拜访客户，到了客户的公司以后，他意外地发现另外一家4S店的销售顾问也在那里，而且比他先到。这位销售顾问是急忙赶过去的，脸上带着汗水，领带还有点歪，衣着不整。客户出来以后，将另外一家公司的销售顾问请进去了，而这位销售顾问因为仪表的问题，客户不愿接待。客户仅是对他的秘书说："你把他销售汽车的相关资料留下来就行，让他先回去吧，如有需求，再联系他。"

在上面的案例中，因这位销售顾问没有注重自己的仪容仪表，给客户留下了不好的第一印象。可见，仪容仪表在销售顾问开发客户的时候非常重要。

（2）心理素质的准备

销售顾问一定要有良好的心理素质，在客户开发前做好自身心理素质的准备。

1）自信：对于销售顾问来说，首要的是树立对成功的自信，要时时刻刻怀有"我一定能完成好客户开发的工作"的信念，用这种信念去指引我们完成客户开发任务，便会克服一切困难，不辞劳苦，勇往直前，达到目标。

2）勇气：销售顾问最常遇到的是客户异议和拒绝，这往往会给他们造成极大的心理障碍。因此，在进行客户开发前，销售顾问应勇敢去面对客户的拒绝和异议，并正确对待。

汽车销售大师乔·吉拉德说："销售人员要有这样一种积极的心态，它是你销售成功的前提，即将身边的每一个人都当成自己的顾客。"可见，一个人的心态有多么重要。

（3）专业知识和技能的准备

1）本企业的知识：销售顾问要详细了解本企业的历史、相关的销售政策、经营活动，以及能提供的服务项目等。例如要清楚地知道让利和促销政策，在客户询价以及价格谈判中做到心中有数。

2）所销售产品的知识：如果对自己所销售产品的知识准备不充分，就会影响客户对于销售顾问的信任度，对后期的销售推进产生不利影响。因此，销售顾问要做到在与客户交流的时候，对于相关问题都能流利地回答，包括：

① 熟悉自己的产品信息，比如车型的配置、性能技术参数、特点等，并随时可以提供给客户，作为介绍和讲解的依据。

② 熟悉汽车厂家和本公司对这个车型销售的政策、条件和方式。

③ 详细了解汽车销售过程中的各项事务，如付款方式、按揭费用的计算、上牌的手续、保险的内容、保险的费用等。

有些销售顾问不了解产品知识，时常以"自己是新人"为借口，用"网上都有，您上网查查"这样的话语来搪塞客户。网络上充斥着大量的"车黑""水军"等，攻击性信息层出不穷。客户查来查去，有可能看到很多关于本品牌或车型的负面消息，再加上对销售顾问的不满，极容易投入竞争品牌的怀抱。

3）竞品知识：销售顾问要全面地掌握汽车市场的动态、汽车市场占有率、车闻趣事等最新汽车信息，尤其是对与自己的产品形成竞争的品牌及车型，要了解竞争对手的产品与你所售车型的差异、优势和劣势等。因为在客户开发过程中，经常会涉及与竞品对比、车辆后期养护、常见故障等问题，要能够给客户提供相关信息，并进行专业的参数分析和比较。

4）客户信息：销售顾问要了解目标客户属于哪种类型，这样在与客户交流的时候，就会有的放矢，占据主动；需详细了解客户群体、消费习惯、购买动机、爱好、决策人、购买力、真正的需求、采购时间等。如从事小商品行业的客户喜欢车辆的空间大一些，可以顺带运输一些货物，像SUV、MPV这样的车型比较受他们的欢迎；从事路桥工程施工作业的客户偏好越野性能好的车型等。

【案例】某汽车公司的销售顾问小李经过努力，与一个客户约定了时间去登门拜访。那天小李如约前去拜访，这位客户请他坐下后一言不发地看着他。由于小李事先没有准备，也不了解客户信息，被这位客户看得心里很紧张，不知道该说什么。

客户非常忙碌，他希望销售顾问有准备而来。这个时候客户等得不耐烦了，说："你有什么事，就快点说。"

小李听了更紧张了，结结巴巴地不知道从何说起。

客户说："好像你没有什么准备，我也很忙，这样吧，你把相关资料留下来，我抽空看一下，如有需要，再联系你。"

结果，小李只好把资料留下来，无功而返，没有达到客户开发的预期目的。可见，客户开发前的准备十分重要。

（4）制订客户开发方案

1）明确客户开发要素：首先要确定客户开发的对象，考虑与客户接触的方式，是打电话，还是请进来，还是登门拜访，这些都需要销售顾问去选择。同时销售顾问还要选择时间、地点、内容，找出从哪里切入比较容易，找出话题以及与客户拉近距离的捷径，确定谈话的重点和谈话的方式，这些都是事先要在准备方案里面明确的。

2）要有耐心和毅力：在进行客户开发的时候，方案制订出来并不能确保这个方案一定成功。在实际工作当中，客户开发方案都是经过了反复努力才成功的，特别是汽车销售工作。客户在购买汽车这类高价值商品时，不会那么草率地决定，总是会反复斟酌，销售周期会比较长。因此，汽车销售顾问要有足够的耐心和毅力。

【案例】当销售顾问给客户打电话而客户拒绝接听时，可以换一种方式，比如寄邮件，即使邮件石沉大海了也不要灰心，在心里面一定要说："我一定要见到他。"不行的话，你就到他单位门口去等，等他的车来了以后，拦住他，告诉他你是谁，你是哪个公司的，然后彬彬有礼地把一张名片递给他，说："我以前跟您联系过，这是我的名片，您先忙着，抽空我再打电话跟您联络。"话不要说太多。客户拿到你的名片后会这样想："这家伙还挺有毅力的，我们公司的员工如果都像他这样就好了，我得抽空见见他。"

3）把握与客户见面的时间：一般来说，与客户见面的时间一般安排在上午10点左右或下午4点左右比较好。一般职场人士在早晨8点至10点会比较忙，10点后会安排休息放松时间，在此时去拜访或联络客户是比较合适的。

4）与客户见面时的技巧：销售顾问在与客户见面的时候也要讲究技巧。首先要有一个事先准备好的开场白，如果事先没有准备，应凭借实战经验进行应对，但往往成功率不高。

有经验的销售顾问到了客户那里，首先会观察客户的办公室环境，客户有哪些爱好，从他办公室里面的摆设就能看出来。例如客户办公桌椅的后面放了一个高尔夫球杆，那你与客户谈话的时候就可以从高尔夫球杆谈起；如果客户的办公室一角放了一套钓鱼的钓具，你也可以从这个话题开始；如果实在没有发现反映其爱好的摆设，你可以称赞他的办公环境布置得非常协调，令人身心愉悦，这也是一个话题。不管怎么说，见面先美言几句，客户总不会心里不舒服。心理学认为，当一个人在听到他人赞美的时候，他所有的戒备都会放松，所以在这个时候是最容易"乘虚而入"的。

3. 客户开发流程和渠道

（1）潜在客户开发流程
潜在客户开发流程如图3-1-1所示。
对潜在新客户的分类如下：
① 无购买力的忠诚客户的推动力度。
② 基盘维护与开发。
③ 有望客户跟踪促进与成交。
④ 未接触的有望客户的开发。
⑤ 已购其他品牌客户的影响。

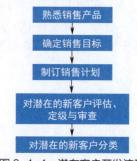

图3-1-1 潜在客户开发流程

（2）客户开发的渠道
销售顾问收集客户信息、进行客户开发的渠道主要包括直接来销售展厅、来电咨询、保有基盘客户、员工购车、展销会、特定开拓、促销来源、集团客户、老客户转介绍等。

1）客户来店（展厅）：通过门店活动、辖区性广告宣传（电台、电视台、地方性刊物、报纸）、平面广告、论坛、投递、逐户访问等方式，招揽客户进店，只要客户走进展厅，不管是来买车的客户，还是闲逛的客户，销售顾问都要以饱满的热情接待。针对前来选车的客户，销售顾问应该在其离店前了解客户的购车需求，并留下其联系方式，预约好下次见面时间。

2）客户来电咨询：如果客户打电话来展厅询问关于车辆的事项，销售顾问一般不应在电话中做过多的商谈，尤其不适宜进行价格方面的谈判，应该力争邀约客户到店洽谈。

以下以案例（情景模拟）的方式，介绍电话集客的话术及技巧。

情景：
假设你是一汽-大众汽车的销售顾问，接到客户打来电话询问2020款新迈腾轿车是否有现车以及价格问题，你在接听客户电话时应该注意哪些电话礼仪？应该如何应对此类客户？
① 电话铃响三声内必须拿起听筒（如果迟了，应先道歉"抱歉，让您久等了"）。
② 报出店名、姓名及问候。
③ 询问客户需求。
④ 解答客户疑问并预约客户到店洽谈。
⑤ 告知客户当期活动。

⑥ 介绍专营店地址。
⑦ 留下客户联系方式。
⑧ 感谢客户来电。
⑨ 当客户挂断电话后方可挂线。
⑩ 发送感谢短信/微信。

3）跟踪保有基盘客户、转介绍客户

① 保有基盘客户：指曾经接受过或将来有可能会接受经销商（或个人）的服务，正式纳入经销商管理并且有效接触的个人或公司团体。

a. 保有客户转介绍潜在客户。
b. 搜集售后服务站外来的保有客户信息。
c. 市场营销活动所产生的意向客户。
d. 关系企业与配套厂商推荐客户。
e. 员工亲友关系。
f. 定期跟踪保有基盘客户，开发保有客户的朋友圈子、社交圈子。

② 维系老客户，提高客户满意度和忠诚度，满意的基盘客户可产生置换、增购、推荐的效益，维系一个保有客户与开发一个新客户达到同样效益的成本为1:4。

4）维系 VIP 客户，推荐潜在客户

VIP 客户：指具有高度满意度及影响力，且对经销商销售、售后维修有经常性帮助者。VIP 客户应由专人进行维系和跟踪，提高客户忠诚度，激励 VIP 客户推荐潜在客户。

表 3-1-1 是新客户与基盘客户的对比。

表 3-1-1 新客户与基盘客户的对比

比较项目	新客户	基盘客户
满意度	不确定	高
忠诚度	低	高
信用度	待确定	已确定
信任度	低	高
劳务量	高	低
成交时间	长	短
销售利益	少	多

5）扩大基盘客户，提升业绩的方法：扩大基盘客户，提升业绩的方法举例如下。

① 经销商应该通过整合公司资源，动员全体员工，以激励为手段，发挥团队精神来收集购车信息、提升销量。

② 针对经销商覆盖率低的区域进行车辆展示、广告投放等形式的活动，以提升产品在该区域的知名度。

③ 与同行协助互补。就是与其他品牌的 4S 店销售顾问合作，若对方接待了对对方品牌车型不感兴趣的客户，可以请他把客户推荐给你，这样可以更好地进行互补。

④ 从报纸或者汽车网站论坛获取有价值的信息，比如汽车论坛中的留言、咨询信息等。

二、拓展知识

1. 竞争对手分析

对于竞争对手,销售顾问应进行竞争企业和竞争产品的分析。

（1）竞争企业的分析

通过市场调研、互联网查询等手段,获取以下竞争企业的资料：

① 业务经营情况分析。

② 市场形象与地位分析。

③ 竞争策略分析。

（2）竞争产品的分析

主要从竞争品牌的优势和劣势对比进行阐述。

【案例】上汽大众帕萨特和雪佛兰迈锐宝对比,在同级车型中各有各的优势,客户很难做出选择,可以运用如下话术（仅供参考）进行分析介绍。

1）品牌声誉：帕萨特与迈锐宝同是 B 级车型,但目标客户不同。帕萨特是专为新时代精英打造的 B+ 级车型,而迈锐宝则是以家用为主的经济车型。

2）动力性：帕萨特全车系采用缸内直喷涡轮增压发动机,而迈锐宝采用缸内直喷（2.4L）和多点电喷（2.0L）自然吸气发动机供客户选择。

3）排量和转矩：排量和转矩是衡量车辆动力性的关键指标。通常所说的提速快慢就是在衡量车辆的转矩大小。迈锐宝 2.4L 排量的发动机输出转矩更大,帕萨特 1.8L 排量的发动机则相对更为低碳环保。

4）关键配置：帕萨特采用大众的 TD（TSI+DSG）黄金组合,更突显大众汽车的低油耗、高功率的环保理念,而迈锐宝采用 2.0L 和 2.4L 自然吸气发动机,兼顾了充足的动力和较低的成本。

变速器的配置上,帕萨特有 6 速手自一体变速器和 7 速双离合变速器供选择,而迈锐宝都采用 6 速手自一体变速器。

2. 学会目标管理

企业有企业的目标管理,部门有部门的目标管理,销售顾问也应该进行自我目标管理。以下介绍一种目标管理的方法,叫作数字目标。

（1）数字的含义

1、15、7、8、96,这一串数字的含义是：1 位销售人员 1 天要打 15 个电话,在这 15 个电话里面,要找出 7 个意向客户。一个星期 5 个工作日,就会找到 35 个意向客户。在这 35 个客户当中,有两个客户能够购买你的车,一个月按四个星期计算,就是 8 个客户,一个月卖了 8 辆车。一年 12 个月就是 96 辆车,也就是说保守一点讲,你一年至少能卖 96 辆车出去。这个数字很有用。

（2）数字的调整

如果你说,你今天只打了 5 个电话,并没有 7 个意向客户,可能只有 5 个,或者 3 个,甚至更少。没有关系,你只需要对数字信息进行调整,多打电话,15 个电话不行,就打 20 个,直到获得 7 个意向客户为止。

（3）数字的积累

当然，电话的数字是有一定积累的。如果你是新的销售人员，要想天天获得 7 个意向客户是有一定难度的，那就需要你不断地去接触客户，走出去，如把名片发给你认为有可能成为你客户的人。

复习题

1. 判断题

（1）汽车销售顾问准备开发潜在客户，在与客户见面或拜访客户前，要整理自己的仪容仪表，保持良好的职业形象。（　　）

（2）销售顾问一定要有良好的心理素质。（　　）

（3）在进行客户开发前，销售顾问不需要做好面对客户的拒绝和异议的准备。（　　）

（4）如果产品知识准备不充分，不会影响客户对于销售顾问的信任度，客户能够理解销售顾问。（　　）

（5）销售顾问要全面地掌握汽车市场的动态、汽车市场占有率、车闻趣事等最新汽车信息，不需要掌握竞品信息。（　　）

（6）客户开发是保持稳定销售量的基础。（　　）

（7）客户开发可以使销售顾问保持良好的状态。（　　）

（8）如果客户打电话来展厅询问关于车辆的事项，销售顾问可立即进行价格方面的谈判。（　　）

（9）经销商应该通过整合公司资源，动员全体员工，以激励为手段，发挥团队精神来收集购车信息、提升销量。（　　）

（10）从报纸或者汽车网站论坛获取不到有价值的销售信息。（　　）

2. 单项选择题

（1）销售顾问不应告知客户以下哪个竞品信息（　　）。

　　A. 竞争对手的产品与你所售车型的差异，优势和劣势情况等

　　B. 车辆后期养护差异

　　C. 常见故障差异

　　D. 公司营销策略

（2）以下哪项产品信息销售顾问不需要作为介绍和讲解的依据（　　）。

　　A. 配置　　　　　　B. 性能技术参数　　　C. 市场售价　　　　D. 常见故障

（3）以下说法不正确的是（　　）。

　　A. 销售顾问要了解目标客户类型，在与客户进行交流的时候，就会有的放矢，占据主动

　　B. 从事客户群体、消费习惯、客户的购买动机、客户的爱好、决策人、购买力、真正的需求、采购时间等，比如从事小商品行业的客户不在乎车子的空间大小，只要能顺带一些货物就可以

　　C. 从事路桥工程施工作业的客户偏好越野性能好的 SUV 车等

　　D. 做好客户开发前要准备充分

（4）以下说法不正确的是（　　）。

　　A. 与客户见面一般在上午十点左右或下午四点左右比较好

B. 会来买车的客户多数都是有决定权的
C. 销售顾问在电话铃响3声之内必须拿起听筒
D. 学会赞美客户

（5）以下说法不正确的是（　　　）。
A. 销售人员在与客户见面的时候只要真诚就够了，没有技巧
B. 与客户初次见面应有一个很好的开场白
C. 与客户初次见面的开场白应事先准备好
D. 约见客户，要提前准备好资料

（6）以下说法不正确的是（　　　）。
A. 有经验的销售人员到了客户那里，首先会观察客户的办公室环境，客户有哪些爱好，从他办公室里面的摆设就能看出来
B. 心理学认为，当一个人在听到他人赞美的时候，他所有的戒备都会放松，所以在这个时候是最容易"乘虚而入"的
C. 与客户如果认识很久，见面时可以随便一点，不需要寒暄
D. 应注重仪容仪表

（7）制定客户开发方案的要点，不包括：（　　　）。
A. 明确客户开发各要素　　　　B. 要有耐心和毅力
C. 把握与客户见面的时间　　　　D. 尽量给客户争取最大的优惠

（8）（　　　）是指在正式沟通渠道以外进行的信息传递与交流。
A. 正式沟通　　B. 非正式沟通　　C. 平行沟通　　D. 上下沟通

3. 多项选择题

（1）销售顾问要做到在与客户交流的时候，对于相关问题都能流利地回答，包括：（　　　）。
A. 熟悉自己的产品信息，比如车型的配置、性能技术参数、特点等，并随时可以提供给客户，作为介绍和讲解的依据
B. 熟悉汽车厂家和本公司对这个车型销售的政策、条件和方式
C. 详细了解汽车销售过程中的各项事务，如付款方式、按揭费用的计算、上牌的手续、保险的内容、保险的费用等
D. 维修技术要点

（2）通过市场调研、互联网查询等手段，可获取竞争企业的以下资料（　　　）。
A. 业务经营情况分析　　　　B. 市场形象与地位分析
C. 竞争策略分析　　　　D. 经营机密

任务二　潜在客户管理

▶ 情境导入

针对前期收集的潜在客户龚女士的信息，应用潜在客户管理工具进行目标管理，依据客户龚女士的级别，进行适时跟进。那么销售顾问周丽应如何进行潜在客户的管理，使潜在客户成为目标客户和成交客户呢？

▶ 任务目标

1. 能描述潜在客户级别分类方法。
2. 能进行潜在客户有效跟进。

一、基本知识

所谓潜在客户，是指对某类产品存在需求且具备购买能力的待开发的客户，是可能成为现实客户的个人或组织。对潜在客户进行有效的管理，将帮助销售顾问提高销售效率，为其提供稳定的销售业绩保证。

1. 潜在客户级别分类

销售顾问对潜在的客户进行评估分析后，应该根据客户的购买意向，对客户进行分级管理，然后再进行建档管理，把潜在客户的信息、回访记录、接待记录等录入系统并保存。

对潜在客户进行级别分类的好处如下：

（1）便于了解客户订车信息

将客户按其购买意向级别分类后，销售经理能够了解在一个星期之内要来订车的客户的数量。例如：某4S店里有10位销售顾问，有10份销售报表每天送到销售经理面前，销售经理看到这10位销售顾问客户级别的设定，就能掌握在一个星期之内将会有多少客户来买什么型号的车。根据这份报表，销售经理还能了解已经交了订金的有多少客户。既然客户交了订金，而订车合同里明确了客户买的是什么车、什么型号、什么颜色，于是销售经理马上就会知道还有多少库存，同时还能了解什么车型好卖，什么颜色的车好卖，负责订车的工作人员根据这份表格可以制订出下一个订车的计划，该订哪些车型、哪些颜色、多少数量等。

（2）销售顾问更精确跟进客户

根据客户级别分类表的内容，销售经理就能知道这个星期将有几个客户要来订车，对这些客户要加强跟进。例如，对于第二个级别的客户，应该在一个星期之内让他们付款，确保交订金并签订购车合同，不能让客户再发生变化。

表3-2-1是客户级别和跟进频率对照表。

表 3-2-1　客户级别和跟进频率对照表

级别	客户判断基准	购买周期	跟进频率
O 级	1. 购车合同已签 2. 全款已交但尚未提车 3. 已收订金	已经确定或预收订金	至少每 3 日 1 次维系访问
H 级	1. 车型车色已选定 2. 已提供付款方式及交车日期 3. 分期手续进行中	预计 7 日内成交	每 2 日 1 次维系访问
A 级	1. 已谈好购车条件 2. 购车时间已确定 3. 选定下次商谈日期 4. 再度来看车	预计 1 个月内购车	每周一次
B 级	1. 正在决定拟购车型 2. 对选择车型犹豫不决 3. 经判定为有购车条件者，并表露出购车意向	1~3 个月内购车	每两周一次
C 级	无明显购车意愿	购车时间模糊	每月一次或节假日维系

2. 潜在客户跟进方法

客户跟进是分析客户购买心理、了解客户购车需求、增进与客户感情交流的绝妙良方。通过及时、有效、全面的跟进沟通，能够探询潜在客户；如果不及时进行跟进，客户很有可能会流失，因此要针对不同级别的客户采取强度不等的跟进方式，常见的客户跟进方式有以下几种：

（1）展厅约见

展厅约见是最常见、最有效的跟进方式，尤其适用于近期要购车的用户。客户既然愿意应约来到展厅，表明他本人对此款车型已经有相当的购买意愿。销售顾问此时就需要做好客户预约的相关准备：清洁车辆，根据客户身高适当调节车辆座椅，根据以往的交流下载好客户喜欢的风格的乐曲；思考客户可能会提出的问题，以及合适的应对话术。同时，销售顾问还应就此客户的基本情况跟其上级主管做个详细的交代，以便双方配合默契。

展厅约见的基本理由：有新车型到货、有客户中意的颜色、有新配置车型、邀请试乘试驾、店里促销活动邀请。一般客户的购买行为会经过"初步了解—引起兴趣—车型比较—车辆异议—价格谈判—签约成交"等几个阶段，根据先前跟客户跟进沟通的情况，判断客户目前处在哪种购买阶段，做出不同阶段的应对方案。

如果将客户再次约到展厅，他仍是处在车型比较阶段，那么谈话的重点就要多从车辆横向、纵向进行比较，例如从汽车品牌影响力、车辆配置、动力性、操控性、舒适性、经济性、人员服务态度、专业知识、零配件供应、维护费用等方面进行比较，当然比较的重点仍是客户所关注的问题。

（2）电话沟通

打电话是为了获得更多的客户需求和信息，同时也要为自己留下下次接触的机会，这就需要在打电话的同时向客户提出问题，并表示此次回答不了，等做了深入了解之后再给客户一个满意的答复。这既是一种负责任的表现，也是增加感情交流的好机会。在打电话进行跟进之前，要对客户进行初步的分析，对不同的疑问点采取不同的话术。尽量约见客户来展厅洽谈。

（3）短信/微信沟通

短信/微信的特点是既能及时有效传递信息，又不需要接收者当即做出回答，对接收者打扰很小,非常"含蓄",更符合中国人的心理特点。发短信/微信形式多样,有短信/微信提醒、通知、问候等。这些方式的优势在于保证对方一定能收到,即"有效传播",但这种通信方式也很容易不小心被删除。这种发短信/微信的方式成本低廉,效果不错。但是若使用不当也会造成客户反感。因此利用短信/微信等通信工具促销要掌握好"度",既不宜太过频繁,使客户感觉厌烦,也不要太过"冷落",达不到应有的效果。

(4) 发送电子邮件

利用电子邮件进行潜在客户跟进和产品宣传既节省了纸张,又迅速快捷,且附带内容多样化。文字、图片、动画、视屏电影等均可通过电子邮件即时传递到客户面前,所见即所得,信息量大,目的性强。在处理上均要求客户看到电子邮件之后给予回执,并及时电话通知客户邮件已发送,请客户查收。若没有收到,还可以再次发送,体现出一种敬业负责的态度。

(5) 上门拜访

根据销售相关资料显示,上门拜访是成功率最高的一种客户跟进办法,但是同时成本比较高。例如时间消耗久,包括乘坐交通工具的时间、等待客户的时间、洽谈的时间;费用开支大,交通费、停车费、通讯费是一笔不小的开支;不确定性大,如交通拥堵、客户不在、临时有急事外出等,无法掌控自己的时间,会谈时间也不便于控制,经常会打乱访问计划,但是若上门拜访会见顺利,那就离成功不远了。

上门拜访需要找好拜访理由,注意基本拜访礼节,关注拜访对象,细心观察客户,了解客户习惯,透过现象分析客户级别。当下,人们生活节奏快,注重隐私空间,此种方法应该慎选,而且成本比较高,但是如果客户同意约见,倒不失为一种很好的方法。

3. 潜在客户跟进内容和注意事项

(1) 潜在客户跟进内容

对于不同类型的潜在客户,跟进的工作内容见表 3-2-2。

表 3-2-2 潜在客户跟进内容

项目	客户类别	工作内容	
潜在客户开发	结交"新朋友"	建立信心 介绍公司、产品 介绍自己 收集客户资料 对意向客户确定下次再访时间	
意向客户促进	H、A、B、C 级客户	商品信心强化 抗拒处理 答疑	促进成交 购车作业说明 需求分析
相关服务 手续及作业	成交客户	车款作业 领牌作业 保险作业	配件工作 交车作业
基盘维系	VIP 保有客户(自销/他销) 战败客户	相关产品信息提供 相关活动信息提供 关系维护 售后服务	

(2) 潜在客户跟进注意事项

1) 准备好记有客户姓名、电话号码、信息来源和先前联系记录的文件。

2）与潜在客户联系，并确认你已找到要找的人。
3）介绍你自己和专营店。
4）说明你来电的理由，并确认该客户有足够的交谈时间。
5）了解该潜在客户对车的需求，以便建立关系。
6）了解该客户目前所使用车辆的情况。
7）了解客户购买新车的使用人、主要用途、家庭成员等信息。
8）了解客户需要一部什么样的车（即对车辆的预期）。
9）给潜在客户具有实际意义的建议，以便获得可以邀约的机会（如提出将车开到客户家或办公室进行试乘试驾）。
10）建立关系后，请该客户定下有具体日期/时间的约定。
11）感谢客户到店、接听电话或拜访接见。
12）适时发信息/微信等。

二、拓展知识

1. 潜在客户管理表格

将潜在客户的重要信息及主要跟进记录，记入来店（电）客户登记表、月份意向客户级别状况表、营业活动访问日报表，同时将访问后的级别和结果记入月份意向客户级别状况表，基本内容包括本次联系日期，再度确认该潜在客户的姓名和电话号码，下次接触客户的时间等。不同的品牌专营店采用的管理表格略有差异，请参照相关厂家及专营店的规定。

2. 客户评估方法（MAN法则）

对潜在客户的评估，是客户开发工作的重中之重，快速准确地评估客户可以大大提高客户开发的效率，避免不必要的资源浪费。一般常用的潜在客户评估方法为MAN法则。

（1）通过"M（Money）——钱"来评估客户

购买力是评估潜在客户的首要因素，销售顾问切记不可以貌取人，不能简单地从客户的穿着打扮来判断客户的经济实力，而应该从多方位、多角度综合地评估客户的购买力。另外，企业客户和个人客户也应该有不同的评估因素。

（2）通过"A（Authority）——决策权"来评估客户

销售顾问在销售过程中，找到具体的决策人也是至关重要的。一般家庭购车中，决策权大多掌握在车辆的使用者手中，随着女性家庭地位的逐渐提高，家庭购车决策权不再像以前那样大部分掌握在男人手中。企业客户是比较特殊的群体，由于可能参与决策的人数比较多，甚至购车需要经历比较复杂的审批过程，而且参与决策的人员对汽车的偏好和专业程度参差不齐，这都会给销售顾问的工作带来一定的难度。因此针对企业客户，销售顾问要争取对该企业的规模、运作模式、采购流程等进行必要的了解，并找出主要的决策人，有的放矢地进行销售沟通。

（3）通过"N（Need）——需求"来评估客户

客户有购买需求是销售成功的一个重要条件，任何客户都经历从没有需求或者需求强烈到形成购买欲望并设定购买标准的发展过程。销售顾问应该运用适当的客户开发手段，帮助客户建立强烈的购车欲望，使其向有希望的客户类型转化。当然，客户的需求不是一成不变的，销售顾问应该从专业的角度帮助客户进行需求分析，力求帮其选到满意的车。

（4）三种要素组合

三种要素不同组合情况下，应该采用不同的客户开发方法：

> **提示：**
> 以下用英文缩写字母大小写表示是否具备该要素，如 M 表示具备金钱要素，m 表示不具备金钱要素。

1）M+A+N：是有望客户，理想的销售对象。
2）M+A+n：可以接触，配上熟练的销售技术，有成功的希望。
3）M+a+N：可以接触，并设法找到具有决定权之人。
4）m+A+N：可以接触，需调查其业务状况、信用条件等给予融资。
5）m+a+N：可以接触，应长期观察、培养，使之具备另一条件。
6）m+A+n：可以接触，应长期观察、培养，使之具备另一条件。
7）M+a+n：可以接触，应长期观察、培养，使之具备另一条件。
8）m+a+n：非客户，停止接触。

由此可见，对于潜在客户有时欠缺了某一条件（如购买力、需求或购买决定权）的情况，只要应用适当的策略，便能使其成为有希望的新客户。

复习题

1. 判断题

（1）所谓潜在客户，是指对某类产品存在需求且具备购买能力的待开发的客户，是可能成为现实客户的个人或组织。（   ）

（2）对潜在客户进行有效的管理，将帮助销售顾问提高销售效率。（   ）

（3）开发新客户，不需要弥补流失的老客户。（   ）

（4）销售顾问不需要去主动寻找新的客户，可以在展厅等待客户自动上门。（   ）

（5）应该根据客户的购买意向，对客户进行分级管理。（   ）

2. 多项选择题

（1）遇到闲逛客出现的时候，以下做法不对的是（   ）。
　　A. 一定要将闲逛客说得心服口服　　B. 将闲逛客支开就好
　　C. 不要在闲逛客身上花费过多时间　　D. 不要激怒闲逛客

（2）当顾客说"我随便看看"的时候，我们应该（   ）。
　　A. 不要跟随顾客，让他自己去看　　B. 首先要尽量消除顾客的戒备心理
　　C. 抓住顾客注意点并与顾客互动交流　　D. 不管顾客反应，该说啥就说啥

（3）引导顾客体验货品时应该做到（   ）。
　　A. 要自信地给出顾客体验的理由　　B. 如顾客不愿体验也不要轻易放弃
　　C. 引导体验可以配合肢体引导　　D. 只要建议体验就不达目的誓不罢休

（4）遇到顾客说"你们卖东西的时候都说得好听，哪有不自己说自己好的"的时候，我们可以（   ）。
　　A. 反正说了他也不信，就不必理睬他　　B. 给他介绍我们产品的优点
　　C. 应该理解顾客这种顾虑　　D. 通过举例方式帮助顾客树立信心

（5）顾客说我要考虑/商量的时候，我们可以（   ）。
　　A. 告诉顾客可以考虑好后再来　　B. 这么好的东西不需要考虑了
　　C. 提问了解顾客犹豫的原因　　D. 根据原因提供针对性解决方案

学习情境四
展厅接待

汽车销售流程中的一个首要环节就是展厅接待。展厅接待作为整个销售过程中与客户面对面交流的第一个阶段,是与客户的最初沟通,也是后续实质性洽谈的开始,最重要的是建立客户对销售顾问以及经销商的信任,为后续的需求分析做好铺垫。

本情境介绍展厅接待的流程和技巧,分两个工作任务:任务一展厅接待准备,任务二展厅接待流程。通过本情境的学习,你能够掌握展厅接待的流程和技巧。

任务一　展厅接待准备

情境导入

实习销售顾问周丽下午接到龚女士电话，明天上午10点要来展厅看车。周丽很看重这位客户的接待工作，请帮她一起想一想，该做好哪些展厅接待准备工作呢？

任务目标

1. 能描述展厅接待准备目的。
2. 能描述展厅接待准备工作的内容及要点。
3. 能正确完成展厅接待准备。

一、基本知识

1. 展厅接待准备目的

良好的展车、展厅环境和销售顾问积极的精神状态是实现成功销售的基础。通过周密而充分的展厅接待准备，为汽车销售工作营造专业、和谐的展厅氛围。

汽车销售顾问展厅接待前准备的目的在于：

1）建立专业的销售形象，取得客户的信任。
2）充分利用各项工具和销售流程，顺利展开销售工作。
3）充分的准备，能够建立销售顾问的信心。

2. 展厅接待准备的内容及要点

（1）职业形象准备

在人际交往中，每个人的仪容仪表都会引起交往对象的特别关注，并将影响到对方对自己的整体评价。良好的职业形象会赢得客户的好感，反之会造成客户的反感，甚至导致销售失败。因此，销售顾问每天要做好仪容仪表整理，以便以最好的精神面貌迎接到店顾客。

【案例】销售顾问周丽很珍惜第一次接待客户龚女士的机会，在前一天晚上查阅资料、熟记所售车型和竞争品牌车型的相关信息，加班到深夜。第二天很早起来精心装扮，化了最喜欢的浓妆，戴了平时最好看的长耳坠首饰，喷洒了香水去上班。龚女士到店后，周丽热情地进行接待。在接待过程中，因龚女士的职业是教师，不是很喜欢周丽的装扮，周丽身上浓烈的香水味道也让龚女士感到不适。龚女士很有礼貌地说家里临时有事，改日再来看车。周丽的精心打扮和热情接待并没有得到龚女士的认可，可见保持良好的职业形象是至关重要的。

汽车销售及服务行业要求从业人员具有良好的职业形象，销售顾问职业形象要求参照前面章节的内容，这里不再赘述。图4-1-1和图4-1-2分别是男性和女性销售顾问的职业形象。

图4-1-1　男性销售顾问职业形象

图4-1-2　女性销售顾问职业形象

（2）销售环境准备

展厅是销售的主阵地。布置合理、宽敞明亮的展厅能有效缓解客户进入展厅的紧张情绪，给客户宾至如归的感觉，让客户感受到更好的购车体验。各品牌在展厅布置上有一定的品牌形象要求，因此在按照品牌形象要求布置的同时，也要重视个性化、视觉感和体验感，从而让销售环境有效地推动成交转化率。

（3）展车准备

展车是用来吸引客户的眼球，刺激需求，促进销售。因此，需要对展车进行精心准备，在各个细节都清洁整理到位，以更好的形象迎接客户。

1）距离展车左前方0.7~1.0m处应摆设车辆信息牌（按品牌要求统一制作），标示车辆性能等技术参数，展车外表光洁明亮，轮胎上蜡且轮轴标示摆正，车轮下垫轮胎垫，如图4-1-3所示。

2）展车前座窗户放下，有天窗车型则将遮阳内饰板打开，如图4-1-4所示。

图4-1-3　一汽-大众迈腾的展车及车辆信息牌

图4-1-4　一汽-大众迈腾的前座窗户要求

3）展车内座椅、内饰板等塑胶保护膜需全部拆除，如图4-1-5所示。

4）转向盘调整至原来出厂设定位置，座椅调整至标准位置，驾驶人座与前排乘客座座椅位置与椅背角度须对齐一致，如图4-1-6所示。

图4-1-5　一汽-大众迈腾的座椅及内饰板要求

图4-1-6　一汽-大众迈腾的转向盘及座椅位置要求

5)展车脚垫采用展车专用脚垫,并保持清洁,如图 4-1-7 所示。

图 4-1-7　一汽 - 大众迈腾的脚垫要求

(4)产品知识准备

在展厅接待过程中,客户可能会问到竞争品牌车型信息、车辆后期养护、常见故障等问题,这时销售顾问就需要加强学习,在接待客户前能够更全面地掌握产品信息。如果产品知识准备不充分,会影响客户对于销售顾问的信任度,对后期的销售推进产生不利影响。

因此,汽车销售顾问要准备充足的产品资料,包括视频、图片、文档等,以便客户随时查阅,掌握产品的详细信息,比如车型的配置、性能和所有的技术参数,并随时提供给客户,作为介绍和讲解的依据。

如图 4-1-8 所示是一汽 - 大众迈腾的产品资料。

01 凌犀全 LED 矩阵式前照灯
02 外饰氛围灯
03 凌动全 LED 尾灯
04 尊贵内饰格调氛围灯

图 4-1-8　一汽 - 大众迈腾的产品资料

(5)业界消息及竞争品牌车型信息准备

销售顾问要第一时间了解进口/国产新车、汽车热点追踪、汽车行业动态、车闻轶事等最新信息,尤其对于与自己产品形成竞争的品牌及车型,要能够提供给客户相关信息,并进行专业的参数分析和比较。相关信息可以通过互联网查询及其他渠道获得。

1)展车时钟与音响应预先设定,设定时选择常用且收讯清晰的电台,并下载 3~4 组不同风格的音乐随时备取,以便适时向客户演示。

2）展车内不能放置任何宣传物品及私人物品。

3）展车不得上锁，钥匙一律取下，由展厅值班主管统一保管。

（6）销售文件夹及办公用品/资料准备

销售文件夹是汽车销售顾问必备的工具。汽车销售顾问为了便于服务客户，将服务过程中所需要的办公用品、销售表单及产品资料放在公司统一配置的销售文件夹中。汽车销售顾问每天都要对销售文件夹进行整理，确认其中的文件、工具完备无损。汽车销售顾问的销售文件夹中主要放入的用品包括办公用品、产品资料、销售相关表单等，具体内容如下。

1）办公用品，包括计算器、名片、笔、咨询笔记本、擦车巾等。

2）产品资料，包括产品单页、产品介绍素材、竞争品牌车型资料、附件资料等。

3）销售表单，包括试乘试驾文件、销售订单/合同、增值业务文件、保险相关资料、二手车相关资料、上牌服务文件等。

销售文件夹主要是方便销售顾问在接待客户时能够快速找到相关文件及用品。如图4-1-9所示是销售顾问文件夹及其他用品。

图4-1-9 销售顾问文件夹及其他用品

展厅准备

目前，有一些高档品牌的汽车4S店要求汽车销售顾问用iPad等装有视频和公司销售软件的先进设备进行客户接待服务。

复习题

1. 判断题

（1）客户想独自参观车辆时，销售顾问需明确说明自己的服务意愿和所处的位置，"如有需要，请随时召唤，我就在这边"。　　　　　　　　　　　　　　　　　　（　　）

（2）客户希望与销售顾问商谈时，销售顾问理解客户语意后，无须等待顾客描述完，主动进行讲解。　　　　　　　　　　　　　　　　　　　　　　　　　　　（　　）

（3）利用个人观察寻找法寻找潜在顾客的关键在于培养销售顾问自身的职业灵感。
　　　　　　　　　　　　　　　　　　　　　　　　　　　　　　　　　（　　）

（4）所谓非正式沟通是指在一定组织机构中，通过明文规定的渠道，进行信息的传递和交流。　　　　　　　　　　　　　　　　　　　　　　　　　　　　　　（　　）

（5）顾客自由参观时，销售顾问不要紧紧跟随顾客。　　　　　　　　　（　　）

2. 单项选择题

（1）判断一个顾客是否会成为潜在顾客，一般来说，他需要具备"MAN"三要素，其中的"M"指的是（　　）。

　　A. 金钱　　　　　　B. 决定权　　　　　　C. 需求　　　　　　D. 人口

（2）下列有关汽车销售顾问着装礼仪描述正确的有（　　）。

　　A. 头发凌乱，不修边幅

　　B. 全身服饰颜色尽量限制在 5 种以内

　　C. 男性销售顾问鞋子、腰带、公文包颜色要统一、协调

　　D. 女性销售顾问穿超短裙、黑色皮裙、牛仔裙或带穗的休闲裙

（3）汽车销售顾问进行展厅接待时，不需要准备的物品有（　　）。

　　A. 充足的产品资料，包括视频、图片、文档等，以便客户随时查阅

　　B. 娱乐八卦杂志供客户翻阅

　　C. 车型的配置、性能和所有的技术参数

　　D. 检测设备

（4）初次来展厅的顾客在自由参观时，销售顾问应与顾客保持（　　）m 左右的距离。

　　A. 2　　　　　　　B. 3　　　　　　　C. 4　　　　　　　D. 5

（5）我们通常把顾客级别分为 A、B、C、D 共 4 个级别，其中 A 级代表的是（　　）。

　　A. 品牌、车型、价格、交货期等都已经确定的，一般一周内就能够付款、订车的

　　B. 品牌、车型、价格、交货期等因素中部分确定的，一般情况下月内可以付款订车的

　　C. 已交纳购车订金的

　　D. 已有购车欲望，但要至少 1 个月以上才能付款订车的

任务二 展厅接待流程

情境导入

销售顾问周丽进行了精心的接待准备,龚女士上午 10 点准时来到展厅,陪同龚女士的还有她的好友戴女士。周丽要怎样接待龚女士与其好友戴女士,才能让龚女士感到展厅接待服务专业而周到,备受重视和关注呢?

任务目标

1. 能描述展厅接待的重要性。
2. 能描述展厅接待流程。
3. 能应用接待客户的基本技巧接待客户。
4. 能掌握不同类型客户的导购策略和应对技巧。

一、基本知识

1. 展厅接待的重要性

展厅接待是销售顾问与客户的第一次沟通,是后续实质性洽谈的前奏,最重要的是建立客户对经销商的信任,建立客户对销售顾问的信任,为后续正确开发出客户的需求做好铺垫。销售顾问应该掌握不同客户的导购策略和应对技巧,摆正心态,抓住客户心理,在短短的接待时间内充分发挥,得到客户的信任,获得客户的真实信息,将客户引导到下一环节中去。

与电话、短信、微信等在线沟通不同,展厅接待是与客户面对面接触。在通常情况下,客户来店购车过程中会具有一些疑虑,做到热情接待,将会营造一种宽松、舒适、友好的氛围,以便消除客户的疑虑,给客户留下良好的第一印象,与客户建立融洽的关系与初步的信任,促进销售的顺利展开。图 4-2-1 是销售顾问接待客户的场景。

图 4-2-1 销售顾问接待客户的场景

2. 展厅接待流程

展厅接待流程如图 4-2-2 所示。

(1)主动迎接

汽车 4S 店一般有专人负责引导客户停车进店,销售顾问应该在展厅入口处迎接客户,应主动提前帮客户打开展厅的自动门,如遇雨天未带伞客户,应取店里的备用伞出门迎接,面带笑容主动走近客户,不能让客户感觉被冷落。如果客户只是在门外观望,应该主动打招呼并邀请客户进门。如果客户从展厅正门进入,则从客户进入展厅到销售顾问准备接待的时间不应超过30s。

（2）自我介绍

销售顾问或展厅接待人员引导客户进入展厅,应该选择恰当时机主动向客户做自我介绍并呈递名片。向客户做自我介绍时应该声音轻柔而不做作,轻声而不低沉,真诚热情地注视;呈递名片时,双手呈递,上身微微前倾,名片文字顺向客户并配以口头解述,如图4-2-3所示。

图4-2-2　展厅接待流程图

图4-2-3　销售顾问自我介绍

（3）热情帮助

在自我介绍后,销售顾问要请教客户的称谓,在后续的销售服务中要记住客户姓名,根据客户姓氏来称呼对方,比如"刘小姐""陈先生"等,这样可以缩短与客户之间的距离,接着询问客户来访意图,引导客户到休息区就座,当客户经过其他工作人员身边时,工作人员应微笑、点头致意,以营造友好的展厅氛围,如图4-2-4所示。

销售顾问主动为客户准备茶水或饮料,与客户谈论共同的话题,拉近与客户的距离。由客户服务人员负责提供展厅不少于3种饮品的供应,并向客户提供服务。上饮品时,茶水只要七分满,并注意不要把手指搭在茶杯边上。把握好续饮品的时机,以不妨碍客户交谈为佳,不能等到饮品见底后再续水;若客户正在交谈,要说声"对不起""请慢用";若用茶水饮料和点心一同招待,应先上点心,从客人的右侧送上,用后从右侧撤下。

与两位以上同行的客户交谈时,要兼顾所有在场的客户;如果客户带儿童来店,应该征询客户意见并安排专人带其到儿童游乐区游玩,如图4-2-5所示。

图4-2-4　销售顾问热情帮助客户

图4-2-5　儿童游乐区

销售顾问要询问客户是否需要帮助或提供咨询,如有需要,通过倾听、提问了解客户的需求;如果客户不需要,让客户自由参观,并随时准备提供帮助。

（4）寒暄销售

寒暄就是问候与应酬。寒暄语是自我推销和人际交往时与对方开始沟通和交流的最常用的口才方法。寒暄销售是在与客户寒暄时销售产品，销售顾问与客户见面应从礼貌寒暄开始，目的是发掘客户的肯定点，表达自我的推销点，创造和谐的气氛，给客户机会引导谈话方向，以利于正式话题的开始。

与客户寒暄的方式分为以下几种。

1）问候型

① 典型问候型。典型的说法是问好。常说的是"你们好！""大家好！"等，这是近几十年来形成的问候语，也是交际过程中用得最多的一种问候语。

② 传统意会问候型。传统意会问候主要是指一些貌似提问实际上只是表示问候的招呼语。如："您是开车来店吗？""吃过饭了吗？""工作忙不忙啊？"等。这一类问题并不表示提问，只是见面时交谈开始的媒介语，并不需要回答，主要用于熟识的人之间的人际交往。

③ 古典问候型。具有古代汉语风格色彩的问候语主要有"幸会""久仰"等，这类问候书面语风格比较鲜明，多用于比较庄重的场合。

2）攀认型

攀认型问候是抓住双方共同的亲近点，并以此为契机进行发挥性问候，以达到与对方接近的目的。销售顾问与客户接触时，只要留心，就不难发现自己与客户有着这样那样的共同点，像"同乡""自己喜欢的地方""自己向往的地方""自己认为的好去处"等就是与客户攀认的契机，就能与客户"沾亲带故"。例如："大家是广州人，我母亲出生在广州，说起来，我们算是半个老乡了。""大家都是昆明人，我也算是昆明人，我在昆明读了4年书，昆明可以说是我的第二故乡了。"

3）关照型

关照型寒暄主要是在寒暄时要积极地关注客户的各种需求，在寒暄过程中要不露痕迹地解决客户的疑问或疑难。销售顾问在寒暄中能够有针对性地关注这些方面的问题，就能够一定程度地解除客户的某些必要的或是不必要的担心，就能有效地活跃客户的情绪。

（5）与客户道别

在客户离开前，销售顾问应确定已经给客户提供所需信息和帮助，并积极留取客户信息。最后，销售顾问应利用客户需求点，邀约客户再次来展厅观摩，并提醒客户带齐随身携带的物品。

客户离开时，销售顾问应送到展厅门外，若客户是开车前来的，则要送客户至停车场，感谢客户惠顾，目送客户离开并挥手道别，挥手道别时间应不少于5s。若客户有需要，销售顾问可协助客户联系出租车离开，如图4-2-6所示。

图4-2-6　销售顾问与客户道别

展厅接待主要工作

巧用寒暄

与客户道别

（6）接待后整理

客户离开后，销售顾问要整理洽谈桌、展车，使其恢复原状；销售顾问要到前台接待处补充相关信息。客户离开30min后，销售顾问应给客户发送信息，感谢客户到店，留下自己的联络方式，邀约客户再次到店；在客户信息卡（表4-2-1）中记录客户信息，并设定下次跟进日期。

表 4-2-1　客户信息卡

留档日期	年　月　日	意向级别：	
客户姓名		留档渠道	电话进店外拓
性别		适合车型	
年龄段		外观颜色	
所在地区		置换意向	
主要联系号码		主要竞争车型	
现有交通工具		对比关注	
用途和环境		预计进店	
曾考虑的其他车型		购买用途	
计划用车时间		购买性质	
意向加装或精品		购车预算	
付款方式		资金准备	
备注：			
跟进时间	跟进内容	下次跟进时间	备注
客户特征			

3. 展厅接待基本技巧

销售顾问接待前来展厅的客户时，需学会的基本技巧如下：

（1）不同来店类型客户的接待

客户来店都会得到热情的接待，但不同的汽车经销商会有不同的接待人员安排。有的由销售顾问直接接待，有的汽车经销商分工更细致，首先安排展厅接待人员迎接客户，了解客户到店的目的后，再根据客户的类型做出明确的安排。

来店的客户可分为预约初次到店客户、再次到店客户、办理手续客户，非预约初次到店客户，以及其他类型客户三种。

1）预约初次到店客户、再次到店客户、办理手续客户的接待：预约初次到店的客户、再次到店的客户以及办理手续的客户，应由相应的销售顾问接待；预约的客户，销售顾问要提前在门口等待迎接，客户到店后，提供免费饮料，引导客户入座，根据客户来访意愿展开相应的服务工作。

2）非预约初次到店客户的接待：非预约初次到店的客户，如果从正门进来，应由展厅接待人员到门口迎接客户，确认客户来访意图、是否预约，然后介绍在岗的销售顾问接待客户。非预约初次到店客户也可能从展厅的其他门进入展厅，因此展厅内的接待人员和销售顾问要密切关注是否有客人进入展厅，以便保证客户进店就能受到热情的接待服务。后续的流程和接待与预约到店的客户一样。客户要求离开时，销售顾问要留取客户信息、邀约客户再次到店，感谢客户惠顾，提醒客户带好随身物品，送客户出门并道别。

3）其他类型客户的接待：对于其他类型的客户，展厅接待人员应提供必要的服务支持。

（2）和每一个来访者在 2min 以内进行谈话

主动向客户提供服务，让客户了解你可以随时提供咨询服务，说服并打消客户的任何疑虑。也就是说，如果在一开始便给予客户足够的信任，那么客户就会向你敞开心扉谈出其要求，没有任何禁忌。

销售顾问和展厅其他接待人员要仔细分析客户进入展厅时的情况，一般来说，客户是等待营销人员前来问候。但是如果客户不需要你提供帮助，你走近并问候他的时候，他将明确告诉你。如果你已经在和一个或几个客户交谈（面对面或电话交谈），请用适当的手势和面部表情向客户致以问候，当谈话结束时，请径直走向你的客户。

如果展厅门口有接待柜台，相关人员应该把客户引向相关服务的人员。如果是售后维护保养或理赔客户，则指引、带领客户到售后前台；如果是精品部客户，则指引客户至精品超市；办理其他业务，如找公司领导或集团领导，未预约的，则带领客户先到休息区等候，电话通知客户要找的领导，已有预约的，要按来访要求指引。如果是看车客户，则根据客户意愿，引导带领客户到需求车型前看车。

（3）销售顾问应告知客户自己的姓名，建立积极、和谐的营销气氛

人们一般对谈话时先说的几句话较为敏感，很快会对对方形成以情感为基础的判断（反感、同情、不信任等）。你接近客户的方法以及你说的第一句话，将决定你的客户是否有兴趣继续听你讲下去，以及他是否愿意告诉你他的愿望和兴趣。也就是说，这几秒钟的谈话对客户来说是一种"经验"，客户一般无意识地把这种"经验"和头脑中已先入为主的印象进行比较，这种先入为主的印象将决定他接下来谈话的态度，将对接下来的沟通气氛有促进或破坏作用。

（4）销售顾问应善用寒暄和赞美，尽量获取更多的信息，更快了解客户来访意图

1）善于寒暄：寒暄是为交谈做准备的，可以使双方放松一些，熟悉一些，造成一种有利于交谈的氛围。通过交谈，大家可以更加了解对方，有利于找到共同的话题，有利于采用策略进行深入地交谈。所以在和他人谈话中，切不可轻视寒暄的作用。寒暄的时候有必要注意以下三点：

① 应有主动热情、诚实友善的态度。有了自然而得体的话题，有了认同感再加上寒暄时真诚、热情的态度、语言、表情以及双方表现出的对内容的兴致，和谐的交际气氛也就自然地创造出来了，这就为销售顾问下一步销售工作的顺利开展打下了良好的基础。试想，当别人用冷冰冰的态度对你说"我很高兴见到你"时，你会有一种什么样的感觉？当别人用不屑一顾的态度夸奖你"我发现你很精明能干"时，你又会做何感想？推己及人，我们寒暄时不能不注意态度。

② 应适可而止，因势利导。做任何事情都应有个"度"，寒暄也不例外。恰当适度的寒暄有益于打开谈话的局面，但切忌没完没了，时间过长（当然，对方有兴致聊时例外）。有经验的销售顾问，总是善于从寒暄中找到契机，因势利导，言归正传。

③ 善于选择话题。切入了自然而得体的寒暄话题，双方的心理距离就会有效地缩短，双方的认同感就容易建立起来，在寒暄时可以选择以下的话题作为开始。比如天气、自己闹过的一些无伤大雅的笑话、医疗保健、时事新闻、家庭问题、运动娱乐等。

话术举例：

销售顾问：龚女士，听您口音像是北方人。

客户：是啊，我是承德人。

销售顾问：承德是好地方，我前年夏天去过，特别凉快，风景也美，是个度假的好地方，我有个同学在那里。

客户：是啊，过几天学校放假了，就准备回承德避暑。

销售顾问：您是老师啊！那我称呼您龚老师吧，我刚毕业不久，希望您多多关照！

引领与寒暄

2）学会赞美客户：正所谓美言一句三冬暖！每个人都希望得到别人尊重、夸奖、欣赏、赞美，人是群居动物，人需要相互间的欣赏和承认来获取心理上、精神上的平衡和满足。赞美可以让彼此第一次接触的紧张心情放松下来，解除客户的戒备心，拉近与客户的距离，建立信任关系，使得沟通更有效。但是不适当的赞美就会让客户觉得很虚假，很做作。汽车销售顾问也许常常会遇到这样的情况：明明是很真诚地去赞美客户，可是客户却觉得很不舒服，因此而走掉了。因此，赞美客户需要懂得一定的技巧。

① 不要轻易赞美新客户，礼貌即可。汽车销售顾问在接待新客户的时候，千万不要马上就天花乱坠地赞美他们，你的过度热情会吓到客户，使得他们调头就走。对待新客户，只要礼貌即可。

② 留意老客户细节上的变化。客户看车是不可能一两次就能成交的，总会在买车之前再三斟酌。可以在第二次接待客户的时候，细心发现客户身上服饰、发型等的变化，可以适当赞美一下，你的细心会让客户有被重视和留意的感觉。

③ 借助别人的口去赞美。销售顾问可以借助别人的话语去赞美客户，这样就不会显得太做作，而是让客户觉得这样的赞美是客观的，别人是认同的。比如可以说："是的，刚才旁边的那个客户也说你所选择的颜色是很有个性和品位的！"

④ 从具体的事情、细节去赞美。在赞美客户的时候，可以从具体一点的事情、细节、问题等层面上去赞美。比如，你可以赞美客户提的问题专业，看问题比较深入等，这样的赞美话语往往能让客户感觉你是在真诚地赞美，而不是谄媚。

话术举例：

客户："这款新出的探岳X看上去很漂亮啊！"

销售顾问："龚女士，您真有眼光，探岳自投放市场以来，关注度极高，众多全系标配装备，产品起点高，入门即尊贵。这款车所传递的形象就是品质、自信、积极，这与您的气质非常符合。大家都在说，喜欢探岳的女性一定是气质非凡、积极向上、有品位的。我给您介绍下它的配置吧。"

赞美顾客的技巧

4. 不同类型客户的导购策略和应对技巧

客户进入展厅后，会有不同的反应类型，销售顾问应采取相应的策略服务和应对客户。

（1）四处张望型

情境：客户进入展厅后四处张望。

1）导购策略：每一个走进汽车展厅的客户，都是具有意向的潜在客户。当客户进入展厅后四处张望,说明他在陌生的环境中缺乏安全感,心理上处于紧张戒备状态。这类客户对汽车还比较陌生,希望得到销售顾问的协助。

在这种情况下,销售顾问的首要任务就是减轻客户的心理压力,基本动作就是主动迎上去与客户打招呼,以积极性的语言让客户知道"买不买车没有关系,我们都会提供让您满意的服务",帮助客户消除紧张感,引导客户放下防范意识,营造一种放松、友好和活跃的交流氛围。

2)应对技巧:对于进入展厅后四处张望的客户,应主动与客户打招呼,表达欢迎之意,并呈递名片,做简单的自我介绍。一定要表明对方是客户,买不买车没关系,最后为客户提供行动的选择方向:展厅逛逛、听讲解和休息。

3)话术举例:"您来到这里就是我们的客户,买不买车没有关系,我会尽我的所能为您提供帮助。您是自己先看看熟悉一下,还是让我有重点地给您介绍?或者您也可以先到休息区坐下来喝杯茶,我给您拿些资料看看?"

客户进入展厅四处张望接待

(2)直接看车型

情境:客户进入展厅后直接看车。

1)导购策略:客户进入展厅后直接看车,说明客户已经在其他地方看过车了,熟悉购车的程序,但对所到的车行比较陌生,在看车时等待销售顾问主动接近。对于这类直接看车的客户,销售顾问与其接触的第一句话将非常关键,因为客户往往凭借这句话来衡量销售顾问的水平。

因此,销售顾问在接触此类客户时,关键是要引起客户谈话的兴趣,例如可以通过赞美来取悦客户,客户心理上满足了,就乐意与你交流。

2)应对技巧:对于进入展厅后直接看车的客户,应赞美客户,让其感觉"自己不一般",简介车的特色,让客户感觉"自己所看的车也不一般",并鼓励客户去接触、去体验汽车。

3)话术举例:"先生您好,您肯定懂车而且眼光独到,这款新迈腾外观采用德国大众最新的设计语言,整车看上去时尚、大气,充满力量感,它的内饰秉承了德国人的精致做工,内饰设计豪华而富有科技感,您坐进来感受一下吧!"

客户进入展厅直接看车接待

(3)随便看看型

情境:客户说:"我随便看看"。

1)导购策略:为客户提供热情的服务是每个汽车销售顾问的职责之一,但是客户一进展厅的门,销售顾问就寸步不离地跟着客户,对客户热情过度反而会让客户无所适从,甚至会产生反感而"快速逃之夭夭"。当客户提出要自己先随便看看,有可能是掩饰自己对车并不熟悉的事实,希望通过熟悉展厅环境来缓解自己的紧张心情。

因此,对于此类客户,当客户进门时就与之打个招呼,以示对他的尊重,然后就让他们自由自在地观看,自己则可以回到正常的工作岗位上,用目光留意观察客户。当他们出现需要帮助的信号时,及时出现就可以了。

2)应对技巧:遇到客户说想要自己看看时,要尊重客户的选择,通过积极性的语言安抚客户的紧张情绪,留意观察客户。如果客户较快地拉开车门或试图打开车后盖,说明客户对车辆比较熟悉,购买的可能性较大;如果客户贴近车窗观看车内或专注看车型配置表,则说明客户不太熟悉车辆,需要给予详细的讲解和足够的沟通。

3)话术举例:销售顾问:"好的,那您自己先看看,熟悉一下我们的展厅,您现在可以多看看,多比较,有什么疑问或需要就随时叫我。"

（4）直接问价型

情境：客户进入展厅看着一辆车就询问价格。

1）导购策略：客户直接询问价格是正常的，是人们的惯性使然。直接问价的是价格导向型客户，在销售顾问回答了价格之后，客户的通常回答就是"太贵了，应该还可以便宜"。这样，销售顾问就没有任何解释的空间了，客户也不会给销售顾问解释产品的技术或性能领先之处的机会。

对于客户随意的单纯询价，宜采取"制约"策略，即制造贵的理由，引导客户继续追问，再说出具体的价格，从而成功地将谈话的主题从价格转移到产品性能等话题上。只有在确认客户了解这款车的品牌和型号后，销售顾问才可以与客户谈论价格。

2）应对技巧：客户直接问价后的答复要知难而上，先说贵，等客户继续追问时再回答具体的价格；报价时神态、语气应自然亲切，底气十足；报价金额尽量不要为整数；要预留议价的空间，但报价后不要轻易减价。

3）话术举例

销售顾问："吴先生，您好！"

客户："这辆车现在多少钱？"

销售顾问："吴先生，您真有眼光，这是我们这个月刚刚上市的新迈腾，目前价位也不低。"（此时要暂停，将沉默留给客户）。

客户："那是多少钱呀？"

销售顾问："现在新迈腾增加了很多新科技配置，内饰设计豪华而富有科技感，丝毫不输豪华车。"

客户愕然："哦？都有哪些豪华和科技配置呢？"

销售顾问："您坐进来亲自感受，我给您介绍一下"。

客户直接问价接待

（5）爱理不理型

情境：客户爱理不理，提不起谈话的兴趣。

1）导购策略：首先，销售顾问与客户在初期的接洽中，经常会遇到客户摆出一副爱理不理、拒人于千里之外的模样，让销售顾问很纳闷，不知应该如何应对。实际上，这类客户只是由于对你的产品认知不够，害怕言多必失遭受损失，而并不是否认你的产品。他摆出一副不可侵犯的样子，只是想掩饰心里的不安，保护自我而已。

其次，在双方还没有互相信任的前提下，客户是不愿意去获知产品的特性与价值的，更别想他会对你表露热情。要想消除客户的防备心理，销售顾问需要先做感情的投资，谈话时尽量不要谈产品，而是谈一些让客户感觉自己备受关注的轻松话题，用巧妙的语言来突破客户的心理防线。

2）应对技巧：对于爱理不理、提不起谈话兴趣的客户，销售顾问要从客户感兴趣的话题入手，不要直截了当谈产品，可以从试探客户的舒适区域及敏感区域入手提问。从最近的新闻、时事和逸闻趣事等入手引发讨论，或者从客户的外表、言行举止及年龄等话题入手寒暄，注意不要问隐私的问题，以免令客户反感或难堪。

3）话术举例：

销售顾问："先生，冒昧地问一句，您在单位是当领导还是专家级人物？"（暂停，微笑等待客户的反应）

客户："怎么这样说？"

销售顾问："我看您的装扮和气质，这样的气质一定是在长久的历练中

客户爱理不理应对

才有的。"

客户微笑:"您真会说话。"(客户的虚荣心得到了满足,心态也变得开放)

(6)掉头就走型

情境:客户进入展厅看了一会,什么都不说就要离开。

1)导购策略:客户在汽车展厅停留的时间越久,对汽车的了解就越多,就越容易引起其购买欲,越容易实现交易。在不勉强客户的前提下,应该设法让客户在展厅中停留更长时间。

客户进入汽车展厅看了一会就要离开,说明客户对展厅不感兴趣,不想花时间去了解你销售的汽车。这时候,销售顾问需要用心去感受客户的心理,真诚地挽留客户,给客户一个必须留下来的理由,例如花时间和精力看车选车是买车的必备功课,看车选车是累点儿,但也很有乐趣等。总之,要让客户感到受尊重,带着轻松愉快的心情,留在展厅里挑选汽车。

2)应对技巧:对于进入展厅看了一会,什么都不说就要离开的客户,要用同理心去体会和理解客户的感受,安抚客户的不良情绪,强调花时间和心思挑选汽车的过程是必不可少的,可以适当询问客户对本店的意见和建议。

3)话术举例:

销售顾问:"您好,二位不再看看,详细了解下感兴趣车型的配置吗?"

客户:"谢谢,不想看了!"

销售顾问:"看车是很累,很多客户都说看车不比装修房子花的时间少!不过买车是大额消费,肯定是要多看看,慎重选择的!虽然花时间,但能够挑选到一辆完全符合自己心意的爱车,也是值得的!要不您这边坐下来休息下,喝杯茶,我给二位拿些资料,针对感兴趣的车型,我给您详细介绍下?"

(7)客户喜欢,同伴不喜欢型

情境:客户很喜欢,但其同伴觉得不是很好。

1)导购策略:客户参观汽车展厅时往往由家人或朋友陪伴一同前来,称为客户的同伴。客户的同伴虽然没有决策权,但对客户的决策会起重要的影响作用。在接待过程中,不要忽视了客户的同伴,销售顾问可以通过用目光关注、赞美和征询意见等方式,与客户的同伴建立友好关系,共同为客户推荐合适的汽车。

客户看一会就离开

2)应对技巧:对于客户很喜欢,但其同伴觉得不是很好的情况,要赞美客户的同伴,让客户及其同伴感受到尊重与重视;诚恳地请教客户同伴的具体意见;在销售过程中,始终用目光关注客户的同伴。

3)话术举例:

销售顾问:"周女士,真羡慕您,有戴女士这么好的朋友,为您打算。戴女士说的有一定道理,确实有一些功能有的人不习惯用。但是用了以后就知道这些高科技给咱们带来的便利。您选择新迈腾 380TSi 豪华型,单纯从安全角度来说,它配备了其他车型所没有的预碰撞安全系统(含 CEB 城市紧急制动)和前后预碰撞保护系统,预碰撞系统会自动监测前后方车辆,如果离前车过近有追尾风险时,它就会通过声光报警提醒您,还会收紧安全带,如果您还没有反应,它就会帮您刹车,极端状况下还会关闭车窗和滑动式天窗,能够有效保护您和您的家人安全。"

客户喜欢,同伴觉得不好

(8)不留资料型

情境:客户离开前不愿意留下详细的资料。

1）导购策略：客户不愿意留下自己的详细资料，主要是对接待的销售顾问及经销商的信任度不够，害怕日后被骚扰，或害怕资料外泄，给自己带来不必要的麻烦。想说服客户留下详细的资料，就必须明确告诉客户这些资料的具体用途，例如是为了及时告知客户举办的促销活动、邮寄资料等，从给客户保证和赢得客户信任入手。

2）应对技巧：对于不愿意留资料的客户，要尊重和保护客户的个人信息，建立与客户之间的信任关系。用真诚去打动客户，请其帮忙填写资料是公司的规定，并告诉客户只是在有活动或者公司有礼品送的情况下才会联系客户；或者留几个不好回答的问题作为下次回访客户的借口，然后以此为理由让客户留下联系方式；还可以请客户填写表格，而且明确告诉客户不会骚扰他，也不会把他的资料透漏给别人。

3）话术举例：

销售顾问："龚女士，我们店会陆续举办各种各样的联谊或优惠活动，届时会为到会的老客户赠送一些礼品，因此想麻烦您留下详细的信息，到时候我将第一时间通知到您。"

客户："不用啦，刚才你给了我你的名片，上面有你的电话，我下次来提前联系你。"

销售顾问："龚女士，您放心，我们不会泄露您的信息，更不会骚扰您，留了联系方式，店里有活动有优惠的时候，我方便联系您。"

二、拓展知识

1. 展厅接待时的话术举例

（1）迎接客户时

以下是展厅迎接客户时的话术举例。

展厅接待员（或销售顾问）："您好，欢迎光临……，我是这里的展厅接待员×××，这是我的名片，很高兴为您服务。"

展厅接待员："请问您是初次来我们店吗？是来看车还是来办事？"

展厅接待员："您有预约吗？是哪位销售顾问？"

（2）与客户寒暄时

以下是与客户寒暄时的话术举例。

客户比预约时间晚到店："不好意思，小周，我迟到了一会儿，我以为之前来过能记得路，没用导航。结果开错了，走了另外的路，不巧那条路堵车。"

销售顾问："没事，龚女士。你昨天说，您今天时间很紧，要么您这边先坐一下，我马上联系试乘试驾。"

客户："好的，我方向感不行，不好意思啊。"

销售顾问："这很正常，我的方向感也不好，有一次指路给人家指反了，比自己走错路还糟糕。"

客户："哈哈，都差不多。女的开车不光识路不行，停车、倒车也是个头疼的事。"

销售顾问："说到这，您今天来试驾的新迈腾配置了9.2寸智能中控屏，车联网导航系统可以帮您认路哦。还有，您等会儿体验下自动泊车功能，轻松解决您的停车技术问题。"

（3）与客户道别时

以下是与客户道别时的话术举例。

销售顾问："龚女士，针对今天我对您的接待过程，您还满意吧？这是我们的销售顾问接待考核表，请您给我一些建议。"

龚女士："挺好，不用写了吧。"

销售顾问："龚女士,公司为了提高客户满意度,主要是看我们销售顾问的服务还可以在哪些方面进行改进,所以对我们有考核。麻烦您帮忙填写一下,好吗?"

龚女士:"好吧。"

销售顾问:"谢谢您!"

2. 电话营销（DCC）接待

DCC（Dial Control Center）是电话营销的简称。

（1）准备工作

1）明确设立对外公布的销售热线电话,热线电话只进不出且具备转接功能;随时保持电话畅通。

2）电话机旁放置来店客户登记表及电话记录表、公司内部电话本、有关车型资料、按揭资料、库存信息资料、促销信息资料、售后服务有关信息资料等。由内勤人员每天上午、下午分两个小时检查上述准备工作并及时补齐有关资料。

（2）DCC接待实施

1）营业时间内,电话铃响3声内由前台接待统一接听,自报家门,如:"您好!这里是台州金桥一汽-大众4S店,我是销售顾问周丽,有什么可以帮到您吗?"用语中体现企业名称、姓名和职务,并采用普通话。

2）面带微笑,使对方在电话中能感受到热情和友好。

3）主动咨询客户来店需求,将相关信息填入来店客户登记表,交代业务事项时使用电话记录表。

4）进行销售咨询时,主动邀请客户来店,询问客户的联系方式与方法。

5）结束时感谢客户的来电。

6）确认客户是否还有其他问题询问,在客户挂线后,方可挂线。

▶ 复习题

1. 判断题

（1）客户离开后,销售顾问要整理洽谈桌、展车,使其恢复原状,销售顾问不需要到前台接待处补充相关信息。（　　）

（2）攀认型寒暄主要是在寒暄时要积极地关注顾客的各种需求,在寒暄过程中要不露痕迹地解决顾客的疑问或疑难。（　　）

（3）关照型问候是抓住双方共同的亲近点,并以此为契机进行发挥性问候,以达到接近对方的目的。（　　）

（4）销售顾问要请教客户的称谓,在后续的销售服务中要记住顾客姓名。（　　）

（5）汽车4S店有专人负责引导顾客停车进店,销售顾问不需要在展厅入口处迎接顾客。（　　）

（6）客户进店时,如果你已经在和一个或几个顾客交谈,请用适当的手势和面部表情向顾客致以问候,当谈话结束时,请径直走向你的顾客。（　　）

（7）对于进入展厅后四处张望的客户,应主动与客户打招呼,表达欢迎之意,并呈递名片,做简单的自我介绍。（　　）

（8）为客户提供热情的服务是每个汽车销售顾问的职责之一。（　　）

（9）客户一进展厅的门，销售顾问就应寸步不离地跟着客户。　　　　　（　　）

（10）如果客户贴近车窗观看车内或专注看车型配置表，则说明客户不太熟悉车辆，需要给予详细的讲解和足够的沟通。　　　　　　　　　　　　　　　（　　）

2. 单项选择题

（1）自我介绍的礼仪，以下说法不正确的是（　　　）。

　　A. 销售顾问或展厅接待人员引导客户进入展厅，选择恰当时机主动向客户做自我介绍并呈递名片

　　B. 向客户做自我介绍时应该声音轻柔而不做作，轻声而不低沉，真诚热情地注视

　　C. 呈递名片时，双手呈递，上身微微前倾，名片文字顺向客户，并配以口头解述

　　D. 让客户自由参观

（2）以下说法不正确的是（　　　）。

　　A. 销售顾问主动为客户准备茶水或饮料，与客户谈论共同的话题，拉近与客户的距离

　　B. 由客户服务人员负责提供展厅不少于3种饮品的供应，并向客户提供服务

　　C. 上饮品时，茶水只要七分满，并注意不要把手指搭在茶杯边上。把握好续饮品的时机，以不妨碍客户交谈为佳，不能等到饮品见底后再续水

　　D. 若客户正在交谈，要说声"对不起""请慢用"；若用茶水饮料和点心一同招待，应先上点心，从客人的右侧送上，用后从左侧撤下。

（3）客户很喜欢，但其同伴觉得不是很好，我们应该（　　　）。

　　A. 不用理会同伴的意见，给客户介绍就可以了

　　B. 赞美其同伴，询问同伴的意见

　　C. A 和 B 都可以

　　D. A 和 B 都不对

（4）客户进入展厅后四处张望，销售顾问应该（　　　）。

　　A. 立即主动上前打招呼，询问客户来店原因

　　B. 继续观察，忙自己的事情

　　C. 等待客户上前询问

　　D. 以上都不对

（5）礼貌接待来客应该是（　　　）。

　　A. 恰到好处地主动服务

　　B. 相互拥抱

　　C. 握住顾客的手不放

　　D. 滔滔不绝地介绍

（6）与顾客进行交流时，应避免（　　　）。

　　A. 自信

　　B. 主动

　　C. 个人英雄主义

　　D. 按一定的程序工作

（7）当客户要求指定的同事为其服务时，必须（　　　）。

　　A. 转身做自己的事　　　　　　　　　　B. 继续为客户服务

C. 与客户指定的同事一起服务　　　　　　D. 亲自陪同前往

3. 多项选择题

（1）与客户寒暄的方式可分为以下几种（　　）。

　　A. 问候型　　　B. 攀认型　　　C. 关照型　　　D. 一见如故型

（2）客户离开后，销售顾问应做以下哪些工作？（　　）

　　A. 要整理洽谈桌、展车，使其恢复原状

　　B. 销售顾问要到前台接待处补充相关信息

　　C. 客户离开半小时后，销售顾问应给客户发送信息，感谢客户到店，留下自己的联络方式，邀约客户再次到店

　　D. 在"客户信息卡"中记录客户信息，并设定下次跟进日期

（3）以下说法不正确的是（　　）。

　　A. 汽车4S店有专人负责引导顾客停车进店，销售顾问应该在展厅入口处迎接顾客

　　B. 如遇雨天未带伞顾客，应取店里备用伞拿出门迎接，面带笑容主动走近顾客

　　C. 接近顾客，不能让顾客感觉被冷落。如果顾客只是在门外观望，不需要请进门

　　D. 如果客户从展厅正门进入，则从客户进入展厅到销售顾问准备接待的时间可以超过30s

学习情境五
需求分析

　　需求分析是汽车销售流程中的一个重要环节。进行需求分析时，销售顾问需要尽可能多地收集来自客户的所有信息，以便充分挖掘和理解客户购车的准确需求，从而在后续阶段做到更有效的销售。

　　本情境主要学习需求分析的方法和技巧，分两个工作任务：任务一客户购买动机及客户类型分析；任务二需求分析方法。通过本情境的学习，你能够掌握客户需求分析的方法及技巧。

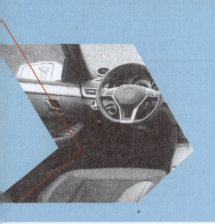

任务一　客户购买动机及客户类型分析

🠖 情境导入

销售顾问周丽在展厅负责接待，这时进来一对夫妇，带着8岁左右的男孩，周丽如何才能获知客户的购买动机呢？如何询问客户，并通过客户的回答，分析出客户属于哪种类型呢？

🠖 任务目标

1. 能进行客户购买动机的分析。
2. 能进行各种类型的客户分析。

一、基本知识

在汽车销售过程中，虽然客户的表现千差万别，但总有些规律可循，需要对其各种表现做细致的观察，以准确辨识其购买动机及客户类型，为需求分析提供可靠的依据。

1. 客户购买动机分析

购买动机是引导客户购车活动指向一定目标，以满足需要的购买意愿和冲动。这种购买意愿和冲动是十分复杂、难以捉摸的心理活动。因此，潜在消费者在购车时的动机不是单一的，这样才会给销售顾问机会，来发现那些客户自己都没有完全意识到的深层次需要，从而体现销售顾问高超的销售技能。

客户常见的购买动机可归纳为两大类：理性动机和感性动机，见表5-1-1。

表5-1-1　客户常见的购买动机分析

客户常见购买动机			
理性动机		感性动机	
适用	立足于车辆的基本功能，偏重于汽车的技术技能，对外观、价格、品牌等的考虑则在其次	好奇心理	好奇是一种普通的心理活动，没有有无之分，只有程度之别
经济	在其他条件大体相同的情况下，价格往往成为左右客户取舍的关键因素	追求个性	人们的内心总想与众不同，尤其是年轻人
可靠	客户总是希望汽车在生命周期内能正常发挥其使用价值	炫耀心理	多见于功成名就、收入颇丰的高收入阶层。当然也见于其他收入阶层的部分人群

（续）

客户常见购买动机			
理性动机		感性动机	
安全	安全性是客户必然要考虑的	攀比心理	别人有的，自己也想有
美感	爱美之心人皆有之，美感也是汽车的使用价值之一	从众心理	人们不愿在自己的生活圈里落伍
使用方便	省力省事是人们的一种自然需求，自动变速器轿车的出现正是如此	崇外心理	不少人总是崇拜进口车
购买方便	时间就是金钱，人们不愿耗费过多的精神和精力	尊重心理	人们总是希望自己有一定地位，被别人尊重
售后服务	良好的售后服务是汽车内在质量的延伸		

不同性别的客户购车动机的差别见表5-1-2。

表5-1-2 不同性别客户购车动机的差别

男性客户购车动机的特点		女性客户购车动机的特点	
动机形成迅速、果断，具有较强自信	男性善于控制自己的情绪，处理问题时总是能够冷静地权衡各种利弊因素，从大局着想。具有较强的独立性和自尊心的特点直接影响他们在购车过程中的心理活动	购车动机易受外界因素影响，波动性较大	女性购车动机的起伏波动较大。这是因为女性心理活动易受各种外界因素的影响。如车辆广告宣传、购买现场状况、销售顾问的服务、其他客户的意见等。例如许多展厅为了招徕客户，用醒目大字标明优惠政策、赠送车牌等，这些往往对女性具有特别的吸引力
购车动机具有被动性	就普遍意义讲，男性客户购买动机不如女性强烈，比较被动。在许多情况下，购买动机的形成往往是由于外界因素的作用，如工作的需要等。动机的主动性、灵活性相对比较差	有较强的主动性、灵活性	女性较多地进行购买活动的原因是多方面的。有的是迫于客观需要，为满足自己的需要，有的把买车作为一种乐趣消遣等，因此购买动机具有较强的主动性、灵活性
购买动机感情色彩比较淡薄	男性购车理性化程度远远大于女性，受感情支配的因素小于客观因素的影响	浓厚的感情色彩	女性心理特征的感情丰富、细腻，心境变化剧烈，富于幻想、联想，使购车动机带有强烈的感情色彩

不同年龄客户购车动机的差别见表5-1-3。

表5-1-3 不同年龄客户购车动机的差别

青年客户购车动机的特点		中老年客户购车动机的特点	
追随时代潮流	青年客户内心丰富，感觉敏锐，富于幻想、勇于创新，敢于冲破旧的传统观念与世俗偏见，	强调稳定的性能和实用性	对汽车的要求不再是新颖、有个性，而是强调稳定的性能和实用性，当然品牌也非常重要。

（续）

	青年客户购车动机的特点		中老年客户购车动机的特点
追随时代潮流	易于接受新鲜事物，追随时代潮流。他们的购车行为趋向求新求美，喜欢购买富有时代特色的车辆来装饰自己和家庭，展现其现代化的生活方式，以博得他人的赞许和羡慕		购买动机是在追求舒适与方便的心理状态下形成的
有明显的冲动性	青年人的心理特征一方面表现出果断迅速，反应灵敏；另一方面也表现出感情冲动，草率从事。因此其购买动机具有明显的冲动性特点	购车动机具有较强的理智性与稳定性	中老年人在选购车辆时，喜欢凭过去的经验、体会来评价车辆的优劣，并对老牌子的车辆、名牌车辆有深刻的记忆，多年养成的固定的消费行为习惯，使购买动机有较强的理智性与稳定性，不易受外界因素的干扰，也不为车辆的某一特点所动，而是全面评价、综合分析车辆的各种利弊因素，再做出购买决策。动机一旦形成，不轻易改变，或迟或早总会导致购买行为

2. 客户类型分析

充分了解客户，在做客户需求分析时，需要考察的一个重要因素就是客户类型。实际销售工作中遇到的客户，可以归纳为以下10种类型：

（1）难下决定型

难下决定型的客户又可以分为以下几种类型，见表5-1-4。

表5-1-4 难下决定型

类型	心理描述	性格特点	区别对待
对自己的决定感到不安	怕自己考虑得不够周到或担心自己得到的信息不够充分，或想再听听更多人的意见。担心下的决定不正确而受到损失	胆小怕事、顾虑重重、对人冷淡	找出他们对自己的决定感到不安的原因，提出解决的对策
由别人来决定比较不会遭到指责	害怕被指责，宁愿等待别人来做决定	这类客户外表平和，比较容易接近。言谈举止迟钝，优柔寡断，不善于思考	销售顾问首先要有自信，并把自信传达给对方，同时鼓励对方多思考问题，并尽可能使谈话围绕销售核心与重点，而不要设定太多、太复杂的问题。如果客户身边有人，他们的意见往往决定你是否能拿下订单
考虑商量型	这种客户在购物时考虑周到、观察细致，购买决策过程较长	敏感型，缺乏购物主动性。对你的介绍不感兴趣或不信任	对这类客户，销售顾问要取得对方的完全信赖就必须拿出证据，如关于厂家和产品的新闻报道，名人使用的事迹、照片、用户的信息反馈、权威部门认可报告等。而且销售顾问要有足够的耐心与其周旋，同时可提出一些优惠条件供对方选择考虑

（续）

类型	心理描述	性格特点	区别对待
反复斟酌型	性格内向，在购物决策时往往对是否购买某件商品举棋不定，即使决定购买，也会对商品的品种规格、款式、花色、销售价格等反复比较，难以取舍	半信半疑，观察仔细，相信自己的观察，如遇挫折马上放弃购买，购买后还会疑心自己是否上当	跟这种客户打交道的办法是赢得他们的信任。为他着想，让客户知道你是站在他那一边的，向他保证他采取的行动是对的

（2）吹毛求疵型

这种客户疑心重，片面地认为销售顾问只会夸张地介绍产品的优点，并且尽可能地掩饰产品的缺点和不足，因而担心上当受骗，喜欢"鸡蛋里挑骨头"，常常当面和销售顾问争论一番。与这类客户打交道时，销售顾问一定要注意满足对方争强好胜的习惯，请其批评指教，让他自由发表他的意见和看法。

这类客户往往十分相信权威机构或人员的评价，千万不可指责此类客户，要把握话题，介绍权威方面的东西。

（3）豪爽干脆型

这类客户多半乐观开朗，不喜欢婆婆妈妈、拖泥带水的做法，决断力强，办事干脆果断，说一不二，慷慨坦直，但往往缺乏耐心，容易感情用事，有时会轻率马虎。与这类客户交往时，销售顾问必须掌握火候，介绍时干脆利落。简明扼要地讲清你的销售建议，让对方决定买或者不买，不必绕弯子。对方基于性格和所处的场合，肯定会干脆利落地答复。

（4）反应冷淡型

这类客户反应冷淡，不轻易说出自己的想法，让人难以揣测。对待这种客户，销售顾问一定要表现出诚实和稳重，特别注意谈话的态度、方式和表情。争取给对方良好的第一印象。不应讲得过多，尽量使对方有讲话的机会和体验的时间，着重以逻辑引导的方式劝说对方。详细说明产品的使用价值和利益所在，引起他们的购买欲望，加强他们的购买信心。

（5）情感冲动型

情感冲动型客户对事物的变化反应敏感，习惯感情用事，情绪表现不够稳定，容易偏激，稍受外界刺激便为所欲为，对后果考虑不足，对自己的原有主张和承诺都可能因一时的冲动而推翻。即使在临近成交时，也有可能突然变卦。对此类客户，销售顾问应该提供有力的说服证据，强调给对方带来的利益和方便，不断督促对方做出购买决定。

（6）自我吹嘘型

此类客户虚荣心很强，喜欢在别人面前炫耀自己见多识广，喜欢高谈阔论，不肯接受他人的劝告。例如，我和你们经理很熟，我自己如何。与这类客户进行销售的秘诀是，从他自己熟悉的事物中寻找话题，适当利用请求的语气。在这种人面前，销售顾问最好是当一个"忠实的听众"，表现出一种钦佩的神情，彻底满足对方的虚荣心。这样一来，对方则较难拒绝销售顾问的建议。

（7）心怀怨恨型

这类客户对推销活动怀有不满和敌意，与这类客户打交道时，销售顾问应该先查明客户产生抱怨或牢骚的原因，假如确有其事则设法消除其敌意。商议时最好不要开一些无谓的玩笑，同时要遵守洽谈时许下的诺言，切勿食言。

（8）圆滑难缠型

这种类型的客户好强且顽固，不易改变初衷，在与销售顾问面谈时，先向你索要资料，继而找借口拖延，还会声称已有公司正与他洽谈，以观察销售顾问的反应。倘若销售顾问经验不足，往往会因担心失去客户而主动降价或提出更优惠的交易条件。针对这类客户，销售顾问要预先洞察他的真实意图和购买动机，沟通时要强调购买的利益和产品优势，加以适当的利益吸引，由于这类客户对销售顾问缺乏信任，不容易接近，有时会以自己的意志强加于人，容易为区区小事与你争执不下。销售顾问预先要有受冷遇的心理准备，在洽谈时，他们会毫不客气地指出产品的缺陷，因此销售顾问必须预先准备好详细的证明和资料。另外，这类客户在成交时往往会提出额外的要求，因此销售顾问事先必须准备好交易条件。

（9）从容不迫型

这种客户严肃冷静、遇事沉着，善于思考，经过认真思考后还会提出问题和自己的看法。对这类客户，销售顾问最好从熟悉产品的特点着手，多方分析、比较、论证、提示、循循善诱，使客户全面了解产品利益所在，以期获得他们的支持。销售顾问的建议只有经过他们理智的分析思考，才有被接受的可能；反之，若拿不出有力的事实证据和耐心地说服讲解，销售是不会成功的。

（10）喋喋不休型

这类客户喜欢凭借自己的经验和主观意志判断事物，不易接受别人的观点。他们一旦开口，便滔滔不绝，没完没了，口若悬河。对这类客户，销售顾问要有足够的耐心和控制能力。在他叙述评论兴致正高时引入销售的话题，使之围绕销售建议而展开。当客户情绪激昂、高谈阔论时要给予合理的时间，切不可在客户处于谈兴高潮时贸然制止，否则会使对方产生怨恨。越想急切地向对方说明，越会带来逆反作用。一旦双方的销售协议进入正题，销售顾问就可任其发挥，直到对方接受你的建议为止。

应该充分了解询问客户问题的好处。其实，通过沟通中的提问已经可以掌握大量的客户信息了，要对这些客户信息做充分有效的处理，才可能有效地利用这些信息。

二、拓展知识

在接待客户的过程中，根据客户性格的特点，调整接待方式是很重要的，这样就可以更好更快地、自然而然地赢得客户的信任。以下归纳三种客户性格类型的特点及销售顾问应对策略。

1. 主导型客户的特点

1）以自我为中心，时间观念较强，总力图支配周围的人和事。
2）喜欢谈论他们自己，知道自己想要什么。
3）喜欢发表自己的看法，不太注重细节。

销售顾问应对策略：言辞简单、扼要，不要试图改变其想法，可在提高他品位方面满足其要求。

2. 分析型客户的特点

1）周密的思维、严谨的态度。
2）善于捕捉产品性能方面的一些细节。
3）非常关心产品的性价比。

4）大多数内向，有时难以交流，爱挑剔。

销售顾问应对策略：多出示一些相关的数据分析以证明产品的科学性及合理性，满足他们追求完美的心态。

3. 交际型客户的特点

1）个性直率、开朗，行为方面不拘小节。
2）喜欢接触新事物，追求新潮流，购买新产品。
3）更多地将产品作为个人身份和品位的象征。
4）喜欢得到别人的认同，对自己的目标有时会有点不确定。

销售顾问应对策略：多一些产品操作展示活动，突出产品的新、奇、特等方面。

➡ 复习题

1. 判断题

（1）顾客表现千差万别，但总有些规律可循，需要对其各种表现做细致的观察，以准确辨识其心理类型，为选择应对方法提供可靠的依据。（　　）

（2）对待沉默型顾客，不要试图在短时间内改变这类顾客，否则容易引起对方反感；用手中的资料、数据来说服对方，先发制人，不要给他表示拒绝的机会。（　　）

（3）消费者个人的购买过程，是相互关联的购买行为的动态系列，一般包括5个具体步骤：即确认需要——信息收集——评估选择——购买决策——购后行为。（　　）

（4）对待反应冷淡型客户，销售顾问一定要表现出诚实和稳重，特别注意谈话的态度、方式和表情，争取给对方良好的第一印象。（　　）

2. 单项选择题

（1）异常敏感、容易反悔；情绪不稳定，易激动属于（　　）心理类型特点。
　　A. 心怀怨恨型　　　B. 难下决定型　　　C. 爽快干脆型　　　D. 情感冲动型

（2）汽车消费者注重车型外观、配置的时尚和新颖，该类消费者购买动机属（　　）。
　　A. 求实购买动机　　B. 求新购买动机　　C. 求美购买动机　　D. 求利购买动机

（3）"李先生，现在你只需花几分钟的工夫就可以换取牌照与办妥过户的手续，再过半个钟头你就可以把这部新车开走了。如果你现在要办公事，那么就把这一切交给我们吧，我们一定可以在最短的时间内办好。"以上运用了（　　）方法。
　　A. 选择成交法　　　B. 假定成交法　　　C. 请求成交法　　　D. 保证成交法

（4）马斯洛的需求层次理论中（　　）是第一层需求。
　　A. 尊重需求　　　　B. 生理需求　　　　C. 社会需求　　　　D. 安全需求

3. 多项选择题

（1）经调查中国汽车消费者在完整的汽车采购过程中，大致会遇到的问题有（　　）。
　　A. 商务问题　　　　B. 技术问题　　　　C. 产品问题　　　　D. 利益问题

（2）顾客在购买时，经常会有很多自己意识不到的特殊心理，这些心理有（　　）。
　　A. 从众心理　　　　B. 择优心理　　　　C. 烦躁心理　　　　D. 逆反心理

任务二　需求分析方法

情境导入

销售顾问周丽进行了精心的接待准备，龚女士上午 10 点准时来到展厅，周丽热情地接待了龚女士及陪同她来的好友戴女士。周丽要怎样才能了解到龚女士的需求，从而帮助龚女士选择一辆让龚女士及其好友戴女士都满意的车呢？

任务目标

1. 能描述沟通的技巧。
2. 能描述客户需求分析的方法。
3. 能正确对客户进行需求分析。

一、基本知识

客户的需求是什么？走进汽车销售展厅的潜在客户绝对不会首先跟你谈他们的问题，成语"讳疾忌医"就是这个道理。如果你无法顺利通过获得客户信任的阶段，你将无法准确分析出客户有没有车，或者目前驾驶的车所引发的问题、困惑、烦恼。那么，实际上你还是无法成功赢得客户。所有人的本能是回避问题，不情愿承认有自己解决不了的问题和烦恼。回避问题并不等于问题得到有效的解决。作为高明的销售顾问，绝对不能立刻指出所看到的客户的问题。因为人们既然不喜欢承认自己有问题，就更不愿意别人为他们指出问题，因此，销售顾问需要绝对高超的销售技能，既要显示你完全可以协助客户解决他们的困惑，又能让他们知道你完全了解他们的困惑。

客户需求分析的方法就是与客户沟通，通过提问、倾听和反馈，分析确定客户的需求，为客户提供专业的解决方案。图 5-2-1 是沟通过程中的提问、倾听和反馈的情境。

图 5-2-1　提问、倾听和反馈

1. 沟通技巧

销售语言是一种说话艺术，虽说比较深奥复杂，但谁都能学会，只要用心学习，就能成为与客户沟通的高手。以下是沟通技巧训练的要点。

（1）沟通的基本技巧

1）说话不单纯是为了表达。来的都是客！不管他们是谁，不管他买与不买，必须用热情的服务和规范的礼仪对待客户。即使与客户交往得很深很密切，或已成为知己朋友，也要铭记此细则。从"您好"到"再见"，由始至终要用明快的口气接待所有的客户。有诚意又热情地与对方说话，回答肯定的问题时，要充满诚意地说"是"！愉快的声音，对方一定会受用。作为销售顾问，要学会不说则已，说就要"活灵活现"，对专业人员来讲是"内行"，对非专业人员来讲是"专家"。

2）话题要丰富。日常生活是提高讲话艺术水准的舞台。接待客户首先从聊天入手，然后再进入正题，身为销售顾问，学会"好好聊天"是工作的一个重要部分。

3）说的时候要听。学会倾听！我们拥有一个嘴巴，两只耳朵，说明"听"比"说"更重要。会说话的人，都是会听的人。耐心听对方长篇大论，是博得对方好感的一个秘诀。应该在对方滔滔不绝时说："是吗！那后来呢……"。要用好像听得入神的样子去倾听对方的谈话。对客户洗耳恭听后，当对方关住话匣子时，紧接着可能说："就这么决定了，我们订合同吧！"即使没有达成交易，他也会成为我们产品的推广者，或再次到访我们的销售店。

4）恭维的艺术。有时恭维别人算是一种美德，但不要说出一些言不由衷的话，用词得体的或是发自内心的赞美，对方一定非常高兴。每个人都有自尊心，希望别人对自己的长处给予肯定。对于客户只要是措辞得体的恭维就可以大胆地说，如容貌、健康、性格、人品、兴趣及爱好等，还可以恭维对方家人、职员，以及对方公司布置及装饰、发展方向、业务情况等。

5）不要使用难懂的语言。与客户谈话的过程中，除非是必要的专有名词，一般说应尽可能使用通俗易懂的语言，只有这样，才能使对方感到亲切，"方言"的应用有时会起到意想不到的效果。

6）不要出言不逊，伤害对方。千万注意措辞，千万不要伤害对方的自尊心！例如："一分钱一分货，你就这点钱，只能买这款便宜的车。"在与客户说话之前，一定要自始至终做好对应的准备！多想想我要怎么说，才能不伤害对方的自尊心。刚才的话如果这样讲，更容易打动客户："根据您的实际情况，我极力推荐这款车，性价比最好，便宜耐用又不失面子。"

7）必须克服语病。作为一名专业的销售顾问，说话啰唆和太多"口头禅"是不够格的，应彻底纠正过来。

8）专心"聊天"。沟通时，不要做没必要的事，比如嚼口香糖或其他会让对方觉得你不耐烦的事。

9）学会应用肢体语言。每一个人每天都会做成千上万个肢体动作，有的是劳动、工作、运动所需要的，有的是我们身体自身的需要，而有些则是一个民族的文化传统，比如握手、拥抱、敬礼、鞠躬、抱拳等。这些肢体语言已经是礼仪的象征，如果你会用肢体语言（表5-2-1）表达你的意思则被认为是有涵养的文明人，反之会被认为粗俗、没有礼貌、缺乏修养，会在销售中遇到不该有的麻烦。因此，肢体语言在销售工作中还是很重要的，应该学习和掌握。

表5-2-1　肢体语言传递的信息

序号	非言语性信息沟通渠道	传递思想、情感
1	手势	柔和的手势表示友好、商量，强硬的手势则意味着："我是对的，你必须听我的"
2	脸部表情	微笑表示友善，皱眉表示怀疑和不满意
3	眼神	盯着看意味着不礼貌，但也可能表示感兴趣或寻求支持
4	姿态	双臂环抱表示防御，交流时独坐一角意味着傲慢或不感兴趣
5	声音	抑扬顿挫表示有热情，突然停顿是为了造成悬念或吸引注意力

（2）接待开场白的技巧

汽车销售是一场商业谈判，相互问候之后进入商业谈判之前有一个"冷场"时间，如何处理好这段时间较为困难，要想方设法突破。在面对面的销售中，说好第一句话十分重要。

开场白的技巧如下：

1）金钱。既然是销售，避免不了谈"钱"，这并不伤"感情"。几乎所有的人都对钱感兴趣，省钱和赚钱的方法容易引起客户的兴趣。

2）真诚赞美。每个人都喜欢听到好听的话，客户也不例外，因此赞美是接近客户的好办法。

3）利用好奇心。探索和好奇是人的天性。制造神秘气氛，引起对方好奇，然后解答疑问时，巧妙地把产品介绍给客户。但注意不要过分，否则就是"故弄玄虚"。

4）适时提及有影响的第三人。这是迂回战术，因为每个人都有"不看僧面看佛面"心理。比如你举的例子正好是客户所景仰或性质相同的企业，效果会更显著。

5）提出客户关心的问题。所提的问题，应是对方最关心的问题，必须明确具体，否则很难引起客户注意。

6）向客户提供信息。销售顾问为客户提供信息，比如这款车的厂家及公司优惠政策，以及你能为他争取的利益，既关心了客户的利益，也获得了客户的尊敬与好感。

7）利用产品。销售顾问利用所销售的产品来引起客户的注意和兴趣，让产品讲话。必要时进行表演展示，比如车辆装备的高科技或"炫酷"的特征，更能吸引客户。

8）向客户求教。利用向客户请教问题的方法来引起客户的注意。有些人好为人师，总喜欢指导、教育别人或显示自己。销售顾问有意找一些不懂的问题或装作不懂，向客户请教。

（3）应对拒绝的技巧

谁都想成为销售赢家。首先记住你真正的对手不是客户，而是你的同行。在激烈竞争的汽车销售行业，大多数竞争者的产品品质只是大同小异，在这种情况下，要想战胜对方，必须战胜对方的销售策略。

在与客户的谈判中，对方是处于绝对优势的地位，因此你避免不了被拒绝。销售是从拒绝开始的，尽管你信心十足地去接近客户，热情万分地介绍，不厌其烦地展示，但客户或许并没有购买你产品的打算。对于新手，可能因不断被拒绝造成心理压力，而退出销售业。

有经验的销售顾问，能够把拒绝看成一种信号，从客户拒绝中分析，善于改变对方的观点，把冷漠的抗拒变为对产品或服务的关心。

1）客户拒绝的类型：以下是几种客户拒绝的类型。

① 防卫型说"不"的客户：保护自己，不受他人意志支配，拒绝销售。

② 不信任型说"不"的客户：他其实不是拒绝销售行为本身，而是拒绝销售行为主体——销售顾问，就是你。

③ 无需求型说"不"的客户：客户没有认识到产品的价值，是对产品的拒绝。

④ 不急需型说"不"的客户：客户利用拖延购买的方式拒绝。

2）预防客户拒绝的策略：在医学上，最强调的是预防医学。销售上也是一样，拒绝是不可避免的，但要预防，总会比事后处理来得主动。

① 销售产品前，先销售自我：成功地销售自我是消除客户因不信任而产生拒绝的最佳策略。

② 站在客户的立场考虑问题：如果只考虑把产品卖出去，而不考虑客户所关心的问题，"欲速则不达"，往往遭到拒绝。客户不是购买产品本身，而是购买产品带来的利益。让客户了

解到产品带来的利益,"如果你买下,将拥有该产品"是低级销售;"如果你买下,将享受该产品带来的利益"才是高明的销售。

③ 注意创造需求:销售,可以说是对需求的再创造。如果"需求"永远超过"供给",那么销售顾问就变成单纯的订单收集人,无须什么销售技巧。

3)应对客户说"不"的方法:应对客户说"不"的方法如下。

① 冷处理法:销售顾问不需要对客户的任何拒绝都去深究,因为很多拒绝可能仅仅是借口,未必是真正反对意见。销售顾问要善于区别客户的意见与托词。

② 转化法:客户的拒绝既会给达成交易形成障碍,同时也会给达成交易带来机会。

③ 补偿法:任何一种产品都不可能在价格、质量、功能等诸多方面比其他竞争产品有绝对优势。

④ 证据法:人们对事物的看法最先相信自己的判断,其次是尊重同一社会群体内他人的看法。而最不轻易相信的是销售顾问。以权威机关证明、认证、感谢信、奖状等让客户觉得你是可信赖的。

⑤ 自问自答:销售过程中客户的反对意见常常是不可避免的。高明的销售顾问凭经验能预见到什么时候出现什么样的反对意见。对于反对意见,由销售顾问自己提出,而不是由客户提出,情况大不一样:

- 客户认识到你没有隐瞒自己的观点,诚实可靠。
- 客户认为你非常了解他,他想说而没说的话由你说了,所以不必说出反对意见。
- 由自己提出,避免因意见不同,与客户发生争论。

(4)达成交易的秘诀

1)密切注意成交信息,当机立断促成交易。

2)灵活机动,随时促成交易。

3)正确的成交态度可以排除交易方的心理障碍。

4)谨慎对待客户的否定回答。

5)充分利用最后成交机会。

6)留有一定的成交余地。

一旦成交时机成熟,销售顾问就应该立即促成交易,也许成交机会只有这么一次,一旦错过,就再也达不成交易了。

(5)不要成为不受欢迎的销售顾问

销售顾问无论采取什么样的行为模式与客户沟通,切记不要成为不受欢迎的销售顾问。销售顾问的行为准则十分重要,以下是销售顾问要避免的。

1)性格拘谨:过于拘谨虽算不上什么令人讨厌的缺点,但在激烈的市场竞争中,它绝不是优秀品质,易引起客户的不信任或瞧不起,因此没有多大的市场。

2)轻率:各种话随口而出,是很容易出差错的。说话时要心中有数,不能信口开河,胡说八道。

3)老奸巨猾:见面给人第一印象不佳,"皮笑肉不笑""夸夸其谈""点头哈腰"等均在此列。也许接触一段时间,上述印象就消除了,但消除误解需要不少时间。

4)见面熟:初次接触,像遇上多年没见面的老朋友,非常热乎,一般情况下对方对此会有不舒服的感觉,会对你存有戒心。

5)傲慢:以大公司、大品牌而自鸣得意,说话时总想显示自己比对方优越,这样一定会伤害客户的自尊心。

6）庸俗：说话有趣是一种有效的交际手段，但如过分表现，对方可能会怀疑你的人品。

总之，销售顾问要达到的目的都是通过沟通来实现的，因此，沟通技能是使销售顾问无往不胜的法宝。但是，高超的沟通技能绝不等于能说会道，不等于滔滔不绝，不等于口若悬河。与有高超的沟通技能的人打交道后应该得到的印象是：这个人可靠，这个人不错，这个人诚恳，这个人实在，这个人有水平，这个人专业，这个人理解我，这个人有经验，这个人是我的资源。而这些结果不是往常我们见到的那些能说会道、滔滔不绝、口若悬河的人都可以得到的。

2. 需求分析的方法——正确提问

（1）冰山理论与显性和隐性问题

分析客户需求的时候，涉及一个表面的问题和一个隐藏的问题。表面的问题称为显性的问题，也叫作显性动机；还有一种是隐藏的问题，也叫作隐性动机，冰山理论就是用来解释这个显性和隐性的问题。

冰山既有露在水面以上的部分，也有潜藏在水面以下的部分。水面以上的部分是显性的，就是客户自己知道的，能说出来的那一部分；水面以下的是隐藏的那一部分，这一部分比较复杂，可能有的客户自己都不知道自己真正的需求到底是什么。比如，某客户打算花十万元买车，可是自己都不知道要买什么样的车好，这个时候销售人员要解决他的问题，就是首先要了解他。既要了解他的显性问题，也要了解他的隐性问题，这样你才能正确分析客户的需要。

冰山理论说明了需求背后的理性和感性需求。理性需求包括：商业利润、省钱、法律保障等。感性需求包括自豪、名气、安全、乐趣、健康、激情、忠实、传统等。

理性动机一般是顾客愿意说的，而感性动机则不同，除非建立了顾客的信任，他才肯说出来。发现客户的理性购买需求可能比较容易，但是假如客户对你不信任，那么他们是不会和你谈论他/她的感性需求的，这就需要我们销售人员掌握提问和倾听的技巧，来挖掘客户的真正需求。

（2）有效提问并获取问题的答案

为什么强调销售顾问要学会提问呢？就是要通过有效的提问来让客户自己体会。

例如，销售顾问会问：你现在开的什么车？问这个问题实际上就是想要知道，这个客户现在开的车与销售顾问将要推荐的车之间的明显不同，也就是他现在的困惑。

例如，客户现在开的是一辆普通轿车，那么，普通轿车与高级轿车相比有什么明显的不同呢？驾乘方面，在高速公路上超车会体会到什么呢？四轮驱动会带来什么明显的感受呢？实际上，你推荐的产品的利益恰恰都是他可以明显感到现在开的车无法比拟的特征和优点。这就是通过提问来有效地暗示，推荐的产品完全可以解决你曾经认识到的问题和困惑。

销售顾问在首次与客户沟通后，要求能够获取以下20个问题的答案：

1）客户现在是否在驾驶其他品牌的车辆？
2）客户是如何了解我们汽车品牌的？
3）客户对本公司的车型了解多少？了解什么？通过什么渠道了解的？
4）客户对其他公司的车型了解多少？
5）客户周围的朋友是否有驾驶本公司车辆的？
6）客户是否知道本公司的车辆的长久价值？
7）客户是否清楚汽车质量问题可能导致的严重后果？
8）客户是否知道售后服务对汽车产品的意义是什么？

9）客户中谁在采购决策中具有影响力，是多少？
10）采购决策的人数是多少？
11）客户的学历状况如何？
12）客户平常阅读报纸、杂志、图书的情况如何？
13）客户的个人成就如何？
14）客户对自己企业或者个人的评价如何？
15）客户在何时从事商业活动？
16）客户过去的哪些经历是他们最得意和自豪的？
17）客户如何评价汽车行业？客户认为汽车行业发展趋势如何？
18）客户周围的人对他的评价和认知如何？
19）你是否认识到客户的稳定的价值观、商业观？
20）客户平时是否经常会做重要的决定？

通过对这些问题的了解，销售顾问一定可以完整地掌握这个潜在客户的购买倾向、购买重点，以及真实的、内在的、一般不会说出来的需求。汽车销售没有什么特别的诀窍，只有不断地通过实践去练习了解人的技能，练习可以透视别人思想的技能，练习让陌生人尽快喜欢你的技能，练习尽快获得陌生人信任的技能。

（3）提问的方式

根据提问的角度，可以简要地把问题分为两大类：开放式问题和封闭式问题。

1）开放式问题：开放式提问的目的是用来收集信息。开放式问题就是为引导对方能自由开口而选定的话题，谈论他/她的情况，如工作和生活需求。如果你想多了解一些客户的需求，就要多提一些开放式的问题。这些话题可以帮助销售顾问判断客户的真正需求，也可以拉近双方的距离。请注意，当客户在谈论的时候，千万不要打断他/她。

能体现开放式的问题的疑问词有"什么""哪里""告诉""怎样""为什么""谈谈"等。例如，销售顾问："先生，您对我们展厅里哪一款车型感兴趣呢？"

开放式询问的问题（5W2H）如下：

谁（WHO）：谁购买这辆车？

何时（WHEN）：何时需要新车？

什么（WHAT）：购车的主要用途是什么？对什么细节感兴趣？

预算多少（HOW MUCH）：想买什么价位的车？

为什么（WHY）：为什么要选购？

哪里（WHERE）：从哪里获得产品信息的？从哪里来？

怎么样（HOW）：认为我们的车怎么样？

2）封闭式问题：封闭式提问的目的是用来确认信息。封闭式问题是指为引导谈话的主题，由提问者选定特定的话题来希望对方的回答在限定的范围内。从逻辑上来说，此类问题可以用"是"或"不是"来回答。封闭式提问对于确认、澄清客户需求是非常有用的，同时也可以帮助销售顾问获取反馈信息，发现客户的购买动机。

封闭式问题经常体现在"能不能""对吗""是不是""会不会"等疑问词之间，例如，销售顾问："先生，您是想买两厢型还是三厢型轿车？"

如果你想获得一些更加具体的资料和信息，就需要对客户提出封闭式问题，这样才能让客户确定你是否理解了他的意思。但是在电话销售中，如果你问了很多封闭式问题，就会给客户造成一种压力，同时也不利于自己对信息的收集。因此，在前期了解客户的需求时，应多问一些开放式的问题，以便让客户能够自由地、毫无拘束地说，这样才更有可能使你从中获得有用的信息，找到新的商机。

（4）问题的类型

在销售顾问跟客户交流时，需要提问客户一些问题，而这些问题可以分为以下8类。

1）判断客户的资格：根据自己的销售目标，向客户提出一些特定的问题，通过对方的回答来确定他究竟是不是符合你目标的客户。例如，可以提这样的问题：买车是您自己开吗？

2）客户对车辆配置或服务的需求：根据客户表达的需求意向，用封闭式提问来进一步明确客户的需求，并尽可能多地获得其他所需的信息。提的问题可以是：安全、舒适、易操控，哪一点对您来讲最重要呢？

3）决策人：用委婉的口气提问，确定客户方的决策人是谁？要让客户乐于回答你的问题，直截了当地问客户"您有权限决定买什么车了吗？"显然这并不是一种好的提问方式。如果你换一种方式问："除了您之外，还有谁参与这个决策呢？"客户觉得自己受到重视，事情的进展自然就会相对顺利一些。

4）预算数据：为了能成功地推销出自己的产品，你要了解客户的预算。如果客户的预算较低，而你却向他推销高档产品，成功的概率相应地就会很低，反之亦然。这里可能会有一些困难，因为客户一般都不愿意把他的预算告诉你，你可以从其他的项目谈起，逐步地诱导其透露出预算的问题。

5）竞争对手：提问竞争对手信息的最佳时机是当客户提到竞争对手的时候，不要自己主动地提问有关竞争对手的信息。在客户提问时注意了解竞争对手的信息，分析其优势和劣势。如果客户认为竞争对手的不足正是自己的强项，下次交谈时要突出竞争对手的不足正是自己的强项，以此来吸引客户，成功的可能性就会很大。

6）时间期限：了解客户对需求的时间限制有利于你进一步制定销售策略。假如对方以不确定来回答你，那么很可能是他还没有真正决定要跟你合作。这时你要进一步地去引导他，如暗示他尽快开始的好处和延迟的不利影响，让客户尽快地做出合作的决定。

7）成交：成交也就是引导客户做出达成生意的决策。在恰当的时候，如客户的满意度很高或情绪很好时，你可以主动地建议客户，完成签字手续，达成生意。

8）向客户提供自己的信息：适当向客户提供近期购车的优惠政策等相关信息。

（5）提问的顺序

销售顾问提问的具体顺序及其相应内容如下。

1）一般性问题：询问客户过去的问题，了解其购买动机。参考客户以前的经验，通过客户的经验确定现在的情况（客户想要什么？）。

例如，"您过去开过什么车？"

2）确定性问题：询问现在的问题，了解购买需求。了解购买原因，即需求背后的理性动机和感性动机。

例如，"您现在希望买一辆什么样的车？"

3）联系性问题：问将来的问题，了解购买标准。把客户的需求和产品的特性利益联系起来，让客户知道产品的特性利益与他的需求挂钩。让客户了解到产品价值，就会建立购买信心。

例如，"您觉得1.8T发动机加速性能怎样？"

（6）提问的技巧

用恰当的方式把有利于自己的信息传递给客户，让客户感到购买你的产品是一个正确的决定，提高客户的满意度，这些对你日后的销售工作也可能会有很大的帮助。提问的技巧具体分为以下4个方面。

1）前奏：前奏就是告诉客户，回答你的问题是必要的或至少是没有坏处的。如果你要提出客户可能不愿回答的敏感问题，运用一个前奏就能有望改变客户的想法。例如，提问客户的项目预算，一般的客户都是不愿意告诉你的。这时你可以加一个这样的前奏："为了给你推荐一个最适合的方案，我想知道您大概的预算在怎样的范围内呢？"通过前奏就能有效地提醒客户，让客户了解预算是必要的，客户就有正面回答的可能性。

2）反问：如果客户向你提出问题而你却不知道怎样回答，这时你有两种方式可以选择：实事求是，切忌不懂装懂；反过来提问客户，让客户说出他是怎样看待这个问题的，这通常就是他希望得到的答案，你也就正好可以据此投其所好了。

3）沉默：如果在通话过程中出现了长时间的沉默，这当然也会造成很尴尬的局面。但是适当的沉默也是十分必要的。例如，向客户提问后，保持1小段时间的沉默，正好能给客户提供必要的思考时间。

4）同一时间只问同一个问题：通常，你可能需要同时提出几个问题要对方回答，而他往往只会记得其中的一个，或觉得无从谈起。因此，同一时间只提一个问题才是最好的选择。

3. 需求分析的方法——正确倾听和反馈

倾听属于销售中有效沟通的必要部分，以求销售顾问与客户在思想上达成一致和感情通畅。除了说，听也很讲究。你会不会听，你自己也许没感觉，但客户知道。如果你在很认真地听客户讲，他会认为你很尊重他；如果客户在讲，你三心二意，客户会认为你不尊重他。我们的目的就是要让客户尽快地购买我们的产品，每一个环节都要处理好，其中之一就是要学会倾听，并做出正确的反馈。

（1）倾听的类型

倾听有两种类型。

1）主动地听：客户要买车，他需要什么样的车，有什么样的顾虑，有什么样的要求，他都想告诉销售顾问，让销售顾问给他参谋，可是他发现你没有仔细听他讲，那个时候他就会心生不满，后果可想而知。

2）被动地听：人们会主动去听与自己切身利益有关的信息，还有一种是被动地听。被动地听实际上是一种假象，例如很多单位领导在台上讲话，员工就在下面装着在听，这就是被动地听。

例如，我们一般遇到过这种情况，大家在一起谈业务，你在说时，对方跟着你说话的内容点头或说"是"，这个时候你会感觉他在听，可是当你讲完的时候，他睁大眼睛问你：你刚才说什么，那就说明他心不在焉，他表面上装作在听，但是一旦让他表态的时候，他不知道你刚才说了什么。

（2）倾听和反馈的方法

销售顾问在了解客户的需求时，认真倾听的过程中还要注意一些方法。

1）注意与客户的距离：人与人之间交谈的距离是有安全距离的。那么什么距离客户才会有安全感呢？当一个人的视线能够看到一个完完整整的人，上面能看到头部，下面能看到脚，这个人感觉是安全的。如果说你与客户谈话时，双方还没有取得信任，马上走得很近，对方会有一种自然的抗拒、抵触心理。心理学里曾经有过这样的案例，当一个人对另一个人反感的时候，他连对方身体散发出来的味道都讨厌；当这个人对对方有好感的时候，他会很乐于与你沟通，甚至包括个人隐私的话题。

2）认同对方的观点：销售顾问要认同对方的观点，不管对方是否正确，只要与买车没有什么原则上的冲突，你就没有必要去否定他。销售顾问可以说："对，您说的有道理。"同时还要点头、微笑。这样客户才会感觉到你的和蔼可亲，特别是有三个字要经常挂在嘴边，"那是啊"。这三个字说出来，能让对方在心理上感觉非常轻松，感觉到你很认同他。

3）克服自我中心和自以为是：不要总是谈论自己，不要总想占主导地位。

4）尊重对方：不要打断对方，要让对方把话说完。千万不要因为去深究那些不重要或不相关的细节而打断对方。

5）不要激动和武断：不要匆忙下结论，不要急于评价对方的观点，不要急切地表达建议，不要因为与对方不同的见解而产生激烈的争执。要仔细地听对方说什么，不要把精力放在思考怎样反驳对方所说的某一个具体的小的观点上。

6）不要琢磨：尽量不要边听边琢磨他下面将会说什么。不要使你的思维跳跃得比说话者还快，不要试图理解对方还没有说出来的意思。

7）不要偏见：问自己是不是有偏见或成见，偏见很容易影响你的判断。

8）注重细节：不要了解自己不应该知道的东西，不要做小动作，不要走神，不必介意别人讲话的特点。

（3）倾听和反馈的技巧

学会倾听是非常必要的，客户势必不会总是重复同一问题。如果你心不在焉，听而不闻，就很可能漏掉一些很重要的信息，以致失去成交的机会。倾听技巧非常重要，好的倾听技巧主要有以下5个方面。

1）确认：在客户讲话过程中，可能会有一些词语你没有听清，也可能有一些专业术语你不懂，这就特别需要向顾客进行确认，进一步明确顾客所讲的内容。同时，你跟客户交流时一定要注意自己的术语使用问题，你不能运用太多的术语，以免给顾客造成理解上的障碍。

2）澄清：对容易产生歧义的地方，要及时地与对方沟通，以便充分了解客户的真正想法。客户说的某一句话可能存在着两种或多种理解。如果自以为是，只按照自己的好恶去理解，就必然容易产生误解。因此一定要及时地与客户进行交流，澄清事实。

3）反馈：在倾听的过程中要积极地向客户进行反馈，你要不断地让他意识到你始终都在认真地听他讲话，如果你自顾自地长时间讲话而不给客户做出回应，势必会给客户造成心理压力，他自然就不愿意继续讲下面的内容，而只想尽快地结束会话了。

4）记录：在进行电话交流时一定要做好记录，电话交流的时间很有限，你很难记住客户需求的所有关键点。最好的办法是随时把客户提到的重点及时地记录下来。

5）判断客户的性格：通过沟通分析客户的性格。

（4）提高倾听能力的方法

可以通过以下3种方法来提高倾听能力。

1）集中精力，专心倾听。这是有效倾听的基础，也是实现良好沟通的关键。要想做到这一点，销售顾问应该在与客户沟通之前做好多方面的准备，如身体准备、心理准备、态度准备，以及情绪准备等。疲惫的身体、无精打采的神态以及消极的情绪等都可能使倾听归于失败。把可以用来信手涂鸦或随手把玩等使人分心的东西（如铅笔、钥匙串等）放在一边，你就可以免于分心了。

2）不随意打断客户谈话。随意打断客户谈话会打击客户说话的热情和积极性。如果客户当时的情绪不佳，而你又打断了他们的谈话，那无疑是火上浇油。当客户的谈话热情高涨时，销售顾问可以给予必要的、简单的回应，如"噢""对""是吗""好的"等。除此之外，销售顾问最好不要随意插话或接话，更不要不顾客户喜好另起话题。例如，"等一下，我们公司的产品绝对比您提到的那些产品好得多……""您说的这个问题我以前也遇到过，只不过我当时……"

3）谨慎反驳客户观点。客户在谈话过程中表达的某些观点可能有失偏颇，但是你要记住：客户很少愿意销售顾问直接批评或反驳他们的观点。如果你实在难以对客户的观点做出积极反应，那可以采取提问的方式改变客户谈话的重点，引导客户谈论更能促进销售的话题。例如，"既然您如此厌恶保险，那您是如何安排孩子们今后的教育问题的？""您很诚恳，我特别想知道您认为什么样的理财服务才能令您满意？"

4. 需求分析的方法——需求应对技巧

（1）客户表达需求时

1）销售顾问在和客户面谈时，保持一定的身体距离；随时与客户保持眼神接触。

2）销售顾问需保持热情的态度，使用开放式的问题进行提问，并主动引导，让客户畅所欲言。

3）销售顾问须适时使用刺探或封闭式的提问方式，引导客户正确地表达他/她的需求。

4）销售顾问可针对客户的同伴进行一些引导性的对谈话题。

5）销售顾问需留心倾听客户的讲话，了解客户真正的需求。

6）在适当的时机做出正面的响应，并不时微笑、点头，不断鼓励客户发表意见。

7）征得客户允许后，销售顾问应将谈话内容填写至自己的销售笔记本中。

8）销售顾问须随时引导客户针对车辆的需求提供正确想法和信息，以供参考。

应对技巧提示：

销售的过程中，要针对我们的每个卖点设计并提问一些封闭性的问题，也就是让顾客回答一些"是"与"不是"的问题。例如：先生，我们的车型的外观是不是很时尚？先生，我们的配置是不是比别人豪华？在设计封闭性问题的时候，尽量让顾客回答"是"，假如顾客回答的都是"是"的话，那我们的销售就基本能成功了。

（2）确定客户需求时

1）当客户表达的信息不清楚或模糊时，应进行澄清。

2）当无法回答客户所提出的问题时，保持冷静，切勿提供给客户不确定的信息，并请其他同事或主管协助。

3）销售顾问应分析客户的不同需求状况，并充分解决及回复客户所提出问题。

4）协助客户整理需求，适当地总结。

5）协助客户总结他/她的需求，推荐可选购的车型。

6）重要需求信息及时上报销售经理，请求协助。

应对技巧提示：

区分谁是购买者、谁是决策者。销售的过程中，尽力吸引决策者的关注，同时也要善于对待影响者，因为可能会影响到我们的整个销售过程。例如：年轻夫妇一起买东西，多以女方为主；中年夫妇买高档的用品，多以男方为主；一家老小来买商品，一般父母是出钱者、决策者，子女是商品的使用者、影响者。

二、拓展知识

1. 客户沟通的基本话术

销售顾问在与客户沟通过程中，可以采用以下方法来分析客户的需求。

（1）认同法

1）使用认同法的目的：当客户所讲、所想、所做的和我们期望的不同时，我们能够从客户的立场来看待问题，并且认同客户的心情。

2）认同法的好处

① 让客户了解你和他站在同一立场。

② 向客户表示你在倾听。

③ 降低抗拒，创造和谐的销售氛围。

3）关键认同语

"您说得很有道理""您这个问题问得好""那很好""那没关系""我理解"。

4）句型示例

句型 = 重复客户的讲话 + 关键认同语 + 正面解释

示例：

客户：你们是美系车，听说油耗比较大？

销售顾问：XX先生，您这个问题问得很好，买车当然是要注重经济性了，以前的美系车可能给人们留下了油耗高的印象，不过随着科技的发展，现在的美系车的经济性已经大大提升了，我来给您介绍一下吧？

（2）赞美法

1）使用赞美法的目的：与人交流时，以美好的言辞来表达出对人的友善和欣赏，与客户建立良好的关系。

2）赞美的好处：让客户感受到尊荣；调动客户的情绪；建立融洽的销售氛围。

3）赞美的方法：保持微笑，根据事实，寻找赞美点。

4）关键赞美语：您真不简单；您真有眼光；我最佩服您这样的人；我想请教您一下。

5）句型示例

句型 = 微笑 + 关键赞美语 + 解释赞美点

示例一：

XX先生，您真不简单，一眼就相中了我们展厅中卖得最好的车型，我最羡慕像您这样有眼光的人了。

示例二：

XX先生：我最佩服您这种做事干净利落的风格，您是我见过最爽快的人！

示例三：

XX女士，您这么忙气色还这么好，一看就知道，您平时一定做运动吧？

（3）引导法

1）使用引导法的目的：在与客户的销售交流中，运用引导的方法以及"全身倾听"的技巧来让客户畅所欲言。

2）引导法的好处：收集客户的资料，了解客户的需求，掌握交谈的主动权，试探客户的态度。

3）引导语：追根问底式、旁敲侧击式、交心式。

4）句型示例

句型 = 引导语 + 全身倾听技巧

示例一：

XX先生，买车要考虑很多方面，比如：车辆的外观、舒适性、操控性以及安全性，您比较关注哪方面呢？

示例二：

XX先生，您看这样好不好，如果您信得过我，不妨把您对买车的要求和我说一下，我会根据您的需求来给您推荐一款合适的车型。

（4）叙述法

1）使用叙述法的目的：在建立好客户关系的基础上，运用有说服力的方法来表达事实，以取得客户的认同。

2）叙述法的好处：阐述事实但同时顾及客户的心情和面子。

3）叙述法表达方式

① 权威式。一般专业人士在看车时，会从三个方面来看……

② 案例式。我们店有位客户就遇到这样的情况……

③ 对比式。新 ×× 的车身大小和 ×× 差不多……

④ 比喻式。这款车的发动机采用了最先进的 ××× 技术，就好比多装了一个电子控制单元，让发动机的运转更省油，更有效率。

4）句型示例

句型 = 关注客户 + 叙述语

示例一：

XX先生，衡量一款车好不好要从三个方面去看：外观、配置、性能……

示例二：

XX先生，我们店上次有位客户和您一样也提了这个问题，但是经过我们销售顾问的解释之后，他的问题就迎刃而解了。

（5）反问法

1）使用反问法的目的：在向客户叙述之后加上反问的语句来了解或确认客户的反应。

2）反问法的好处：掌握谈话的主动权，探寻客户的看法，试探客户的态度。

3）关键反问语

"……您觉得？""……您认为？""……您觉得对不对？""……您说是不是？""……能不能请教您一个问题？"

4）句型示例

句型 = 认同语 + 正面解释 + 反问用语

示例一：

XX先生，车辆的油耗不能光看数据，关键还要看平时驾驶的习惯，习惯好的人开车自然就省油，您说是吧？

示例二：

XX先生，今天您从这么远的地方来我们公司，又是全家人一起出动，是不是准备今天就做决定了呢？

（6）承诺法

1）使用承诺法的目的：在进入即将要做的事情之前，事先获得客户的同意。

2）承诺法的好处：事先取得客户的承诺，使下一个步骤进行得更顺利。

3）关键承诺语

"如果……，是否可以麻烦您……？" "您看这样好吗……？"

4）句型示例

句型 = 询问客户是否满意 + 关键承诺语

示例一：

XX 先生，今天外面这么热，要不您先去沙发上休息下，喝点饮料，您看可以吗？

示例二：

XX 先生，刚才您把这次买车的需求都说了一下，我也做了记录，根据我的经验，XX 车型可能比较符合您的需求，您看这样好吗？我等会先给你详细地介绍一下这款车，如果您满意的话，我还可以给您安排试乘试驾，这样可以吗？

2. 需求分析情境话术案例

以下以情境模拟为例，介绍需求分析询问技巧。

（1）询问用车经历，对以前车型的不满意之处

常见询问：您以前开过车吗？

分析：这个问法很直接，但是这句话如果语气掌握不好，就变成了鄙视客户，所以这个问法不是很好。

建议问法：

销售顾问：您以前都开过什么车？

客户：某某品牌。

销售顾问：某某品牌挺不错啊，您开着怎么样，一定很好吧，有什么不满意的吗？

（2）是否了解过自身品牌

常见询问：您看过我们的车吗？

分析：这个问法会让客户警惕性提高很多。

建议问法：一看您就非常专业，一定了解过我们的车吧。我看着您眼熟，是不是参加过我们的车展啊？

（3）购车用途和时间的询问

常见询问：你准备什么时间购车，主要用来做什么？

分析：这种提问太过于随便，而且并不会问出什么有用信息。

建议问法：一看您就是成功人士，这车准备近期就买吧？我猜您肯定是生意越做越大，换一台新的，您是商用还是家用？

（4）购车预算

常见询问：您准备买个什么价位的？您打算花多少钱？

分析：各行各业基本上都这么问，很少有客户会告诉你他的真实想法。如果销售顾问选择一进门就问这句话，而这时是客户心理防备最强的时候，这个时候问是自讨没趣。

建议问法：展厅不止一辆车，如果客户进来直奔某款车型而去，这说明客户是做过功课的。如果客户在展厅四处观看，你不妨从高价位到低价位进行介绍，你一介绍，再看客户的表现，就基本了解他的心理预期了。

（5）购车要求

常见询问：您需要什么样的车？

分析：曾经有一位金牌销售这样说过，销售顾问如果问我需要什么样的车，我一定会告诉他，我需要自行车！虽然我说的是玩笑话，但真的有很多新手就是这么问顾客的。

建议问法：人家不都说嘛，汽车是第二个家，当然要选一个称心如意的，您对您的座驾有什么要求吗？（应对男性客户）

汽车是耐用商品，您要长期使用，所以挑选一款合适您的车型对您很重要，您对汽车有什么要求吗？（应对女性客户）

（6）客户是不是决策者

常见询问：您能做主吗？

分析：销售顾问直接询问客户能不能做主，客户是不是觉得很没面子？所以你要问清的不是他是不是决策者，而是问问他是公司采购还是个人购车。如果是个人购车，他每次都自己来店看车，你觉得他是不是决策者？他第一次自己来，第二次带着爱人来，那就要注意他爱人可能是决策者。如果他给公司采购，那么最后一次拍板的时候，决策者肯定出现，如果不出现，就说明他就是决策者！

复习题

1. 判断题

（1）封闭式问题指为引导谈话主题，由提问者选定特定的话题来希望对方的回答在限定的范围内。　　　　　　　　　　　　　　　　　　　　　　　　　　（　　）

（2）如果你想多了解一些客户的需求，就要多提一些开放式的问题。　（　　）

（3）开放式问题经常体现在"能不能""对吗""是不是""会不会""多久"等疑问词之间。　　　　　　　　　　　　　　　　　　　　　　　　　　　　（　　）

（4）封闭式问题的疑问词有"什么""哪里""告诉""怎样""为什么""谈谈"等。
　　　　　　　　　　　　　　　　　　　　　　　　　　　　　　　（　　）

（5）如果客户预算较低，可以向他推销高档产品，鼓励他多消费，以获取更多业绩。
　　　　　　　　　　　　　　　　　　　　　　　　　　　　　　　（　　）

（6）需求分析，是在对顾客购车原因、购买力、职业、文化背景等分析的基础上，确定或评估客户需求。　　　　　　　　　　　　　　　　　　　　　　（　　）

（7）如果客户要参观的车型正巧展厅没摆放，可建议客户下次再来。　（　　）

（8）微笑、打招呼以及接待应对都需要充满热忱及诚恳的态度。　　（　　）

（9）介绍车辆时应尽可能使用专业术语。　　　　　　　　　　　　（　　）

（10）销售人员做实车介绍时，要为客户开车门请他入座，并帮他打开发动机舱盖、行李舱，避免客户自己动手。　　　　　　　　　　　　　　　　　　　（　　）

2. 单项选择题

（1）以下关于倾听和反馈的技巧，说法不正确的是　　　　　　　　（　　）

　　A. 克服自我中心：不要总是谈论自己

　　B. 克服自以为是：不要总想占主导地位

　　C. 尊重对方：如果不认同对方观点，可以打断对方

　　D. 不要激动：不要匆忙下结论，不要急于评价对方的观点

（2）以下关于倾听和反馈的技巧，说法不正确的是　　　　　　　　（　　）

　　A. 不要琢磨：尽量不要边听边琢磨他下面将会说什么

B. 不要偏见：问自己是不是有偏见或成见，偏见很容易影响你的判断

C. 思维跳跃：使你的思维跳跃得比说话者还快，猜测对方还没有说出来的意思

D. 注重细节：不要了解自己不应该知道的东西，不要做小动作，不要走神，不必介意别人讲话的特点

3. 多项选择题

（1）男性顾客购车动机特点是（　　）。
　　A. 感情色彩浓　　　　　　　　B. 被动性强
　　C. 动机形成迅速、果断　　　　D. 受外界影响大

（2）中老年人购车特点是（　　）。
　　A. 追时代潮流、冲动　　　　　B. 强调安全性
　　C. 购车理智　　　　　　　　　D. 追求舒适与方便

（3）青年人购车特点有（　　）。
　　A. 突出个性　　　　　　　　　B. 追时代潮流
　　C. 追求良好的服务　　　　　　D. 冲动

（4）消费者购买动机有（　　）特征。
　　A. 主导性　　B. 可转移性　　C. 内隐性　　D. 冲突性

（5）动机的作用是什么（　　）。
　　A. 激活作用　　B. 推进作用　　C. 强化作用　　D. 指向作用

（6）需求分析的内容主要包括（　　）。
　　A. 顾客职业、兴趣　　　　　　B. 使用者、用途
　　C. 购车的预算等购买愿望　　　D. 车辆品牌、车型情况等

（7）依据对消费者影响程度的不同，参照群体又可分为以下几类：（　　）。
　　A. 紧密群体　　B. 归属群体　　C. 松散群体　　D. 比照群体

（8）以下说法正确的是（　　）。
　　A. 汽车消费者的购买行为是受多种因素影响而形成的复杂行为
　　B. 购买动机最终产生购买行为
　　C. 与客户交往得很深很密切或已成为知己朋友，说话就可以随便一点
　　D. 与客户谈话过程中，除非是难懂的专有名词，一般说应尽可能使用忠实本意且通俗易懂的语言，这样才能使对方感到亲切

学习情境六
产品介绍

销售顾问一定要具备丰富的产品知识，为客户进行全方位产品介绍，解决客户的疑虑，增强客户信心，激发客户的购买欲望，同时让客户认同销售顾问提供的产品和服务，能帮助客户解决现实问题及满足客户需求，赢得客户的信赖，为以后促进成交奠定基础。

本情境主要学习产品介绍的方法和技巧，分为两个工作任务：任务一汽车产品展示方法，任务二六方位介绍法。通过本情境的学习，你能够掌握汽车销售的产品展示和介绍方法及技巧。

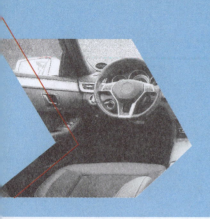

任务一　汽车产品展示方法

🔸 情境导入

客户龚女士希望购买一辆 SUV 车型,销售顾问周丽要怎样展示和介绍本店所销售的车型才能提升龚女士的购买概率?

🔸 任务目标

1. 能描述 FABE 介绍法、情境模拟法、道具演示法的内容。
2. 能应用 FABE 介绍法、情境模拟法、道具演示法进行车辆介绍。

一、基本知识

多数潜在购车客户在购买车辆时有两种常见的形式:一是有明确的目标车型,进店主要为了寻求更多的购车优惠;二是有购买意愿但目标车型不明确,进店主要为了实地了解、比较某几款车型。针对以上两种类型客户需进行详细的产品介绍,打消客户疑虑,提升成交概率。在汽车展厅销售时,销售顾问需要展示和介绍汽车产品,展示和介绍的方法有很多种,以下介绍 FABE 介绍法、情境模拟法、道具演示法等方法。

1. FABE 介绍法

FABE 介绍法是销售人员(销售顾问)向客户销售产品时的常用方法,也称 FAB 分析法或 FAB 利益销售法。FABE 介绍法是通过对产品特征和性能的介绍,让客户了解这些特征的优势,能够为客户带来哪些利益,从而引起客户的共鸣,接着展示足够的证据,坚定客户购买的决心。应用 FABE 介绍法介绍产品不仅不会让客户产生抵触情绪,而且还会认为销售顾问是站在他的角度,为他着想,帮助他解决问题。FABE 介绍法还可以帮助销售顾问设计强有力的销售话术,提高产品销售效率及销售额。

(1) FABE 介绍法的步骤

FABE 介绍法分为 4 个关键步骤。

1) F(Feature):指产品特性或功效。

介绍产品的特性:指产品的独特设计、配置、性能特征,或者是材料、颜色、规格等可以观察到的事实状况。

销售顾问在介绍时应将车辆的特征详细列举出来,介绍其优势和特点,强调自己的产品有哪些特点和主要用途。例如,一汽-大众 T-ROC 探歌(图 6-1-1),虽然定位于紧凑级 SUV,不过实际大小确实和市场上绝大多数小型的 SUV 差不太多,拉长的轴距明显针对中国本地市场,很多普通家庭也确实吃这一套,长轴距给后排乘客区带来更大的空间,乘坐起来也确实更为宽敞。

2）A（Advantage）：指优点或优势。

介绍产品的优点：指产品能够给客户带来的好处。

销售顾问必须考虑车辆的优势、好处是否真正能为客户带来利益，以及相对竞品车型的过人之处。车辆的优点必须转换成客户愿意接受的利益，客户才会接受销售顾问的推荐。例如，一汽 – 大众 T-ROC 探歌，这款车在价格上是远胜于竞争对手，最低配置的车辆厂商指导价 13.58 万元，再加上优惠，也就是说 11 万元多裸车价，比绝大多数紧凑型 SUV 要便宜很多。

图 6-1-1　一汽 – 大众 T-ROC 探歌

3）B（Benefit）：指客户利益与价值。

阐述产品能够满足客户的利益需求：指产品的特性和好处能给客户带来哪些方面的利益。销售顾问应介绍客户所关心的利益，并得到客户的认同。

销售顾问应描述客户购买车辆后对客户有哪些好处。例如，一汽 – 大众 T-ROC 探歌，以搭载 1.4T 的 4 缸涡轮增压发动机为例，最大功率 96kW/225N·m，匹配 7 档双离合变速器，百公里加速 9.7s，综合油耗 5.9L/100km。动力充足，油耗偏低，操控感也很强，综合性价比好。按一位客户的评价是"外观靓丽，配置丰富，想要的基本都有，开起来倍儿有面"。

4）E（Evidence）：指列举以上介绍的证据。

提出证据证明上述性能的可靠性：证据可以是产品证明书、照片、各种媒体的报道，以及其他客户的证明文件、录音、录像等。销售顾问应找到能让客户相信的证据，使客户更加相信销售顾问的介绍，从而促成交易。

（2）FABE 介绍法的运用重点

运用 FABE 产品介绍法时，应注意两个重点：

① 正确应用 FABE 的 4 个关键步骤进行产品介绍。

② 销售顾问必须充分了解所销售汽车产品的相关知识。

FABE 介绍法具有"寓教于售"的销售原则。在整个介绍过程中，应该让客户感到你销售的不仅是一辆车，而且还为客户提供一种崭新的观念、一个成熟的想法、一套合理的方案。在运用 FABE 介绍法前，销售顾问需要做好各项准备工作，查阅所销售车型的相关资料，将其属性、作用、利益等各方面罗列出来，才能做好产品介绍工作。

（3）FABE 介绍法的运用注意事项

运用 FABE 产品介绍法时，应注意以下事项：

1）实事求是：在介绍产品时，要以事实为依据，切勿夸大其词和攻击其他品牌来突出自己的产品。

2）清晰简洁：在介绍产品时，尽量采用通俗易懂的词语，逻辑清晰，语句通顺。描述客户利益时，一定要生动、具体、准确，用词要有丰富的感情色彩，以客户的感觉为中心，充分调动客户的情感。介绍时应多采用"增加、提高、减少、降低"等话术，有效表达产品特征带来的好处。

3）主次分明：在介绍产品时，对于产品的优点可以详细阐述，对于产品的缺点及不利的信息简单陈述即可。不要将产品所有的特征全部说明，而是要对客户关心的利益部分的特征重点强调。

（4）FABE 介绍法的运用技巧

运用 FABE 产品介绍法时，应采用以下技巧：

1）强调专业属性：客户购买意向车型往往都是受实际用车环境直接影响，故产品特性和客户用车环境越符合，成交的概率越大。

2）扩展属性：随着人们物质精神生活的日益丰富，汽车已不再是单纯的交通工具，更是身份、品位、生活态度的象征，销售顾问在介绍产品固有属性时更应该提及衍生属性。例如，一汽-大众 T-ROC 探歌，适合于收入不高但又喜欢 SUV 的年轻人购买，有视觉冲击感，行驶中引人注目。

3）与同级竞品横向比较：同级竞品一般选取市场销量较好的车型，例如 SUV 车型里的途观 L、RAV4、CRV 等，选取该类车型主要因为其有很强的代表性，对广大潜在消费者具有吸引力。该类车型的共同特点是品牌口碑较好，车辆整体性能优异，即车型本身没有明显弊端也无特别优点。故与该类车型比较时应着重强调本店产品动力参数、内饰用料、车身尺寸、保修政策、优惠力度、性价比等方面的优势，给客户留下本店产品更加物美价廉的印象。

4）与跨级竞品纵向比较：跨级竞品一般选取有代表性的更高级别的话题产品，例如普拉多、卡宴等车型，用我方产品某一项参数优势对比竞品参数，让客户认为我方产品与竞品有一较高下的实力且价格更加实惠。

5）重视产品关联性并强调产品附加价值：2020 年初，在武汉沃尔沃汽车销量上涨 60%，究其原因是绝大部分消费者看中沃尔沃全系标配能过滤 PM2.5 具有空气净化功能的空调系统。该事件说明消费者的购车行为已从单一的购买交通工具逐渐演变成满足多元化需求的购物行为。销售顾问应从多方面、多角度发掘客户购车后可获得的直接、间接利益，使客户觉得购买该产品物超所值。

2. 情境模拟法

情境模拟法也称构图讲解法。客户来买车时，心中会有一幅图画，即他开上新车之后的生活情境。销售顾问要想将车辆销售出去，就必须了解客户心中的这幅图画，通过对产品的介绍，描绘一幅更美丽的图画，以此达到刺激客户购买欲望的目的。

（1）情境模拟法应用的时机

情境模拟法有以下 3 个应用时机：

1）介绍功能的时候：例如，销售顾问在为某男性客户介绍空调系统的温度分区调节功能的时候，可以描述这样的情境：

炎热的夏天，您在开车带家人出去旅游的时候。您最辛苦也最怕热，驾驶区域温度可以调到很低；坐在前排乘客座的夫人，您不知道她是否怕热，但她完全可以自由调节前排乘客区域的温度；而坐在后排的老人和孩子，您就可以为他们设定稍高一点的温度，避免着凉。

2）介绍车辆操作与使用的时候：例如，销售顾问在为某客户介绍车辆导航系统的操作和使用方法的时候，可以描述这样的情境：

您在驾驶过程中，如果不知道目的地的路线，那么就需要低头操作导航系统，不但不方便，甚至非常危险。我们这款车配置了先进的语音导航系统，只要打开导航系统的开关，接下来只要和它说话就行了。假如我们要去西湖，来，请您对它下指令（引导客户自行操作）。

3）介绍车辆突出特性的时候：例如，销售顾问在为某客户介绍电动车窗具备防夹功能的时候，可以描述这样的情境：

如果，我说的是如果，您的孩子头或手伸出车窗外，不小心按到车窗的自动关闭开关（销售顾问实际操作模拟），车窗一定向上升起，但我们不必担心。看，车窗玻璃碰到我的手臂了，不但没有继续往上升，反而下降一段距离。

（2）情境模拟法应用的重点

销售顾问在进行情境模拟法讲解时，首先要把握客户的心理，了解客户心中的情境都有哪些内容，然后才能根据自己销售的产品，提炼出有针对性的主题，构思出一个合适又生动的生活情境。这样才能激起客户对这段美好情境的向往，乐意接受销售顾问的介绍，并最终订购产品。

3. 道具演示法

道具演示法是利用相关的道具，边演示边介绍，让车辆介绍更加生动、逼真。运用道具演示法时应注意以下3个要点：

（1）道具选择要巧妙

巧妙选择道具，让客户意想不到，最重要的目的是通过道具吸引客户的注意力，唤起客户的想象力，激发客户的好奇心，给客户留下深刻印象。例如：前面介绍的电动车窗防夹功能，销售顾问可以利用自己的手臂做"道具"，假装"不小心"被自动升起的车窗夹到。

（2）表演要到位

在具体演示中，销售顾问要注意语言、动作与道具应用的协调，表情自然不做作，让客户觉得真实可信。

（3）不可滥用道具演示法

道具演示法通常是在语言描述难以让客户了解产品特性的情况下采用的方法，因此不可滥用，要根据产品的特性决定是否采用道具演示法和采用什么道具进行，避免适得其反，导致客户反感。

二、拓展知识

专业的产品介绍是促成客户成交的关键要素。要做到产品介绍专业而不刻板，全面且有人情味，就需要销售顾问有扎实专业功底的同时，能较好地把握客户的心理，合理运用产品介绍技巧。

1. 产品介绍技巧

（1）介绍产品应建立产品优势

产品介绍应重点介绍主打特性、采用的新设计、新技术等优势，要着重对适用场景、附加价值做深入表述，要让客户有感同身受的切实体验和认可，避免被客户的问题带入自说自话的"死胡同"。

（2）直面产品不足，尽量补齐短板

汽车作为工业产品，每款车型必然会有或多或少的短板，忽视短板式的产品介绍模式已不能适应越来越专业的购车客户，直面短板并提出解决方案，如延保、超长质保或养成正确的驾驶习惯等，让客户觉得瑕不掩瑜、无后顾之忧才是促成交易的必胜法宝。

（3）产品对比应合理选择竞品，如无特别优势则避免采取纵向比较

产品对比不宜过泛，选取同级市场销量较好的车型为竞品做对比即可。因为该竞品销量最好，在客户心中最具说服力。如果我方产品无特别优势，尽量避免纵向跨级别比较，容易

给消费者留下不务实、浮夸的印象。

（4）正视自身品牌、产品，找准优势，避免一味贬低竞品

每个汽车品牌能在竞争激烈的市场中存活都有自己的立身之本，销售顾问应找准自身产品定位，直面自身产品、品牌与一线产品、品牌的差距，做产品介绍时应着重强调自身优势，多做对比、多找实例，树立自身品牌的良好形象。一味贬低竞品只会给客户留下不专业、不诚实、不可靠的印象，容易造成客户流失。

竞品对比异议处理方法

（5）摆正自身位置，让销售过程专业且有人情味

有些销售顾问受制于成长、生活环境或对本职工作懈怠，在接待客户过程中会有不当的言辞、语气和态度，导致客户体验欠佳甚至反感，最终造成客户流失，不仅影响了店面业绩，更损害了品牌形象。销售顾问作为服务行业的从业者，销售的是产品，同时也是服务，只有专业周到的服务才能创造和客户继续交流的机会。优秀的销售人员不仅能够最终促成交易，更会和客户保持长久的联系并获得客户的信任，最终促成客户二次购买行为。

2. 产品介绍的基本话术要点样例

以下以比亚迪唐混合动力汽车为例，介绍产品介绍的基本话术要点。

（1）外观设计

比亚迪唐 DM 车型是由前奥迪设计总监艾格打造，大量运用了中国元素，外观时尚干练，车身线条饱满凸显力量感，特别适合您这样年轻、时尚的女性（成熟、稳重的男性）消费者。

（2）动力总成

比亚迪唐 DM 车型采用 2.0L 涡轮增压发动机及 290kW 双电动机混合动力系统，总功率最大 440kW，0~100km/h 加速时间接近 5s，可媲美百万级别跑车。

（3）安全性

比亚迪唐 DM 采用 6 气囊/气帘设计，高强度钢材使用率占全车 63%，同时全系标配主动安全系统，可最大程度避免追尾事件发生，为驾乘者提供全方位安全保护。

（4）驾驶席

视野开阔是 SUV 车型的强项，除 8 向电动调节座椅外，全新唐 DM 还采用简约内饰设计，多数功能按键集成在可 90°旋转的大尺寸中央触屏上，同时搭载了 DiLink 智能网联系统，集成了云服务、救援服务、智能手环钥匙、移动车辆管家等诸多功能，智能手机还可以与车机 100% 兼容，进一步简化驾驶人操作，提升安全保障。

（5）后排空间

比亚迪唐 DM 拥有 2820mm 超长轴距，为后排乘客提供充裕的车内空间，同时提供 5 座/7 座选项丰富客户选择，后排座椅支持 4/6 放倒，方便搬用大件物品，同时后排座椅支持四向调节，进一步提升后排乘客舒适性。得益于后排地板纯平的设计，后排乘坐三名成年人也不会觉得拥挤。后排辅助功能也一应俱全，除独立空调、单独出风口、独立控制的拉手灯外，还提供一个 220V 插口及两个 USB 接口，空间、配置在同级别无出其右。

（6）经济性

比亚迪唐 DM 带有含经济模式的 5 种驾驶模式，实测油耗 5.3L/100km，堪比普通中级轿车，家用 220V 充电 5.8h 即可充满，纯电动续驶里程 81km，进一步降低用车成本，是城市通勤的

不二之选。

（7）竞品对比

比亚迪唐 DM 与途观 L 相比最大功率高 170kW，途观 L 采用 1.4T/110kW 发动机，唐 DM 采用 2.0T/141kW 发动机，途观 L 车身尺寸（mm）为 4720×1839×1673，唐 DM 车身尺寸（mm）为 4870×1950×1725，途观 L 百公里加速时间 8.1s，唐 DM 百公里加速时间 5.3s，在参数全面占优的情况下，唐 DM 起步价比途观 L 便宜 85000 元，按每年行驶 20000km 计算，85000 元相当于唐 DM 汽车约 10 年的燃油费用。

复习题

1. 判断题

（1）顾客真正购买的是产品所带给他的利益。　　　　　　　　　　　　（　　）

（2）在进行产品介绍时，必要时可以使用道具帮助客户加深对产品的了解。（　　）

（3）销售顾问只要把所介绍车型的 FAB 话术背熟就可以，对于任何顾客都可以应用。　　　　　　　　　　　　　　　　　　　　　　　　　　　　　（　　）

（4）FABE 介绍法是 FAB 介绍法的扩展应用，F 是指产品特性和功效。（　　）

2. 单项选择题

（1）FAB 介绍法中 B 是指（　　）。

　　A. 产品带给客户的利益　　　　　　B. 产品优势

　　C. 产品特性　　　　　　　　　　　D. 客户需求

（2）销售顾问要运用 FABE 介绍法进行产品介绍，并得到客户的认同，最重要的是要了解（　　）。

　　A. 车型配置　　B. 客户需求　　C. 销售政策　　D. 品牌文化

（3）销售人员销售车辆时，试图影响客户的应该是（　　）。

　　A. 购车用途　　B. 需求　　C. 购买兴趣　　D. 最后判断结果

3. 多项选择题

（1）让顾客产生真正好感的技巧有（　　）。

　　A. 了解客户的心理　　B. 善于推销自己　　C. 不断说好话　　D. 经常发微信

（2）收入水平低的人们购买商品时所考虑的是（　　）。

　　A. 质价相称　　B. 实惠　　C. 经济　　D. 节油

（3）决定汽车外形的主要因素有（　　）。

　　A. 机械工程学因素　　　　　　　　B. 人机工程学因素

　　C. 空气动力学因素　　　　　　　　D. 道路摩擦力学因素

任务二　六方位介绍法

🔸 情境导入

销售顾问周丽初次接待龚女士之后，龚女士又看了几种不同品牌的车。这天，周丽再次约了客户龚女士上午10点来展厅，这次陪龚女士来展厅的是她的爱人，想更全面地了解车辆信息，周丽应该如何为客户展示车辆，让客户有更强的购车欲望呢？

🔸 任务目标

1. 能描述客户对车辆产品介绍的期望。
2. 能描述六方位介绍法的流程和要点。
3. 能应用六方位介绍法与客户需求相结合进行产品介绍。

一、基本知识

1. 客户对车辆产品介绍的期望

客户购买汽车，实际上是购买车辆带来的利益，因此客户期望销售顾问能够全面介绍车辆的功能及其他特点。客户对车辆产品介绍的期望如下：

① 销售顾问能够确认该车型对于客户需求的满足程度。
② 能够有机会体验并了解产品的价值、经销店的能力及销售顾问的可信度。
③ 销售顾问按照客户的需求来调整产品展示顺序。
④ 销售顾问能够清晰说明产品的功能配置以及与竞品之间的差异。
⑤ 对于客户提出的个性问题能够给予有针对性、有说服力的解释，并给客户提供真诚、客观的建议。
⑥ 更多地了解汽车品牌并体验品牌文化。

2. 六方位介绍法流程

六方位介绍法是指汽车销售人员（销售顾问）在向客户介绍汽车的过程中，围绕汽车的车前方、车侧方、车后方、车后排（后排乘客座）、车前排（驾驶室和前排乘客座）、发动机舱6个方位展示汽车。绕车的顺序有多种，但通常按如图6-2-1所示的顺序介绍。

六方位介绍法由奔驰、丰田、雷克萨斯等汽车品牌率先采用并进一步完善到今天，是一个规范化的汽车产品展示流程，能够将产品的优势与客户的需求相结合，在产品层面上建立客户的信心。作为一名优秀的汽车销

图6-2-1　六方位介绍法的顺序

售顾问，必须熟练掌握六方位介绍法。

在进行六方位绕车介绍前，必须根据标准准备好展车。

（1）车前方

客户在汽车的左前方30°~45°，销售顾问面向客户，左手引导客户参观汽车。这个方位是客户比较感兴趣的地方，也是最有利于看清车辆特征的角度，通常可以在这个位置向客户做产品概述。客户可以仔细地观察汽车的标志、前照灯、前风窗玻璃以及车头的整体设计。每一款车的造型都有它与众不同的地方，如流畅明快的发动机舱盖线条、活泼俏皮的车灯、威武大气的保险杠等。

这个方位介绍的目的是让客户爱上你的车，就以此为始点，注重描述整体品质、造型设计特点，如外部造型特征、车标、车身尺寸、轴距、前风窗玻璃、前刮水器、发动机舱盖、进气格栅、前照灯总成、前雾灯总成、前保险杠等。

在介绍车前方的主要内容时，销售顾问要牢牢抓住外观和设计风格两大特点，突出各部分的亮点内容，让客户体会并参与其中。

以2020款一汽-大众新迈腾为例，车辆前方介绍要点如图6-2-2所示。

图6-2-2　车辆前方介绍要点

新款迈腾整体设计延续一汽-大众一贯的简单造型，但还是有很多细节体现它的新，外观既沉稳大气，又有年轻人喜欢的时尚和个性。新造型的动感上格栅通过镀铬饰条与两侧全LED矩阵式前照灯、新LED日行灯及流水转向灯连为一体，使得前脸显得优雅时尚，第一眼看上去不再古板单调。上下进气格栅的镀铬饰条从视觉效果上看，降低了整车的重心，加上新造型动感下格栅匹配运动风格前雾灯，使整个前脸动感十足。从新款迈腾车辆前方整体效果来看，能同时满足商务人士沉稳大气，以及年轻人动感时尚的追求。

（2）车侧方

客户与销售顾问位于汽车侧面，通常为右侧。注重让客户感受设计特色、优势、空间、侧面造型，介绍安全性、舒适性等性能优势，如轮胎、轮毂、外侧反光镜、门把手、A/B/C柱设计、车身饰条、三角窗、悬架系统或制动系统。

在介绍车侧方的主要内容时，销售顾问要牢牢抓住车侧的造型和高科技配置两大特点，突出各部分的亮点内容，让客户体会并参与其中。

以2020款一汽-大众新迈腾为例，车辆侧方介绍要点如图6-2-3所示。

新款迈腾侧面设计体现高端品牌车型的经典设计元素，一气呵成的车身腰线和底部的饰条平行线，层次分明的腰线，硬朗大气，科技与动感完美结合。贯穿门把手的腰线环绕车身，刚劲有力，无形之中提升整车的气质，显得更加高端大气。

图 6-2-3　车辆侧方介绍要点

A 柱相比于同级别车更窄，在使整车看起来更加时尚灵巧的同时极大地改善视野，减少视线盲区。外后视镜圆润的外形进一步降低风阻系数，也显得大气美观。全新造型的五辐铝合金轮毂，虽然看起来不是那么灵动，但却诠释了运动与强悍。

（3）车后方

销售顾问引领客户站立在距离汽车约 60cm 的地方，从行李舱开始，依次介绍高位制动灯、后风窗加热装置、后组合尾灯、尾气排放、燃油系统。可以突出尾灯和后保险杠，汽车的排放也可以在这里提及。

对于喜欢自驾游的客户，销售顾问一定要打开行李舱，介绍行李舱超大的储物空间，以及自驾游中出现紧急情况可能需要用到的备胎、随车工具、警示牌等随车配置的物品。

在介绍车后方的主要内容时，销售顾问要牢牢抓住外观和智能设计两大特点，突出各部分的亮点内容，让客户体会并参与其中。

以 2020 款一汽 - 大众新迈腾为例，后方介绍要点如图 6-2-4 所示。

图 6-2-4　车辆后方介绍要点

新款迈腾车辆尾部采用辉腾的设计理念，设计层次清晰，整体层次感十足。全新造型的 LED 尾灯及流水转向灯对称和谐，在行驶和制动时以不同的形状展现，醒目时尚。

彰显科技质感。简洁的后保险杠宽大而有安全感！新牌照板造型设计简洁而又不失时尚。双边双出连接式镀铬排气管精致动感，有高端车型的风范。行李舱空间非常宽大且还很深，后排座椅可放倒，能够扩充空间。

（4）车后排

车后排即后排乘客座。销售顾问可以邀请客户进入车内体验，注重描述后排空间、舒适性。

在介绍车内饰的主要内容时，销售顾问要牢牢抓住空间和乘坐舒适性两大特点，突出各部分的亮点内容，让客户体会并参与其中。

以 2020 款一汽-大众新迈腾为例，车辆后排介绍要点如图 6-2-5 所示。

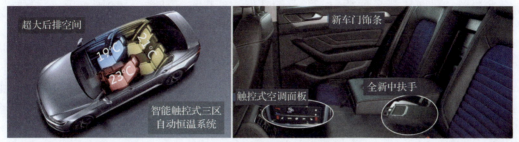

图 6-2-5　车辆后排介绍要点

新款迈腾具有超大的后排空间，如果把前排调到正常位置，后排的人还可以"跷二郎腿"。智能触控式三区自动恒温系统及后座触控式空调面板，让驾驶人、前排乘客、后排乘客可以调节自己合适的温度。全新设计的座椅中扶手和车门饰条，相比豪华车型并不逊色。

（5）车前排

车前排即驾驶室和前排乘客座。这是客户最感兴趣也是最能体现其舒适性和操控性的关键位置。销售顾问介绍时注重描述安全、操控舒适、健康空调、高科技装备、天窗、仪表造型，例如内饰风格、颜色搭配、转向盘局部设计、仪表板设计、前排安全气囊、安全带、内后视镜、中控面板、高科技配备电器系统、变速器、驻车制动装置、储物盒、腿部空间等人性化设计。

经过前面几个方位的介绍，客户已经对汽车具有一定的认识，此时销售顾问应该适时争取客户参与谈话的机会，邀请他们打开车门、触摸车窗、观察轮胎，并邀请他们坐到乘客的位置。在介绍驾驶室的主要内容时，销售顾问要牢牢抓住良好的操控性及智能配置这两大特点展开介绍，突出各部分的亮点内容，让客户体会并参与其中。

以 2020 款一汽-大众新迈腾为例，车辆前排介绍要点如图 6-2-6 所示。

新款迈腾四种颜色的精致内饰，体现出一种沉稳大气的感觉。运动型多功能转向盘，真皮包裹，握感舒服，转向轻盈。全液晶数字仪表、无线充电、语音交互、在线导航、手机 App 控制等功能体现了高科技的应用。

图 6-2-6　车辆前排介绍要点

（6）发动机舱

发动机是汽车最重要的配置，是整辆车的核心。销售顾问打开发动机舱后，向客户介绍发动机及机舱内的其他系统。介绍时应包括发动机舱盖设计（外观、开启位置、开启方式、隔热隔声护板）、发动机舱布局、发动机技术、变速器技术、制动系统、空气滤清器、散热器、铭牌及注意事项等的讲解。

在介绍发动机时，势必牵涉一些专业的数据，如排量、油耗、碰撞吸能区、发动机管理系统、ABS（制动防抱死系统）等。销售顾问可以根据客户类型分别对待，对于一些中老年客户，或者一些对汽车并不是很了解的客户，只需简单向他们说明发动机的原产地、油耗等基本资料。当遇到一些汽车发烧友，或者年轻客户时，则需要在征询他们同意之后，引领客户站在车头前缘偏右侧，打开发动机舱盖，依次向他们详细介绍发动机舱盖的吸能性、降噪性、发动机布置形式、防护底板、发动机技术特点、发动机信号控制系统以及发动机的基本参数，包括发动机缸数、气缸的排列形式、气门、排量、最高输出功率、最大转矩等。

绕车走一圈，看似简单，其实却大有学问，很能考验销售顾问的推销技术，但只要在大体上遵循以上6点，必能给客户留下深刻的印象。

以2020款一汽-大众新迈腾为例，发动机舱介绍要点如图6-2-7所示。

图 6-2-7　车辆发动机舱介绍要点

新款迈腾分别有1.4T和2.0T涡轮增压发动机供选择。大众汽车多款畅销车型共同配置的第三代EA888 2.0TSI发动机，采用先进的燃油直喷及涡轮增压技术，最大功率162kW，峰值转矩350N·m，参数较上代车型有所提高。发动机动力充沛，轻轻一点油门（加速踏板）便感应到动力源源不断，高速行驶平稳，低速行驶平顺。

新款迈腾配置的变速器均是大众汽车7档的DQ381双离合变速器。在整体的平台技术基础上升级打造而来的全新一代DQ381变速器，在传动效率上要更加高，相比上一代DQ380变速器排放降低了9g/km，经济性也要相对优秀一点。在确保燃油经济性的同时，相比DQ380变速器，DQ381变速器是以效率提升、快速响应、低排放、轻量化等为目标进行了一系列的改动。

二、拓展知识

比亚迪唐混合动力汽车六方位绕车介绍要点

（1）车前方

比亚迪唐混合动力汽车车辆前方介绍要点如图6-2-8所示。

比亚迪唐混合动力汽车的前方，由奥迪前设计师艾格打造，巧妙融入了中国龙的设计元素，呈现出东方龙颜的底蕴与霸气。仔细品味，你会发现唐的前脸尽显蛟龙风范。而销售顾问要如何带领客户体验这种设计之美呢？销售顾问可以从"唐"标志中心散发出的龙须谈到大尺寸的龙嘴格栅、再到龙眼造型的LED线性交互前照灯，从各部件与众不同的造型与功能向客户展示龙脸造型的大美设计，让客户体会方寸之间尽显面差控制的工匠精神，大境天成。

图6-2-8　比亚迪唐混合动力汽车车辆前方介绍要点

（2）车侧方

比亚迪唐混合动力汽车车辆侧方介绍要点如图6-2-9所示。

图6-2-9　比亚迪唐混合动力汽车车辆侧方介绍要点

比亚迪唐混合动力汽车的侧方，延续了龙元素的设计理念。没有高大威武的车身，取而代之的是更加流畅修长的身形，更像是一条跃跃欲试的蛟龙。销售顾问要如何带领客户体验这种美呢？首先，行云流水转向灯尽显与众不同，视觉冲击明显，给行人及车辆更好的转向提示，红色线条的装饰使车侧造型一气呵成，大尺寸的运动轮胎就像龙爪一样，抓地力极强，一体成型的高强度激光焊接的车门提升了整车的安全系数。比亚迪唐制动系统的卓越之处，在于采用了六活塞制动系统，前后都搭载打孔式通风盘的制动器，大大缩短了制动距离，提升了制动效果。

（3）车后方

比亚迪唐混合动力汽车车辆正后方介绍要点如图6-2-10所示。

比亚迪唐混合动力汽车的正后方，延续了车前方龙脸的设计风格，可与百万级豪车相媲美。那么销售顾问要如何引导客户体验这种设计之美呢？销售顾问可以从LED无缝贯穿式的后尾灯谈起，再到辨识度极高的行云流水转向灯，一体成型，与前脸相得益彰，最后销售顾

图 6-2-10 比亚迪唐混合动力汽车车辆正后方介绍要点

问向客户展示宽大的行李舱及智能开启功能。以比亚迪唐尾部智能开启行李舱为例,销售顾问在讲解示范完成后,要引导客户自己操作感受,让客户想象日常生活中。比如从超市购物出来,大包小包,东西很多,这时不需要放下物品,只需在行李舱下方轻轻扫腿,行李舱盖就会自动打开。而较低的开口、宽大的容积,可以满足客户的各种需求。如出外旅行的帐篷、孩子的自行车、体育锻炼的器械,放进去都没有问题。不仅让客户体会产品的功能,更让客户体会产品的温度与情怀。

(4)车后排

比亚迪唐混合动力汽车车辆后排介绍要点如图 6-2-11 所示。

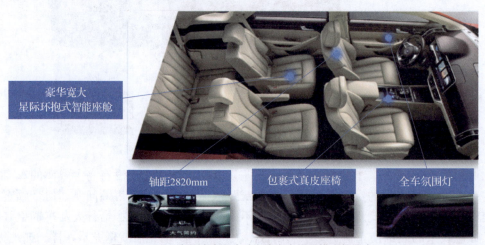

图 6-2-11 比亚迪唐混合动力汽车车辆后排介绍要点

比亚迪唐混合动力汽车的内饰,最典型的特点就是豪华宽大。星际环抱式智能座舱提升了整车品质,2820mm 的轴距造就了唐宽大舒适的空间,包裹式的真皮座椅完全符合人体工程学,色彩的巧妙构思以及全车氛围灯带来了独特的感受。而销售顾问如何让客户感受这种舒适性呢?以比亚迪唐车内空间为例,销售顾问在介绍过程中不仅要把握唐车内空间的大小,而且还要掌握其竞争品牌的情况。要学会解决客户的疑虑、回答客户的问题。比如:客户经常会问到,为什么你们的空间比其他同级车的空间大?销售顾问应该快速地回答出是汽车超长的轴距造就了宽大的空间。销售顾问也可以将比亚迪唐与传统燃油车(比如途观 L)进行对比。途观 L 的轴距是 2791mm，客户已经觉得非常不错了，但是唐的轴距是 2820mm，明显更胜一筹。

（5）车前排

比亚迪唐混合动力汽车车辆前排介绍要点如图 6-2-12 所示。

图 6-2-12　比亚迪唐混合动力汽车车辆前排介绍要点

客户进入比亚迪唐混合动力汽车驾驶室之后，销售顾问可以跟随客户的感受逐一展开介绍。基本按照从客户身下的多功能通风真皮座椅，到客户眼前的液晶组合仪表，再到四向电动调节的多功能转向盘。然后讲解驾驶室右方的功能和配置。此时，中控台的智能网联设备、左右双驱独立控制恒温空调、全景式天窗、DCT 双离合变速器等都是在驾驶室介绍中需要呈现的亮点，边操作边讲解，并不忘让客户参与。比如客户想要了解当下最时尚的智能网联控制系统时，销售顾问应立即接通电源，给客户耐心展示：自适应旋转悬浮 Pad、智能语音交互系统、智能语音控制系统，包括控制导航、音视频播放、电话通信、空调开闭、天窗开启等一系列智能科技，让客户亲自体验高科技带来的从容与享受。

（6）发动机舱

比亚迪唐混合动力汽车的发动机舱介绍要点如图 6-2-13 所示。

图 6-2-13　比亚迪唐混合动力汽车发动机舱介绍要点

在介绍过程中，销售顾问要牢牢抓住比亚迪唐汽车三擎双模的动力组成展开介绍。三擎是指发动机由三部分组成：传统燃油发动机 + 前后桥上的双电机。双模式主要指纯电动行驶模式和混合动力行驶模式。向客户展示正是由于 2.0 涡轮增压发动机 +2 个电机再搭载 6 档双离合变速器这种形式才造就了唐优越的动力性和良好的经济性。在具体介绍 2.0 涡轮增压发动机时，销售顾问可以先介绍发动机采用的新材料、新工艺，再介绍具体的动力性和经济性的指标和参数。在介绍双电机时，销售顾问首先介绍唐采用的是交流永磁同步电机，性价比极高，响应速度快、免维护、运行稳定；电机的布置采用了前后桥各布置一个电机的形式，成就了唐能够四轮驱动的超强动力。需要让客户明白，四轮驱动往往是百万级SUV才有的配置。

➡ 复习题

1. 判断题

（1）销售顾问在介绍产品前，首先要确认该车型对于客户需求的满足程度。（　　）

（2）在六方位介绍时，销售顾问要严格按照前方—侧方—后方—后排—驾驶舱—发动机舱的顺序介绍。（　　）

（3）客户期望自己提出的问题能够得到有针对性、有说服力的解释，并希望销售顾问能给客户提供真诚、客观的建议。（　　）

（4）在六方位介绍中，不仅要给客户介绍产品性能，而且要更多地增加客户体验，如鼓励客户自行触摸内饰、操作中控屏、调节座椅等。（　　）

2. 单项选择题

（1）六方位介绍时，销售顾问要将重点放在（　　）。
　　A. 品牌特色　　　　　　　　　　B. 产品的卖点
　　C. 与竞品比较的优势　　　　　　D. 客户的关注点

（2）制动性能除了在试乘试驾中让客户体验感受外，在展车六方位中（　　）方位介绍更合适。
　　A. 左前方　　　B. 车侧面　　　C. 后排　　　D. 驾驶室

（3）针对对舒适度要求较高，且喜欢经常出游的客户，以下哪项功能不是销售顾问介绍的要点（　　）。
　　A. 高级环绕音响　　　　　　　　B. 后排可调魔术座椅
　　C. 自动泊车　　　　　　　　　　D. 智能车载导航信息娱乐系统

3. 多项选择题

（1）女性顾客购车动机的特点是（　　）。
　　A. 感情色彩浓　　　　　　　　　B. 动机形成迅速、果断
　　C. 受外界影响大　　　　　　　　D. 主动性强

（2）在进行车辆后排介绍时，重点介绍（　　）。
　　A. 车辆加速性能　　B. 天窗　　C. 后排空间　　D. 座椅舒适性

（3）在介绍车前方的主要内容时，销售顾问要牢牢抓住（　　）和（　　）两大特点。
　　A. 外观　　　B. 设计风格　　C. 加速性能　　D. 安全性能

学习情境七
试乘试驾

试乘试驾是客户了解汽车行驶性能和操控性能的重要途径，也是销售顾问和客户沟通的绝佳机会，通过试乘试驾切身的感性体验，提高客户对销售顾问服务态度和能力的认可，增强客户对品牌的信任，建立客户对产品的信心，激发客户的购买欲望，同时销售顾问可收集更多的客户信息，便于促进销售。

本情境主要学习试乘试驾的流程和要点，分为两个工作任务：任务一试乘试驾准备，任务二试乘试驾流程。通过本情境的学习，你能够掌握试乘试驾的流程与要点。

任务一　试乘试驾准备

➡ 情境导入

客户吴先生来到一汽－大众4S店了解新迈腾车型，销售顾问周丽为其详细介绍该款车型的各种性能，吴先生比较喜欢且特别关注车辆的动力性、制动性、操控性。为了让吴先生真正体验车辆的性能，增强其购买信心，销售顾问周丽邀约吴先生进行试乘试驾，客户是否满意，只有试驾完成后才能知道。

➡ 任务目标

1. 能描述试乘试驾的目的。
2. 能完成试乘试驾准备工作。

一、基本知识

1. 试乘试驾的目的

试乘试驾包括客户试乘与试驾两部分。试乘是指由经销商指定的人员来驾驶指定车辆供客户乘坐的过程，主要让客户体验作为乘客的感受。试驾是指客户在经销商指定人员的陪同下，沿着指定的试车路线驾驶指定的车辆，从而了解这款汽车的行驶性能和操控性能，主要让客户体验作为驾驶人的感受。

2. 试乘试驾准备工作

销售顾问在试乘试驾前做好准备工作的目的在于：建立专业服务形象，体现专业服务水平，取得客户的信任；按照试乘试驾流程，利用各项工具，通过客户的亲身体验，建立客户对车辆的信心，激发客户的购买欲望。除了销售顾问自我准备（职业形象及产品知识等）外，试乘试驾还需要做好以下的准备工作。

（1）车辆准备

在试乘试驾前，销售顾问要全面掌握车型的配置、性能、技术参数、车辆优势及卖点等信息，并随时解答客户提出的问题，消除客户的疑虑，提高客户的信任度；依据试乘试驾时间和路程分段，分别设计体验车辆的不同性能，并做详细互动沟通，提高客户的认同感。如果对车型知识准备不充分，会影响客户对于销售顾问的信任度，对后期的销售推进产生不利影响。

试乘试驾是客户了解汽车行驶性能和操控性能的重要途径，也是经销商推销产品和服务的最好时机。因此，需要对试驾车进行精心准备，将各个细节都清洁整理到位，以更好的形象迎接客户。

车辆管理员每天上班要检查车辆，并注意以下要点：

1）发动机、变速器、制动系统、音响、空调、刮水器、轮胎等系统是否正常。如发现问题要及时进行调整和维修，确保车辆处于最佳状态。

2）转向盘调整至原来出厂设定位置，座椅调整至标准位置，驾驶座与前排乘客座椅位置与椅背角度须对齐一致。

3）检查油量，确保油箱内至少有 1/2 箱燃油。

4）车辆时钟与音响应预先设定，设定时选择常用且收讯清晰的电台，并准备 3~4 组不同风格的音乐光盘，以便适时向客户演示。

5）车内有脚垫，并保持清洁。

6）车辆贴上试乘试驾标志。

7）车辆行驶证、车辆保险单等准备齐全。

8）车内不能放置私人物品。

如图 7-1-1 所示是试乘试驾车辆，图 7-1-2 是销售顾问检查试乘试驾车辆的情形。

试乘试驾准备

图 7-1-1 试乘试驾车

图 7-1-2 试乘试驾车辆检查

表 7-1-1 是试乘试驾车辆检查表样例，由试乘试驾车辆管理员填写。

表 7-1-1 试乘试驾车辆检查表

试乘试驾车况表（车牌号：车型）

日期	车辆清洁				车况检查											展厅经理签字
	清洁时间	清洁人	时间	负责人签字	时间	负责人签字	检测项目（正常画"√"，不正常则描述并记录处理结果）									
							玻璃升降器	灯光	刮水器	电动座椅调节	空调	音响系统	导航	仪表故障灯	杂物箱	
1																
2																
3																
4																
5																
6																
7																

（续）

日期	车辆清洁					车况检查									展厅经理签字
	清洁时间	清洁人	时间	负责人签字	时间	负责人签字	检测项目（正常画"√"，不正常则描述并记录处理结果）								
							玻璃升降器	灯光	刮水器	电动座椅调节	空调	音响系统	导航	仪表故障灯	杂物箱	
8																
9																
10																
11																
12																
13																
14																
15																
16																
17																
18																
19																
20																
	保养时间				公里数					负责人签字						
														20 年（ ）月（ ）日		

（2）销售文件夹准备

为了便于服务客户，销售顾问在试乘试驾前都要对销售文件夹进行整理，确认其中的文件、工具准备齐全。试乘试驾文件，包括试乘试驾协议书、试乘试驾线路图（缩印）、试乘试驾意见反馈表等。

目前，有一些高档品牌的汽车4S店要求汽车销售顾问用iPad等装有视频和公司销售软件的先进设备进行客户接待服务。如图7-1-3所示是某汽车体验店的销售顾问在给客户通过计算机大屏幕展示试驾车的基本情况和试驾路线。

（3）试驾专员准备

经销商指定接待客户的销售顾问或者专门的试驾员，必须具有相关车型驾驶资格，配合完成试乘试驾整个过程。

图7-1-3　销售顾问利用计算机展示试驾路线

（4）客户证件准备

为了保证试乘试驾的安全，必须严格执行试乘试驾的相关规定。客户必须持有准驾相应车型的机动车驾驶证。驾驶自动档7座及以下乘用车需持C2级以上的机动车驾驶证，并签订"试乘试驾协议书"才能进行试乘试驾。

试乘试驾协议书（样例）

一汽-大众特许经销店名称：
试驾车型：＿＿＿＿＿＿＿
本人于　　年　月　日在一汽-大众特许经销店自愿参加＿＿＿＿＿＿车型的试驾活动，特作以下陈述与声明：

1. 本人保证在试驾过程中严格遵守交通法规以及本次试驾活动要求。
2. 服从经销店和试驾专员的指挥和安排，安全、文明驾驶。
3. 如因本人违背上述声明或者非所驾车辆之瑕疵的其他原因：

①给本人或者他人造成了人身伤害或损失。
②给所试驾车辆造成了损失。
③给其他车辆或者道路、场地等设施造成损失，超出保险公司赔付的部分皆由本人承担全部责任，与经销店无关。

试驾人已阅读并理解了以上内容。

驾照复印位置
（使用时，先将驾照放在此位置复印后填写）

驾驶注意事项：
1. 试驾前调整好座椅、转向盘及后视镜，并系好安全带。
2. 按事先确定的路线进行试驾；严格遵守驾驶规则和要求，安全文明驾驶。
3. 试驾中服从试驾专员的指挥和安排，禁止危险的驾驶动作。

试驾人签字：　　　　年　月　日
驾驶证号码：　　　　联系电话：

（5）试乘试驾路线图

试乘试驾路线设计需要在有变化的路段进行，能够满足车辆加速性能、制动性能和转向性能等要求，并能充分展示车辆性能与特色。试乘试驾路线图应摆放在展厅，销售顾问提前熟悉试驾路线路况，确保路况畅通。在试乘试驾的途中有一处合适的地点可以安全地更换驾驶人。

一般试乘试驾的时间为 15~20min，路程约 10~15km，销售顾问在试乘试驾前应向客户进行路线说明。依据时间和路程，分别体验车辆的不同性能，保证满足客户试驾体验需求。

二、拓展知识

新能源汽车的启动与操控

新能源汽车，特别是纯电动汽车的启动和操控与传统汽车有区别，如果涉及新能源汽车的销售，销售顾问必须掌握新能源汽车的启动和操控方法。以下介绍纯电动汽车启动与操控方法。

（1）启动方法

绝大多数的纯电动汽车采用智能钥匙启动。启动时，钥匙应在车内，按下"POWER"或"START"启动开关，可启动车辆（即"上电"）。启动后，"OK"或"READY"灯点亮。图 7-1-4 所示是比亚迪 e5 的启动开关与 OK 指示灯，图 7-1-5 所示是帝豪 EV300 的启动开关与"READY"指示灯。

图 7-1-4　比亚迪 e5 启动开关与 OK 指示灯

图 7-1-5　帝豪 EV300 启动开关与"READY"指示灯

启动车辆前，一定要遵循车辆已挂入 P 位、制动踏板被完全踩下的要求。

注意：纯电动汽车在启动车辆时，不像传统内燃机汽车那样有运转的振动和声音。确认车辆是否已经处于启动状态的主要依据是仪表中的"READY"或"OK"指示灯是否点亮。在"READY"或"OK"指示灯点亮前提下，将变速杆从 P 位移出前务必确认车辆运行方向没有行人和障碍物。

> ⚠ 提示：
>
> 在下列情况下，电机将不能启动：
>
> 按下启动开关时，如果智能钥匙系统钥匙位置指示灯 ⊡ 点亮或者组合仪表信息显示屏显示"未检测到钥匙"，并伴随车辆蜂鸣器鸣叫，则表明智能钥匙不在车内。如果智能钥匙的电池电量可能耗尽，需要按照用户手册要求，将钥匙放到指定的备用启动位置。

驾驶纯电动汽车时，在车辆行驶中不要操作一键启动开关，否则有可能导致车辆紧急下电，车辆失去动力，电动转向助力关闭方向变沉，制动真空泵无法工作不能持续提供制动真空等，影响车辆行驶安全。对于市场上部分使用机械钥匙点火开关的车型，行驶过程中关闭点火开关甚至还会导致方向锁啮合，不能转向。

大多数纯电动汽车可以按照以下说明操作，接通电路并启动车辆进入行驶准备就绪状态（READY 状态）。以帝豪 EV300 纯电动汽车为例，如图 7-1-6 所示，一键启动开关可以操作车辆处于以下 4 种状态中的一种：

OFF 状态		B+通电
ACC 状态		B+、ACC通电
ON 状态		B+、ACC、IG1/IG2通电
READY 状态		B+、IG1/IG2通电

图 7-1-6　车辆电源状态（帝豪 EV300）

1）OFF 状态：未操作一键启动开关时，一键启动开关 LED 指示灯保持熄灭状态。此时，车辆处于 OFF 关闭状态，全车只有常电电源接通，点火电源 IGN1、IGN2 及 ACC 电源断电。此状态下，车辆大多数电路不能工作。

2）ACC 状态：按下一次一键启动开关，一键启动开关 LED 指示灯点亮，灯光显示为橙色。此时，车辆处于 ACC 状态，全车常电电源和 ACC 附件电源接通，点火电源 IGN1、IGN2 依然断电。此状态下，个别附件电器可以工作。

3）ON 状态：系统处于 ACC 状态时，再按下一次一键启动开关，一键启动开关 LED 指示灯保持点亮，灯光显示同样为橙色，同时组合仪表背光亮起。此时，车辆处于 ON 状态，全车常电电源、ACC 电源及点火电源 IGN1、IGN2 均接通。此状态下，所有的仪表信息、警告灯和低压电路可以工作。

4）READY 状态：系统处于 ON 状态时，踩下制动踏板，此时一键启动开关 LED 指示灯灯光显示由橙色变为绿色，再按下一键启动开关，车辆进入 READY 状态，全车常电电源、ACC 电源及点火电源 IGN1、IGN2 均接通，同时车辆处于启动运行状态。此状态下，车辆高压系统正常上电，组合仪表上的绿色 READY 指示灯会亮起，提示车辆已经处于启动运行准备就绪状态。

（2）档位介绍

纯电动汽车一般采用单级减速传动机构，行驶过程中通过控制电机转速调节车速，无需传统变速机构进行速比变化的变速控制。一般纯电动汽车的变速杆有 R、N、D 3 个档位控制车辆的行驶驱动状态，部分车型具备 P 位（驻车位）。

> ⚠ 提示：
> 有些车型在监测到高压系统故障时，变速杆不能换入 D 位和 R 位。

如图 7-1-7 所示，吉利帝豪 EV300 新能源汽车的电子变速杆有 4 个位置：

图 7-1-7　帝豪 EV300 电子变速杆

1)"P"位（驻车位）

车辆驻车时，挂入此档位。挂入"P"位之前，请务必确保汽车已完全停下来，通过按下电子变速杆上方"P"位按钮挂入此档位。

在"P"位状态下，车辆电机驱动系统停止工作，电机不会输出动力，同时减速器上的"P"位电机工作，驱动锁止机构固定减速器输出齿轮，使车辆锁定不能移动。

车辆处于"P"位时电子变速杆上"P"位指示灯点亮，同时仪表会显示车辆处于"P"位状态。

2)"R"位（倒车位）

倒车时挂入此档位。挂入"R"位之前，请务必确保汽车已完全停下来。从"P"位或"N"位挂入"R"位时，必须确保车辆处于READY状态，踩下制动踏板，同时往前方推动一下电子变速杆挂入此档位。

在"R"位状态下，车辆电机驱动系统进入工作状态，电机按照车辆倒退方向输出动力，同时根据驾驶人操纵加速踏板和车辆负荷等信息控制电机转速和转矩。

3)"N"位（空位）

车辆从运行状态停止时，挂入此档位。从"R"位挂入"N"位时，必须踩下制动踏板，同时往后方拉动一下电子变速杆挂入此档位。从"D"位挂入"N"位时，必须踩下制动踏板，同时往前方推动一下电子变速杆挂入此档位。若需将变速杆从"N"位挂至其他档位，必须先踩下制动踏板，同时操作电子变速杆。

在"N"位状态下，车辆电机驱动系统停止工作，电机不会输出动力，但车辆减速器没有锁定，车辆可以被移动（需要人工推车或被拖车拖动时挂入此档位）。

4)"D"位（前进位）

正常向前行驶时挂入此档位。挂入"R"位之前，请务必确保汽车已完全停下来。从"P"位或"N"位挂入"D"位时，必须确保车辆处于READY状态，踩下制动踏板，同时往后方拉动一下电子变速杆挂入此档位。

在"D"位状态下，车辆电机驱动系统进入工作状态，电机按照车辆前进方向输出动力，同时根据驾驶人操纵加速踏板和车辆负荷等信息控制电机转速和转矩。

（3）车辆动力模式切换操作

以帝豪EV300车型为例，车辆动力模式可以在节能（ECO模式）和运动（SPORT模式）间切换。在ECO模式下，车辆动力输出比较"温和"，以达到节能、环保、舒适的目的，而在SPORT模式下，车辆动力输出响应快速、强劲。

车辆默认动力模式为ECO模式，通过电子变速杆旁边的运动模式按钮可以进行动力模式的切换。在ECO模式下，按一下运动模式按钮，车辆切换成SPORT模式，同时仪表背光变成红色，行驶模式显示为SPORT。在SPORT模式下，再次按一下运动模式按钮，可以切换回ECO模式。帝豪EV300运动模式切换按钮和运动模式仪表显示如图7-1-8所示。

（4）车辆能量回收强度设置

一般的新能源汽车都具有能量回收功能，在车辆滑行减速和制动时通过反带电机运转发电实现能量回收，同时给车辆施加一个能量回收产生的制动力。该功能可以增加车辆的续驶里程和减少制动片的磨损，但是能量回收的作用使得车辆在滑行减速时有拖拽感，同时也减少滑行距离。在制动时，一般纯电动车型能量回收的制动力是在制动系统制动的基础上以叠加方式介入，而且随着车速降低能量回收产生的制动力减弱，一定程度上增加了驾驶人对车辆制动力精准控制的难度。因此，新能源汽车能量回收的强度可以由驾驶人自行设置，以满足驾驶人对车辆减速和制动时特性的不同需求。

图 7-1-8　帝豪 EV300 运动模式切换按钮和运动模式仪表显示

以帝豪 EV300 纯电动汽车为例，能量回收强度通过中控屏幕相应设置菜单进行设置，能量回收强度设置菜单如图 7-1-9 所示，能量回收强度设置界面如图 7-1-10 所示。

图 7-1-9　帝豪 EV300 能量回收强度设置菜单　　　图 7-1-10　帝豪 EV300 能量回收强度设置界面

（5）电器操控

纯电动汽车的电器操控与传统的燃油汽车基本相同。如图 7-1-11 所示是帝豪 EV300 纯电动汽车的空调操作面板，与传统车辆基本相同。

图 7-1-11　帝豪 EV300 纯电动汽车的空调操作面板

复习题

1. 判断题

（1）客户表示有驾驶证，但忘记带了，为了促进成交，可以让客户先试驾。（　　）

（2）客户带小孩来，因展厅客户较多，没有销售顾问代为照看小孩，小孩可以一起进行试乘试驾。（　　）

（3）试乘试驾前，销售顾问要联系试驾专员，认真进行车辆检查。（　　）

（4）试乘试驾前，客户需签署试乘试驾协议书。（　　）

2. 单项选择题

（1）试乘试驾的作用是在客户了解汽车的行驶性能和操控性能的同时，让客户（　　）。
　　A. 增强驾驶体验　　　　　　　　B. 了解加速性能
　　C. 了解制动性能　　　　　　　　D. 下单购车

（2）试驾时速一般不超过（　　）km/h。
　　A. 60　　　　B. 80　　　　C. 100　　　　D. 120

（3）一般试乘试驾的时间为（　　）min 左右。
　　A. 10　　　　B. 20　　　　C. 30　　　　D. 40

3. 多项选择题

（1）试乘试驾前需要做的准备工作包括（　　）。
　　A. 客户资料准备　　　　　　　　B. 试驾车准备
　　C. 销售文件夹准备　　　　　　　D. 试驾专员准备

（2）试乘试驾前，需要的文件资料包括（　　）。
　　A. 试乘试驾协议书　　　　　　　B. 试乘试驾线路图（缩印）
　　C. 试乘试驾意见反馈表　　　　　D. 顾客的身份证和驾驶证

（3）试乘试驾的目的是（　　）。
　　A. 建立客户对车辆的信心　　　　B. 激发客户的购买欲望
　　C. 了解汽车性能　　　　　　　　D. 学习汽车驾驶

任务二　试乘试驾流程

📩 情境导入

客户吴先生特别关注车辆的动力性、制动性、转向性等性能。销售顾问周丽邀约吴先生参加新迈腾试乘试驾活动。基于前期准备工作,周丽与客户吴先生签订了试乘试驾协议书,并告知了相关安全事项,解释说明了试乘试驾的路线及流程要求。在销售顾问周丽的陪同下,吴先生完成自己的试驾之旅,感受了真实的试驾体验。

📩 任务目标

1. 能描述试乘试驾的流程。
2. 能完成试乘试驾整个过程。
3. 能解答客户对试乘试驾结果的疑问。

一、基本知识

1. 试乘试驾流程及各环节步骤

试乘试驾在汽车销售整个过程中相当重要,首先应做好试乘试驾车辆准备,然后给客户做产品介绍,先由销售人员或试乘试驾专员驾驶,然后由客户亲自驾驶,感受和确认此车的相关性能。在执行试乘试驾流程时,一定要让客户参与和确认。试乘试驾的流程可以分为三部分:

① 试乘试驾准备。
② 试乘试驾。
③ 试乘试驾后与客户的沟通及反馈。

试乘试驾流程及各环节步骤如图 7-2-1 所示。

> 试乘试驾流程要点

2. 试乘试驾流程

(1) 试乘试驾准备

客户签订试乘试驾协议书后,销售顾问要先告知客户相关安全事项,依据客户的试驾体验点选择试乘试驾的路线,并讲解试乘试驾路线的路况。一般试乘试驾的时间在 15~20min,路程为 10~15km。

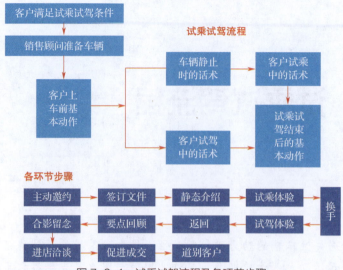

图 7-2-1 试乘试驾流程及各环节步骤

试乘前,销售顾问与客户沟通的参考话术如下:

1)引导客户上车前,给客户静态介绍试乘试驾车(图 7-2-2)。

话术:"这是一汽-大众 2020 款新迈腾的 2.0T 排量轿车。"

2)为客户开门,请客户上车时,销售顾问要注意执行规范礼仪。

3)客户上车后,要帮客户调整座椅,提醒客户系好安全带。

话术:"我先帮您调整好座椅。您看这样舒服吗?"

4)出发前,介绍本次试乘试驾车内各项配置的使用,介绍试乘试驾路线。

图 7-2-2 静态介绍试乘试驾车

话术 1:"您看一下整个驾驶舱,我们的仪表设计是很大的亮点,仪表板向右延伸出去,形成了双舱的设计风格,给您带来了很强的时尚和年轻、运动气息!"

话术 2:"您看,这个按钮是迈腾的启动键,我们的车子是不用钥匙启动的,这也免去了您在晚上开车时,需要寻找钥匙插孔的麻烦。这个配置出现在这个级别的车上,也算是超值的配备了。"

话术 3:"您看,这是我们专为新迈腾设计的路线,您一会儿试驾的时候,可以在这个路段直线加速,感受一下车辆的动力性,而在下一个转弯路段,则可以感受一下车辆的操控性。"

(2)安全驾驶讲解

安全驾驶讲解要点如下:

1)调整座椅角度,驾驶人手部、腿部空间调整及其重要性。

2)正确的转向盘 3 点—9 点式握法讲解。

3)"三不要"——不要猛踩油门(加速踏板),不要突然制动,不要猛打转向盘。

4)变道、转向要提前打转向灯,注意避让道路突发情况。

5)与前方车辆保持安全距离。

6)不做与驾驶无关的动作或事情。

（3）试乘中沟通话术

试乘中，销售顾问与客户沟通的参考话术如下：

1）询问客户喜欢什么风格的音乐，插入 CD，将音响打开。

话术："迈腾的音响音质优美，车内听音乐的效果很好。迈腾具有良好降噪效果，发动机的声音被有效阻隔（同时演示 U 盘播放功能）。"

2）根据不同天气情况，打开空调。

话术："迈腾采用的是一款经典的发动机，在打开空调时，不会对发动机的动力有任何影响，确保澎湃动力的持续输出。"

3）试驾路线讲解

话术："您看这是我们专为迈腾设计的路线，您一会儿试驾的时候，可以在这个路段直线加速，感受一下车辆的动力性，而在下一个转弯路段，则可以感受一下车辆的操控性。"

4）车辆平稳起步

话术："只要轻踩油门（加速踏板），就能平稳地起步，这得益于迈腾车低转速、高转矩的发动机设计，即使在拥挤的城市道路中行驶，也可享受轻松驾驶的乐趣。"

5）低速行驶（提高路人回头率）

话术："作为一款全球瞩目的产品，您有没有发现，很多人都对您投来了羡慕的目光。"

6）直线加速

话术："迈腾车系偏向运动型的底盘，使得车辆直线加速行驶非常给力，弯道循迹功能也非常精准，无论在什么路线行驶，都能给您带来舒适掌控的信心。"

7）弯道行驶

话术："您觉得这款车的弯道循迹功能非常精准吧，给您带来舒适掌控的信心，非常自如，随心所欲。"

8）高速行驶（强调加速踏板的响应性）

话术："加速踏板响应很灵敏，动力随叫随到，轻轻踩加速踏板，速度就提起来了……（开始运用动力介绍话术）"

9）减速及制动停车时，车身很稳定，无抖动和异常响声。

话术："制动时的转向盘和制动踏板都很自如，没有让人有别扭的感觉，车身也没有抖动"。

> ⚠ 提示：
> 在客户试乘环节，结合驾驶为客户进行卖点讲解，加深客户对车辆配置的印象和感受，消除客户的疑虑。

（4）换手：客户由试乘变为试驾

换手阶段是客户即将真正体验驾控乐趣的开始，建议销售顾问可利用话术提示客户，再次带给客户冲击性。

话术："通过刚才的试乘，相信您对车辆有了一定的了解，下面就由您来亲自掌控这辆车，相信它的表现一定会给您带来全新的驾驶体验。"

1）换人试驾时，一定要将车辆停靠在设定的安全地带，并开启双闪灯。

2）一定要熄火拉驻车制动手柄，带着钥匙下车，并注意上下车安全。

3）客户就座后，提示客户调节好座椅、转向盘、后视镜，确认客户坐姿舒适并系好安全带，待客户进入驾驶位置后，销售顾问把车钥匙亲手交给客户。

话术："我来帮您调整一下座椅、转向盘和后视镜。因为一款讲究操控性能的车，舒适、正确的驾驶姿势很重要。您看这样合适吗？"

4）再次提醒试驾路线及行车安全注意事项

话术："接下来，您将亲自驾驶我们的迈腾车，虽然这是一款讲究操控性的好车，但是为了您的安全，还是建议您适当控制车速，注意交通安全。我也会依据试驾路线路段情况提醒您安全驾驶。"

5）引导客户熟悉车内常用操作按键。

（5）试驾

试驾时，必须提示指引路线，让客户专心驾驶，及时提醒客户注意安全。

试驾时，销售顾问与客户沟通的参考话术和要点如下：

1）开启车窗，车辆起步（让客户感受平稳起步、轻松的转向）

话术："迈腾车系配备了电子助力转向和车身驱动力控制系统，您看起步很平稳，转向是不是很轻松？而且方向感很清晰？"

2）直线行驶（让客户感受发动机的平稳运转）

话术："您觉得在直线行驶时，发动机的运转是不是很平稳？降噪效果在中级车中还不错？"

3）加速（感受加速性能）

话术："您轻轻踩一下油门（加速踏板），发动机嗡一声，转速就上去了，您刚才听到这个声音了吧？加速时，这个发动机的动力很强劲吧？这也正是你想体验的，该车的动力一流，如果您轻轻地加速，就没有这样的声音了。"

4）过弯（感受运动底盘）

话术："您在转弯时是不是感到车的侧倾不大，整个底盘很扎实？"

5）高速过弯

话术："接下来的弯道，您可以感受一下车辆弯道行驶中的制动控制系统，高速过弯让您感到很平稳！"

6）颠簸路面

话术："接下来是颠簸路面，您可以感受一下迈腾的悬架和转向盘传递过来的路感！"

7）坡道

话术："接下来的坡道路面，您可以感受一下迈腾低转速、高转矩的发动机，让您轻松应对上、下坡路面。"

> ⚠ 提示：
> 尽量少使用话术，以免引起客户的反感。多赞美客户，让客户拥有满足感。注意必要的安全提醒。

（6）试乘试驾结束后

试乘试驾结束后，销售顾问与客户沟通的参考话术和要点如下：

1）引导客户将车停放于试乘试驾车停放区域。

2）试驾结束后，对客户参加试驾体验表示感谢，并说"您辛苦了"。

3）销售顾问应首先下车，主动替客户开车门，防止客户头部碰到车门等。

4）提醒客户确认无东西遗忘在车内。

5）销售顾问与客户合影留念。

6）邀请客户到展厅休息。

话术：

销售顾问：吴先生，试驾感觉咋样？给您服务得还满意吗？

吴先生：车的性能和服务挺好的。
销售顾问：吴先生，今天试驾辛苦了，请进店里休息一下！
吴先生：不进去了。
销售顾问：进店我们还有一份礼品送给您，同时还需要您帮我们一个忙，可以吗？
吴先生：好吧！
销售顾问：谢谢您！

3. 试乘试驾意见收集反馈

在客户试乘试驾体验车辆性能的过程中，销售顾问可以创造与客户沟通的机会。通过双方的沟通交流，销售顾问能获取客户对车辆的评价信息。试乘试驾后，销售顾问应指导客户如实填写试乘试驾意见表，充分了解客户购车的真正需求，并对服务的过程提出合理化建议和意见。销售顾问收集和整理反馈信息，针对客户提出的异议，逐一进行解答，彻底排除客户购车疑虑，提高客户对车辆的信任度和认同感，有效转移到报价说明与签约成交流程。

（1）邀请客户休息

主动引导客户返回展厅洽谈桌入座，或在客户休息区就座，根据客户需求奉上饮品（图7-2-3）。

话术举例：

今天试驾辛苦了，请进店里休息一下。

（2）意见收集

请客户填写试乘试驾意见调查表，并询问客户订车意向。

图7-2-3　邀请客户休息

话术举例：

吴先生，您好，公司为了提高客户满意度，看我们销售顾问还可以在哪些方面进行改进，所以对我们有考核。麻烦您帮忙填写一下"试乘试驾意见调查表"（表7-2-1）。

表7-2-1　试乘试驾意见调查表

序号	意见反馈项目		非常满意	满意	一般	不满意
1	试乘试驾的组织安排					
2	试乘试驾车辆清洁程度					
3	试乘试驾路线是否能充分体验车辆性能					
4	动力性（车速、加速的性能表现）					
5	制动性（制动距离、制动时的方向稳定性）					
6	操作性（高速时或急转弯时的平衡性）					
7	舒适性	转向盘转向轻便性				
8		行驶不平路面时车身振动情况				
9		车载设备的操作便捷性				
10		空调与音响的使用效果				
11		乘坐空间、座椅舒适性				

（续）

序号	意见反馈项目	非常满意	满意	一般	不满意
12	对试驾专员/销售顾问试驾过程中的试驾指导工作是否满意				
13	测试个性需求				
14					
15	您对此次试乘试驾的总体评价				
顾客建议					
感谢您的支持与配合！请在此处签署您的名字：销售顾问：		试驾专员：日期：			

（3）填写完成后，再次表示感谢

话术举例：

"谢谢您提出宝贵意见，公司将逐步进行改进和提升，为客户提供更优质的服务，感谢您的支持与配合，谢谢！"。

4. 异议与抗拒的处理

在汽车销售的过程中，客户异议的产生不可回避，我们要清楚异议产生的原因和异议的不同种类，遵从异议处理的三个原则，掌握处理异议的五个技巧，进而灵活处理。

（1）客户提出异议及应对

当客户提出异议的时候，你要根据他提出来的一些问题，细心分析客户异议的原因，了解客户真正需求什么，关注这个客户究竟是什么样的情况，寻找客户的诉求点在哪里。据以往的经验判断，如果一个客户提出异议，说明他真的对这辆车有购买意向；如果不想买这辆车，他不会去给你提那么多不同的意见。

当客户提出异议的时候，应该怎么应对？要坚持三个原则：一是正确对待；二是避免争论；三是把握时机。

（2）异议案例及应对话术举例

1）发动机声音太大

话术："您也知道我们的发动机来自欧洲，特点就是动力澎湃，您有没有注意到，发动机声音低沉有力，就像运动员一样。"

2）座椅好像小了一点

话术："您注意到了吗？我们的座椅和别的车不太一样，包覆感很强，您刚才转弯的时候是不是感觉腰部的支撑很有安全感？"

3）刚才好像颠得蛮厉害的

话术："的确，正如您所说，这款车的路感非常强，无论路况如何，您都会感到4个轮胎牢牢地抓住了地面，所以它的操控和制动才会如此出色。"

4）内饰灰色太沉闷

话术："米色的内饰太淡了，较难清洁，黑色很酷，但略显压抑，有灰尘也非常明显，而灰色是现在的时尚主流色调，宝马、奔驰等豪华车都纷纷采用灰色内饰，紧跟时尚。"

5）后排坐 3 个人好像挤了点

话术："的确，轿车的后排坐 3 个人是有点挤，不过一般情况下我们都不会满员乘坐，您说是吗？在同级车里，我们的内部空间还是相对较大的。"

6）转向盘太小

话术："的确，转向盘是比较小，这是采用现在流行的赛车制式转向盘设计，凸显运动驾驶本色，让您尽享驾驶快乐。"

针对客户异议点，适时利用展厅展车，耐心解释说明，逐一解答，彻底消除客户的疑虑，提高客户对车辆认同感，强化客户购买车辆信心，促进成交。

二、拓展知识

以下介绍试乘试驾情境模拟案例。

1. 试驾准备

销售顾问（主动进行试乘试驾的邀约）："吴哥，车子的静态部分我就先给您介绍这么多，接下来，我们一块儿试乘试驾体验一下这款车的动态性能吧！试完之后，我相信您就会对这款车有更全面的了解的，您看如何？"

客户："车都是一样地开，不用试了。"

销售顾问（继续邀约，帮助客户做决定）："吴哥，各车有各自的特点，我们这款新迈腾搭载大众新一代 CUF1.8L 自然吸气发动机、DCT 变速器以及专业调校的底盘，动力充沛，换档顺畅，行驶起来稳定可靠。我相信您试了以后，会有不一样的感觉。买车是件大事，一定得全面了解一下，再说试驾也耽误不了多少时间，我给您安排下吧。"

客户："好吧，你安排吧。"

销售顾问（向客户讲解试乘试驾的整体过程安排）："感谢吴哥参加我们的试乘试驾活动，吴哥，咱来这边坐一下吧……吴哥，您请坐……我再给您加点水吧……吴哥，您的水，请慢用……吴哥，我先说下整个试乘试驾的流程安排吧。一会儿先用一下您的驾照填一份试乘试驾协议，然后我给您讲解一下咱们的试驾路线以及体验的项目，接下来就可以试乘试驾了。为了能让您更好地体验车子的性能（说明由销售顾问或专业试驾人员先驾驶的必要性），我先开车，您先试乘，在这个过程中，我会详细地向您展示和介绍。当到达换手点后，就由您亲自体验试驾，整个过程大概需要 20min，您看可以吗？"

客户："好的，没问题。"

销售顾问（审核客户的驾驶资格）："好的，吴哥，用一下您的驾驶证吧……哟，驾龄 10 年，老司机了。吴哥，您稍等一下，我去复印下驾驶证。"

客户："好的。"

销售顾问（签署试乘试驾协议）："吴哥，这是试乘试驾协议，内容我念给您听……吴哥，在这里签个字吧。"

客户："好的。"

销售顾问（借助试乘试驾路线图讲解整个过程）："吴哥，这是我们的试乘试驾路线图，有两条路线，分别是市区路线和市郊综合路线，是不是这条路线比较适合您？……好的，吴哥，您看是以我们公司为起点，先右拐进入××街，再掉头后左拐进入××路，然后在××路口左拐，到达前面第一个红绿灯，也就是××路口时，右拐进入××高速路段。这个过程我们可以体验一下我们这款迈腾的起步、换档、制动、转弯等各种性能，××高速路段车比较少，路况也很好，我们可以体验一下车子的直线加速性能、加速过程中车内的隔音效果以及油耗表现，再行驶两公里左右，我们就可以掉头返回。掉头后有个空旷的场地，在这里我与您换手,然后由您试驾返回。在回来的过程中,我们可以进入XX场地,在场地里面体验一下车子的不溜坡性能。吴哥,不知道这样的路线安排,我讲明白了吗?"

客户:"嗯,没问题。"

销售顾问(安全驾驶的提醒):"好的,吴哥,咱们去试乘试驾吧。在试驾的过程中有一件事情要特别提醒您,就是安全。毕竟您的安全对我们来说是最重要的。"

客户:"好的,谢谢!"

2. 静态体验

销售顾问(示范车辆配置特点并鼓励客户亲自动手操作):"吴哥您看,这就是咱的智能遥控钥匙。我们随身携带钥匙,只需按下车门把手上的按钮,车门就会立马解锁,外后视镜也会自动展开,是不是很方便?另外,咱们智能遥控钥匙还带有一键降窗功能。吴哥,您可以亲自操作一下,长按开锁键两秒钟,车窗以及天窗就会全部打开,尤其是在炎热的夏天,可以帮助车子快速通风散热,让我们尽早上车享受舒适的乘车环境。这个配置是不是很贴心,很给力?吴哥,咱们上车吧……吴哥,注意头部……吴哥,我先帮您调整一下座椅,这个位置可以吧?吴哥,为了保证安全,先系上安全带吧(如果后排有乘客也一并提醒系上安全带,并介绍下儿童座椅固定装置)。另外,我们新迈腾采用五星级的安全标准设计,配备了6个安全气囊,正面2个,前排座椅和侧面各有2个,头部还有两排安全气帘,为我们的出行提供绝佳的安全防护,让我们用车也更加安心。"

客户:"嗯,不错!"

销售顾问(示范车辆配置特点并鼓励客户亲自动手操作):"吴哥,那我启动车子了,先打开空调调节下温度吧(若天气异常寒冷或炎热需提前打开,智能钥匙可在下车时介绍演示)……您看,我们新迈腾配备了自动恒温空调,既能显示外界温度,也可以一键设定车内温度,无须其他操作,与家里的空调一样,是不是非常方便?另外,您可以感受一下发动机在空调开启状态下的运转效果,是不是很安静,很平稳呢?这是因为咱们整车做了大量的隔音降噪优化升级,噪声基本上都已经被过滤掉了,传进驾驶室的就只剩下一种声音了,就是发动机加速的轰鸣声。吴哥,我踩下油门,咱们一块儿感受一下。您听,这就是大功率发动机加速时的轰鸣声,声音淳厚,听起来是不是很有感觉?而且这也很有利于加速时人车沟通,那些大功率的跑车也是这样设计的(避免客户说噪声大,主动出击,防患于未然)。吴哥,您看两边后视镜都可以电动调节,也很方便吧?我操作一下刮水器,我们这款迈腾配备了无骨刮水器,并使用全进口的橡胶材质,既刮得干净,又很安静。"

销售顾问(示范车辆配置特点并鼓励客户亲自动手操作):"吴哥,这是自发光LED白背光组合仪表,首先背光采用白色设计,在飞机上采用的也是白背光,不仅非常安全,您看,看上去是不是也很有科技感?而且咱这仪表板采用科技含量非常高的自发光设计,只要插上钥匙通上电,仪表就可以自动发光。这样在白天行驶时不管是因为阴天光线很暗,还是因为艳阳天光照很强,都不会影响我们对仪表板信息的辨识和掌控。不仅看上去很显档次,而且也有助于提升行车安全,非常实用。仪表中央是一个大尺寸的行车电脑显示屏,它能显示里程、瞬时油耗、平均油耗、续驶里程等各种重要的行车信息,是不是能让我们很轻松地掌控驾驶路况呢?吴哥,咱们打开音响体验一下吧,我们新迈腾搭载了同级仅有的××品牌音响,搭载×个高低音响+×个低音炮超重低音音响,相信会带给您震撼。吴哥,您喜欢听什么歌曲?我用蓝牙连上手机为您播放下吧。您听,音响是不是特别棒,如同置身剧院一样。您设想一下,当您工作劳累了一天,在回家的路上听着这动感的音乐,是不是能减轻您的疲劳呢?有句话说得很现实,人只有在车上的时间才属于自己,既然车上的时间这么宝贵,那我们就得好好珍惜。该怎么珍惜呢?当然就是玩了。有套超棒的音响,有个可玩性很高的中控液晶大屏,会带给我们十足的快乐,享受高品质的有车生活。我相信有了这套音响之后,以后我们在上下班的路上再也不怕等红绿灯了。我们新迈腾还配备了同级车中罕见的全景天窗,您看这全景天窗尺寸够大吧?全景天窗一般在一些20多万元的高配车型上才可见,这算是一个比较奢侈的配置。有了全景天窗不仅有助于夏天更快地通风散热,冬天更多地沐浴阳光,还能彰显我们尊贵的身份感与高级品位感。在亲朋好友乘坐时也能为我们赚足面子,极富杀伤力!另外,我们还配备了领先同级的电子驻车制动与自动泊车,这也是同级罕见的配置啊!等过会儿,我再详细给您演示下。"

客户:"嗯,确实不错。"

3. 客户试乘

销售顾问(各种行驶模式体验):"吴哥,接下来我们开始做动态体验了。"

直接换档变速器DCT一句话话术介绍——在体验之前,我先给您介绍下这款DCT变速器,这款变速器采用先进的直接换档技术,后面接这款变速器的卖点及带给客户利益点(诸如换档平顺,加速超车比较给力,有更多的驾驶乐趣,开起来比较爽,车子非常好开类似的话术)。

面板介绍——下面我结合着操作面板和行车电脑显示屏为您做一下档位介绍以及操作方法讲解吧,这是空档,这是自动模式,这是手动模式……(越耐心,客户体验越佳)。

动态体验开始——吴哥,那我打左转向灯,开始出发了。我们出门后先右拐再掉头左拐,进入××路。

减振效果体验——过了路口之后大约五百米处有颠簸路面,我们可以感受一下我们这款车良好的避振性能,我们新迈腾的减振软硬适中,调校偏软一点,这样在过坑洼道路时可有效吸收路面颠簸和振动,乘坐起来更加舒适。

4. 停车换手

销售顾问(确保安全,停车换手):吴哥,我们准备在××处掉头返回。前方有车辆,得避让一下。注意安全,我们就在前方停车换手吧!(操作步骤:当车辆停妥后拉起驻车制动,按下双闪警示灯,请客户下车换手试驾,于左前门等客户上车,协助客户调整座椅、转向盘高低,请客户系上安全带,关上左前门,至右前座系上安全带,交付车钥匙,请客户启动车辆,调整左右两侧外后视镜,提醒客户安全驾驶,打转向灯,注意后方来车,驶入车道。)

若试乘试驾换手点车辆较多,可在客户坐进驾驶座后,将左前门关好,直接至右前座坐定后提示操作步骤。切勿站立于左前门外提示操作步骤,以避免安全隐患。

5. 客户试驾

销售顾问(客户试驾体验,各种模式和路况):"吴哥,我先帮您调整下座椅,咱们座椅带有六向电动调节,调节起来很省力也很方便,您看这个位置可以吗?我们在前方准备右拐进入XX路,拐弯时您注意下左方车辆,也正好试一下我们的自动降档功能,这样的确能给我们省不少事。"

销售顾问(倒车体验):"吴哥,这就是咱们的停车位,咱们倒过去吧,顺道试一下我们的倒车雷达和倒车影像……好的吴哥,您的驾驶技术确实很不错,咱们的试驾结束,一块儿进展厅里面坐一下吧……吴哥,我再去给您加点水吧。"

客户:"好的,麻烦了。"

6. 总结反馈

销售顾问（帮助客户回顾试乘试驾过程，并交流感受）："吴哥，不用客气，咱们这次试乘试驾，主要试了一些功能配置的操作。另外就是体验了车辆的动力性能、制动性能、弯道表现、减振效果以及不溜坡的特性等，整体感觉怎么样？"

客户（可能会有异议或疑问）："整体感觉还行，就是三档换四档时感觉动力不太够用。"

销售顾问（解答客户）："哦，吴哥，是这样的，咱这款车配置的是电子节气门，它能根据驾驶者的意图来自动调整节气门开启的大小，这样就是为了在保证良好动力输出的同时也兼顾到一定的经济性，避免燃油的浪费。另外，动力表现强弱，与发动机转速也有关系，像咱们这款车，如果三档换四档时转速能到××转/分钟以上甚至到××转/分钟，那会轻松很多的。另外，我们也有运动模式，要不一会儿咱再体验一下？"

客户："哦，不用了。"

销售顾问（总结）："好的，吴哥，感谢您的试驾体验，通过本次试驾，不难发现，我们新迈腾好开，也非常实用，真正适合我们全家每一位有驾照的人开！这是我们的试乘试驾反馈表，您的评价和意见对我们来说非常重要，麻烦您填一下吧。"

客户："好的"。

销售顾问（让客户做试乘试驾反馈和评价，可考虑赠送客户小礼品）："吴哥，非常感谢您的配合，我去给您领份小礼品吧。"

客户："好的，谢谢。"

> ⚠ **提示：**
> 在这一销售阶段，研究如何做好试乘试驾才是关键。根据扬长避短理论，如果你的车辆动态性能较好，那就尽可能多地引导客户进行动态体验；如果你的车辆动态性能不占优势，那就再认真读一读静态体验部分。据统计，现在有90%以上的销售伙伴在客户上车后不到1min的时间就带着客户进行试乘体验，这其实是试乘试驾流程非常大的缺失。如果你能在静态体验部分多费一些心思去展示介绍，你将有极大概率获得客户的认同感！

➡ 复习题

1. 判断题

（1）引导客户上车前，给客户静态介绍试乘试驾车。（ ）

（2）客户在试乘试驾时提出产品异议，销售顾问应在第一时间内予以反驳。（ ）

（3）停车换手时，销售顾问可以不用拔下车钥匙或者不熄火。（ ）

（4）在试乘试驾前，销售顾问要讲解试乘试驾路线图，根据客户需求帮助客户一起确定路线。（ ）

2. 单项选择题

（1）悬架舒适性、底盘装甲体验应在（ ）进行。
   A. 城市快速路   B. 弯道   C. 凹凸路面   D. 直线道路

（2）针对较为看重操控性的客户，销售顾问应着重让客户体验（ ）。
   A. 城市工况超车   B. 离回家功能
   C. 30色内饰氛围灯   D. 驾驶辅助

（3）对于打扮时尚，刚拿到驾驶证的年轻女士，在试驾时可以着重介绍的功能是（   ）。
  A. 紧急变线　　　　　　　　　　B. 紧急制动
  C. 快速超车　　　　　　　　　　D. 自动泊车

3. 多项选择题

（1）在客户试驾时，应该（   ）。
  A. 多介绍　　　　　　　　　　　B. 少话术
  C. 赞美客户驾驶技能　　　　　　D. 必要的安全提醒

（2）试乘试驾结束后，销售顾问应（   ）。
  A. 表示对客户的感谢　　　　　　B. 邀请客户进店休息
  C. 马上催促客户签单购车　　　　D. 提醒客户有无物品遗忘在车内

（3）试乘试驾意见收集反馈的目的有（   ）。
  A. 真正了解客户需求　　　　　　B. 进行产品动态展示
  C. 解答客户异议，排除客户购车疑虑　　D. 提高客户对车辆的信任度和认同感

学习情境八
报价成交

  报价成交是整个销售过程的最终目标,其他销售阶段的活动都是为了最终成交做准备,只有到了成交阶段,客户才决定是否购买。

  本情境主要学习报价成交的流程与技巧,分为三个工作任务:任务一车辆报价与商谈;任务二增值业务洽谈;任务三签约成交。通过本情境的学习,你能够掌握报价成交的流程与技巧。

任务一 车辆报价与商谈

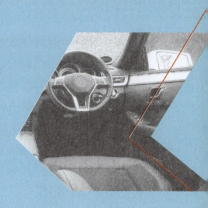

情境导入

客户吴先生来店看一汽－大众 2020 款新迈腾，对车辆性能非常满意，但一直嫌价格贵，希望在销售顾问周丽报价的基础上再优惠五千元成交。周丽该如何做才能尽快促成交易。

任务目标

1. 能描述汽车价格的构成。
2. 能描述汽车报价的技巧。
3. 能运用技巧向客户报价与商谈价格。

一、基本知识

报价成交是面谈的继续，汽车销售顾问不仅要继续说服客户，还要采取有效的措施帮助客户做出选择，促成交易。因此，签约成交是销售过程中最重要、最关键的阶段。销售顾问在为客户报价的过程中，针对不同客户需要掌握一定的报价技巧。

1. 汽车价格的构成

汽车的价格主要由三部分组成：

$$销售价格 = 制造厂利润 + 经销商利润 + 成本$$

其中，成本既包括汽车的制造成本，也包括销售成本、物流运输成本及其他费用成本。

汽车在 4S 店销售时，客户通常接触的是标价和实际成交价。标价是汽车对外标明的价格，一般是厂家的市场指导价（"裸车"价），所有的 4S 店都是统一的。厂家出台市场指导价是为了避免经销商之间互相压价、恶意竞争。随着汽车销售市场的进一步发展，销售市场由卖方向买方市场过渡，汽车厂家的市场指导价开始被市场实际情况冲击，由此产生了汽车的实际成交价。

汽车在购买时需要购车客户承担的费用通常包括：车辆成交价格、车辆购置税、车辆上牌费、车辆保险费、车辆装饰费用、车船使用税等。以上是指一次性付款购车的价格构成，如果是分期付款，还需另外支付手续费以及保险公司的保险保证金，需在办理按揭手续时一次付清。

2. 报价与商谈的技巧

（1）分清客户类型，有针对性地报价

对那些漫无目的、不知道价格行情的客户，通常可报高价（但不能高于厂家的市场指导价），留出一定的"砍价"空间；对不知道某品牌具体车型的价格情况，但知道该行业销售各环节定价规律的客户，应适度报价，在情在理；而对那些知道具体价格并能从其他渠道购到同种车型的客户，则应在不亏本的前提下，尽量放低价格，以留住客户。总之，应该针对不同类型的客户，报不同的价格。

（2）突出优势、物超所值

很多客户进入展厅后，未进行任何的产品信息咨询，直接就向销售顾问询问某款车的价格。面对这种客户，销售顾问应突出产品的优势，给客户一个听产品说明的机会，首先建立起与客户之间的信任，然后谈价格。与客户的讨价还价，其实是一种说服的艺术。在"游说"的过程中，必须把握一点：那就是必须"王婆卖瓜，自卖自夸"，突出产品以及产品销售的优势，让客户由衷地产生一种"仅此一家，别无分店"而且"花钱值得"的感觉。谈价时应注意：先突出有力的后续支持，再突出周全的配套服务项目。

（3）正确对待价格异议

尽管销售顾问在报价之前已经向客户充分地展示了产品的价值，但是，仍然可能遇到客户对价值存在异议的情况，因为客户总是希望以最低的价格买到最实惠的产品。这个时候销售人员就需要掌握处理价格异议的技巧。

1）"三明治"法：如果客户提出异议，销售人员就立即反驳："你错了，好货不便宜，你懂吗？"这样的话，很容易伤害客户的自尊心，甚至激怒客户，引起不快。这个时候，销售人员可以采用"三明治"法处理异议。"三明治"法就是"认同+原因+赞美+鼓励"的方式。

三明治报价法就是指先不急于报价，多宣传某个产品的价值，减轻客人敏感度的报价方法。三明治报价法认为第一层是产品给客户带来的价值，第二层是产品价格，第三层是产品的后续价值。在运用时首先对产品进行包装，突出你产品的优点，以在谈价中获得价格优势。报价时还应尽量向客户提供有价值信息，对于不同的价格强调其不同的功能和特点。

例如，销售人员在介绍完车辆之后，客户还是说太贵了，销售人员可以这样说："您说得对，一般客户开始都有和您一样的想法，即使是我也不例外。这款车如果选配1.4L的发动机，价格要便宜2万元。但是考虑到您经常要带家人出去旅游，需要动力强劲的车辆，1.8T的配置才更适合您。您完全可以试一下，相信像您这样专业的消费者是不会选择错误的。"销售人员先是表示与客户有相同的看法，使客户感受到自己得到了对方的理解和尊重，这自然也就为销售人员下一步亮出自己的观点、说服对方铺平了道路。一般来说，客户都明白"一分钱一分货"的道理，当客户得知产品价格高是因为质量好的缘故，再加上销售人员对其适当地认可和理解，客户对于价格也就不会有争议了。

2）比较法：客户购买产品一般都会采取货比三家的方式。这个时候销售人员就要用自己产品的优势与同行的产品进行比较，突出自己产品在设计、性能、声誉、服务等方面的优势，也就是用转移法化解客户的价格异议。由于价格在"明处"，价格往往与其某种"优势"有关，因此，销售人员要把客户的视线转移到产品的"优势"上，这就需要销售人员不仅要熟悉自己销售的产品，也要对市面上竞争对手的产品有所了解，才能做到心中有数，"知己知彼，百战不殆"。另外，销售人员在运用比较法的时候，要站在公正、客观的立场上，一定不能恶意诋毁竞争对手。

3）化整为零：如果销售人员把产品的价格按产品的使用时间或计量单位分至最小，可以隐藏价格的昂贵性，这实际上是把价格化整为零。这种方法的突出特点是细分之后并没有改变客户的实际支出，但可以使客户陷入"所买不贵"的感觉中。

例如：一位销售人员向一位大妈推荐保健品，大妈问他多少钱，这位销售人员未加思索脱口而出"450元一盒，三盒一个疗程"。话音未落，人已离开。试想，对于一个退休的大妈来说，400多元一盒的保健品怎么可能不把她吓跑呢？没过几天，小区又来了另一位销售人员，他这样告诉那位大妈，"您每天只需要为您的健康投资15元钱"，听他这么一说，大妈就很感兴趣了。产品价格并没有改变，但为什么会有截然不同的两种效果呢？原因是他们的报价方式有别。前者是按一个月的用量报的，这样报价容易使人感觉价格比较高；而后一位销售人员是按平均每天的费用来算的，这样这位大妈接受起来自然就容易多了。

4）先价值，后价格：在向客户介绍产品的时候，要避免过早提出或讨论价格，应该等客户对产品的价值有了起码的认识后，再与其讨论价格。客户对产品的购买欲望越强烈，他对价格问题的考虑就越少。让客户认同产品价值的最有效的方法就是做产品示范。俗话说：耳听为虚，眼见为实。任凭销售人员再怎么滔滔不绝地讲解都比不上让客户真真切切地看一遍产品展示来得实在。

5）了解客户的购物经验：客户对于产品价格的反应很大程度上来源于自己的购物经验。个人经验往往来自于自身的接受程度所形成的、对某种产品某个价位的知觉与判断。客户多次购买了某种价格高的商品，回去使用后发现很好，就会不断强化"价高质高"的判断和认识。反之，当客户多次购买价格低的商品发现不如意后，同样也会增加"便宜没好货"的感知。值得强调的是，在一对一个性化销售过程中，销售人员完全有时间了解到客户的购物经验，从而对客户能够接受的价位进行准确的判断。

6）模糊回答：如果遇到客户非要首先问价格该怎么办呢？这个时候可以采用模糊回答的方法来转移客户的注意力。比如，当客户问及价格时，销售人员可以说，"这取决于您选择哪种型号""那要看您有什么特殊要求"，或者告诉客户"产品的价位有几种，从几百到上千的都有……"即使销售人员不得不马上答复客户的询价，也应该建设性地补充，"在考虑价格时，还要考虑这种产品的质量和使用寿命。"在做出答复后，销售顾问应继续进行促销，不要让客户停留在对价格的思考上，而是要回到关于产品的价值这个问题上去。

（4）讨价还价的技巧

销售人员经常会遇到客户讨价还价的情况，现在的客户很精明，不会直接说出自己心中的期望值，只是不断地让销售人员去申请，然后是一次一次不满意，一次一次压价，直逼销售人员内心的防线。如何和客户讨价还价，以下几点需注意。

1）报价不能报底线：销售人员必须记住：无论你报价多低，客户还是会讨价还价的，所以，在报价时不能报得太低。例如：当客户问有什么优惠的时候，销售人员答：优惠5000元，客户肯定会说，怎么优惠这么少？这个时候，作为销售人员，不能马上让步。应该先了解客户的期望值是多少。如果销售人员继续让步，那么客户也会得寸进尺。

销售人员要克服害怕生意做不成一开口报价就报很低的价格心理障碍。作为一个优秀的销售人员，在开口报价时，应了解同类汽车品牌的价位，也要了解自己4S店的车型在同类车型中的价位所处的位置。是高价位，要回答为什么高？是产品的质量比同类产品高，还是用的材料比同类产品好，还是使用更方便，更有科技含量，还是更节能环保。总之，要让客户觉得你的产品价格是物有所值。是中档价位，要回答：你的产品与高价位的产品比较，优势在什么地方？使用了二等的材料却运用了高等最新技术，在使用方面并不比高价产品差。还是同样的品质就是要通过价位和高价位的产品竞争。是低价位，你要回答：自己的产品为什么价位低？性价比在哪儿？是有新的工艺还是有新的材料和技术，一样实用效果好。一句话：要讲出产品定价的依据，表明你报价的合理性。

2）不要轻易报价：当客户直接询价时，要尽量通过问答的形式了解客户。比如可以问客户选定的车型，用车的要求，对车型配置的要求，还有没有特殊的需求。通过这些问题的回答，可以判断客户是不是真正需要购买。对于真正的客户，我们可以给一个非常详细的报价。当然，还有一种客户并不了解你的车型，也不了解车型规格配置，想让你给他推荐。对于这种客户，你一定要把产品介绍清楚后再报价，在报价时，可以直言你的价格在同类车型中属于什么档次，一般会先报一个中等价格，告诉客户还有更高配置的车型，但价格会高一些，有配置低一些的，价格肯定优惠，就看客户的需要。总之，一定要留出继续谈价的余地。

3）学会让客户报价：面对询价者，老练的销售员会问：你需要哪种配置的车型？或者，你想花多少钱来购车？一般有购车计划和目标的购车者，会把车型的性能、规格技术要求报得很详细。价格也会有一定的范围，还会关心提车时间及售后服务等情况，这类购车者一定是潜在客户，对市场行情也了解得非常清楚，这时你的报价一定要真实可靠，在介绍车型的卖点时也要清楚无误。当然，也有的客户根本不报价，因为他自己都不清楚，只是想以你的报价为依据，对于这样的客户，你了解清楚他的意愿后，一定要报一款价格最低的车型给他，但要说明这款车型的优劣势所在，让客户明白货与价的比例。

4）不要轻易让步：客户多次要求降价时，一定要注意每次降价的幅度，必须依次下降，如第一次降10000元，第二次降4000元，第三次降1000元，要从这里让客户感觉到你的价格已经到底了。

客户有时只是希望你象征性地降价，并不是真的对价格很在乎，你给他降价，说明你给他面子；如果你急着要帮客户申请优惠，必须和客户说，这已经是总经理的指示了，不能再优惠了。如果你说是展厅经理给的优惠，那么，肯定是不能让客户满意的，他觉得还有讨价还价的空间。

5）适当"演戏"："演戏"动作要自然，可以故意压低声音："关于这款车的价格，我告诉您一件事，但您千万不能说是我讲给您听的，行吗？"。演"苦肉计"也是一个不错的方法。需要提醒的是，演戏是需要演技的，演技是需要训练的，最起码要做到眼神、表情、声调、动作的一致。

（5）让步方式

以下是常见的让步方式案例，以3000元为全部的让价空间为例。

1）3000元：刚开始上岗的销售顾问经常使用此方法，因欠缺实践经验，比较担心因价格导致客户流失，在初期就把所有的让价空间全部让出去。这种让步方法对于很多走了多家店的客户很有诱惑力，因为别的品牌店的价格他已经了解了，通过对比，他知道你的价格是高还是低，达到他的心理价位后，会很容易成交。同时，从另外一个方面看，这种让步方法容易让对其他4S店车型价格不了解的客户产生困惑，认为你虚高价格，轻易地让出如此之大的幅度，一定还有很大的让利空间，在价格上步步紧逼，这时你已无路可退，即使交易达成，对方也会怀疑你的诚意，从而影响到下一次的合作。

2）500元–1000元–1500元：许多销售顾问习惯于先让出一小部分，在观察对方的反应后做出下一个让步行动。例如，在初期你先让出500元，并告诉对方这是最后的底线，如此小的幅度对方通常不会同意，要让销售顾问继续降价，这时销售顾问应该回复500元已是自己最大的让利空间，如果客户继续坚持，这时销售顾问应该报给销售经理并争取1000元的降价，同理如果客户仍不同意，则销售顾问应该继续与经理协商进行两次降价，以这种降价方式来满足客户的心理需求，并告知客户这已经是销售顾问能够争取到的最大的让利。

价格商谈的技巧

二、拓展知识

以下列举部分车辆报价与商谈案例。

【案例一】 客户在电话中询问底价，销售顾问应如何报价？

客户（可能的话术）：

"价钱先谈好了，我再过来，否则我不是白跑一趟！"

"你太贵了，人家才……，你可以吧？可以，我马上就过来。"

"你不相信我啊？只要你答应这个价格，我肯定过来。"

"你做不了主的话，去问一下你们经理，可以的话，我这两天就过来。"

分析： 电话中，销售顾问无法判断客户是否真实需求，因为即使满足了客户的要求，也无法在电话中收款签单。但是，如果一口拒绝了客户的要求，那么就连机会都没有了。

处理原则：

1）不在电话中讨价还价。

2）不答应、也不拒绝客户的要求。

3）对新客户，目标是"见面"；对老客户，目标是"约过来展厅成交"或"上门成交"。

处理技巧：

1）销售顾问的应对（新客户）：

"价格方面包您满意。您总得来看看实车呀，实际感受一下。就像买鞋子，您总得试一下合不合脚呀！"

"您车看好了？价格不是问题。那买车呢，除了价格，您还得看看购车服务和以后用车时的售后服务。所以呀，我想邀请您先来我们公司参观一下我们的展厅、维修站，看看您满意不满意。"

"厂家要求我们都是统一报价，而且经常检查，查到我们让价的话要重罚的。你要是有诚意的话，就到我们展厅来一趟，看看车，咱们见面都好谈。"

"要是您忙的话，反正我经常在外边跑，哪天顺便过去一下，给您送点（车型、购车环节）资料介绍一下。"（刺探客户的诚意）

"客户是上帝呀，我哪能让您大老远跑过来！这样，我马上到您那儿去一趟，耽误您几分钟，您地址在哪儿？"（刺探客户的诚意）

2）销售顾问的应对（老客户）：

"别人的价格是怎么算的？车价只是其中的一个部分呀。这电话里也说不清楚，要不您过来，我帮您仔细算算？"

"您这个价格，我实在是很为难；要么这样，您跟我们经理（老总）谈一下？您哪天方便，我给您约一下？"

"我去问经理肯定没戏，像这种价格，准被他骂的。我倒觉得，您如果是亲自跟他见面谈的话，以您这水平，没准能成呢。我再在旁边敲一下边鼓，应该问题不大。"

【案例二】 如果客户仅是询价，想知道底价，汽车销售顾问应如何报价？

分析： 销售顾问应先了解客户的购车需求，然后推荐合适的车型请客户决定。

处理技巧：

"关键是您先选好车，价格方面保证让您满意。"

"选一辆合适的车，对您是最重要的，要不然，得后悔好几年。"

"我们每款车都有一定的优惠,关键是您要根据您的用车要求,我帮您参谋选好车,然后给您一个理想的价格;要不然,谈了半天价,这款车并不适合您,那不是耽误您的时间吗?"

"这款车我就是给您再便宜,要是不适合您,那也没用啊!所以,我还是给您把几款车都介绍一下,结合您的要求,您看哪款比较适合,咱们再谈价格。您看好吗?"

"我做车好几年了,要不帮您做个参谋,根据您的要求推荐几款车?"

【案例三】客户第一次来店,刚进门不久,就开始询问底价"这车多少钱?""能便宜多少?"

分析: 切勿立即进行价格商谈报出底价。

处理技巧:

1)注意观察客户询问的语气和神态。

2)询问客户:

您以前来过吧?(了解背景)您以前在我们店或其他地方看过该车型没有?(了解背景)您买车做什么用途?(刺探客户的诚意)您已经决定购买该车型了吗?(刺探客户的诚意)您为什么看中了这款车?(刺探客户的诚意)您打算什么时间买?

3)通过观察、询问后判断:客户是认真的吗?客户已经选定车型了吗?客户能现场签单付款吗?客户带钱了吗?最后根据询问情况报价。

【案例四】客户说:"底价你都不肯报,我就不到你这里买了""你价格便宜,我下午就过来订……"

分析: 客户如果没有承诺当场签单付款就不要进行实质性的"价格商谈",不要受客户的胁迫或诱惑,否则成为牺牲品(垫背)几乎是注定的。因为客户将拿你的底价再去压其他经销商给出更低的价格,或下次再来的时候在本次报价的基础上再压低。

处理技巧:

1)可告知公开的"促销活动"内容。

2)如果客户还没有最终确定车型,让客户考虑成熟了再过来订车。

"我这两天再提供一些信息和资料给您参考一下,您比较一下,定下来买我们这款车后,您过来订车,我保证给您最优惠的价格。"

如果客户已经确定了车型,但要比较几个经销商的价格,就给客户一个"优惠价格承诺":"保证您满意我们的价格""除了价格让您满意之外,我们还有这么好的售后服务站"……

复习题

1. 判断题

(1)销售顾问需分清客户类型,有针对性地报价。( )

(2)客户总是希望以最低的价格买到最实惠的产品。( )

(3)对不知价格行情的客户,通常可报高于厂家市场指导价的价格。( )

(4)客户购买产品一般都会采取货比三家的方式,销售人员就要用转移法化解客户的价格异议。( )

2. 单项选择题

(1)销售人员把产品的价格按产品的使用时间或计量单位分至最小,采用了( )的报价方法。

  A."三明治"法　　B.比较法　　　　C.化整为零　　　　D.先价值,后价格

(2) 客户多次要求降价时,一定要注意每次降价的幅度,以下降价幅度合理的是( )。

  A.一次性降3000元

  B.第一次降1000元,第二次降500元,第三次降500元

  C.每次降1000元

  D.第一次降1000元,第二次降300元,第三次降100元

(3) 在客户多次讨价还价时,以下做法不对的是( )。

  A.必要时帮客户申请优惠

  B.讲出定价的依据和报价的合理性

  C.应用价格转移法,将价格转移到产品优势介绍上

  D.直接报底价

(4) 在报价时,可以直言你的价格在同类车型中属于什么档次,一般会先报( )。

  A.高配置价格　　　　　　　　　　B.中等配置价格

  C.低配置价格　　　　　　　　　　D.以上都可以

3.多项选择题

(1) 与别人交谈时有"三不准"是指( )。

  A.打断别人　　B.补充对方　　C.更正对方　　D.看重对方

(2) 汽车价格构成包括( )。

  A.制造厂利润　　　　　　　　　　B.经销商利润

  C.成本　　　　　　　　　　　　　D.精品及内饰装修费用

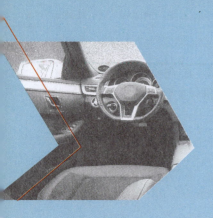

任务二 增值业务洽谈

➡ 情境导入

客户吴先生是工薪阶层,收入不是很高但相对稳定,生活中体现了时尚与稳重结合。销售顾问如何根据吴先生的情况向其推荐相关的增值业务呢?

➡ 任务目标

1. 能描述汽车消费信贷的类型与选择方法。
2. 能描述汽车保险的类型与选择方法。
3. 能描述汽车精品的类别与销售技巧。
4. 能与客户进行整车销售增值业务洽谈。

一、基本知识

汽车行业无论是销售还是售后服务,市场竞争越来越激烈,汽车4S店的侧重点在悄然发生转变,由原来的只注重车辆销售开始转变到重视服务。如何从服务环节入手,突出服务产品差异化已成为4S店亟需面对的问题。增值服务在这种情况下应运而生,并成为4S店之间以及其他相关企业竞争的杀手锏。销售顾问通过增值业务洽谈,可以促进销售,提高经济效应。

1. 汽车消费信贷

汽车消费信贷是信贷消费的一种形式,即用途为购买汽车的消费信贷。在我国,汽车消费信贷是指金融机构向申请购买汽车的用户发放人民币担保贷款,再由用户分期向金融机构归还贷款本息的一种消费信贷业务。

(1)汽车贷款条件

1)个人:年满18周岁,具有完全民事行为能力,在中国境内有固定住所的中国公民;具有稳定的职业和经济收入,能保证按期偿还贷款本息;在贷款银行开立储蓄存款账户,并存入不少于规定数额的购车首期款;能为购车贷款提供贷款银行认可的担保措施;愿意接受贷款银行规定的其他条件。

2)法人:有偿还贷款的能力;能为购车贷款提供贷款银行认可的担保措施;在贷款银行开立结算账户,并存入不低于规定数额的购车首期款;愿意接受贷款银行规定的其他条件。

(2)汽车消费贷款额度

借款人以国库券、金融债券、国家重点建设债券、银行个人存单质押的,或银行、保险公司提供连带责任保证的,存入银行的首期款不得少于车款的20%,借款的最高限额为车款的80%；借款人以所购车辆或其他资产作为抵押的，存入银行的首期款不得少于30%，借款最高限额为车款的70%；借款人提供第三方保证方式（银行、保险公司除外）的，存入银行的首期款不得少于40%，借款最高限额为车款的60%。

（3）汽车分期贷款

汽车分期贷款通常有如下三种方式。

1）银行车贷：从信贷发展的角度看，汽车消费贷款最早就是从银行开始的。不过受到信贷规模收紧的压力，目前银行车贷等消费类贷款业务已经逐渐收缩。

从常态看，银行车贷的最大好处就是选择面广，购车者看中车型后可直接去银行申请个人汽车消费贷款。但贷款者资格审查的手续非常繁杂，一般需要提供不动产（如房产）作为抵押，部分银行针对高端客户或者高端车型网开一面，可以用汽车本身作为抵押，但相比其他车贷方式，批准的时间周期较长。从贷款利率方面来看，汽车按揭贷款利率一般会在银行同期贷款基准利率上上浮10%左右。此外，和房贷相似，大部分汽车贷款业务需要担保公司担保或者购买汽车保证保险，购车者还需要承担一定的担保费用。所有手续费加起来，银行车贷的综合成本就成为贷款方式中最贵的，也是最难办到的。

2）信用卡分期购车：实际上也是银行对信用卡额度大的优质客户提供贷款，但信用卡分期购车一般是低手续费而且零利率。当然，所谓的零利率会在手续费上有所支出，不过对于较低的手续费来说，相比其他贷款方式还是一个更好的选择。不同车型的手续费也有所不同，总体来看，手续费比其他贷款方式低。

3）汽车金融公司汽车消费贷款：目前有很多汽车金融服务公司都推出了汽车消费贷款，其最大的优势在于便利和低门槛，一些产品本身也非常有诱惑力。汽车金融服务公司一般都是由汽车公司投资创建的，比如东风日产汽车金融公司，其投资方是日产和东风集团，专门从事东风日产等旗下车型的信贷服务，消费者购买日产系列车型最便捷的信贷方式就是通过东风日产汽车金融公司，而且其"便捷"不仅体现在通过4S店就能直接申请办理，更在于其对户口和房产等硬性条件没有要求，而这也是汽车金融公司相比一般银行车贷等渠道最显著的优势之一。

（4）汽车消费信贷管理的操作程序

1）贷款申请：贷款申请是借款人与银行发生贷款关系的第一步。作为汽车消费信贷来说，因其贷款对象是消费者个人，而不是工商企业。因此，银行要求申请者提供的材料会因消费者个人的资产信用状况不同于工商企业，显得较为繁杂。借款人在提出借款申请时，应出具下列资料：个人汽车消费贷款申请表、有效身份证件、目前居住地证明、职业及收入证明、有效联系方式及联系电话、在银行存有不低于规定比例的首付款凭证、与银行认可的汽车经销商签订的购车合同、担保贷款证明资料、在银行开立的个人结算账户凭证及扣款授权书、按银行要求提供有关信用状况的其他合法资料。

2）贷前调查及信用分析：贷前调查和信用分析，是决定供贷关系能否发生的关键，是对申请做出的反应，通过对申请人的调查和信用分析，判别申请人是否有资格取得贷款，是对这些私人贷款中存在的各种风险进行评估。银行在做贷款评估时，通常要分析贷款人信用的五个方面，即品质、资本金、能力、环境和担保，最重要的、最难于评估的莫过于对借款人的品质甄别。

3）贷款的审批与发放：金融机构对借款人的资信状况已经有足够的了解之后，做出是否给予发放贷款的决定。如果金融机构认为可以放贷，就与借款人签订借款合同，发放贷款。

贷款商谈

4）贷后检查及贷款的收回：在贷款发放以后，金融机构为了保证贷款能及时偿还，通常要对贷款进行贷后跟踪检查。金融机构有必要加强对还款的管理，以确保这些贷款本息如期全额收回。

2. 汽车（机动车）保险

机动车辆保险是以机动车辆本身及机动车辆第三者责任为保险标的的一种运输工具保险。承担的保险责任主要是合同列明的自然灾害和意外事故等。

（1）我国汽车保险的险种

我国目前汽车保险的险种，按性质可以分为强制保险与商业保险；按保障的责任范围还可以分为基本险和附加险。

基本险包括第三者责任险（三者险）、车辆损失险（车损险）、车上人员责任险（驾驶人责任险和乘客责任险）以及全车盗抢险（盗抢险）。投保人可以选择投保其中部分险种，也可以选择投保全部险种。

附加险包括玻璃单独破碎险、自燃损失险、无过失责任险、车载货物掉落责任险、车辆停驶损失险、新增加设备损失险、不计免赔特约险等。玻璃单独破碎险、自燃损失险、新增加设备损失险，是车辆损失险的附加险，必须先投保车辆损失险后才能投保这几个附加险。车上货物责任险、无过错责任险、车载货物掉落责任险等，是第三者责任险的附加险，必须先投保第三者责任险后才能投保这几个附加险。每个险别不计免赔，是可以独立投保的。

交强险（即机动车交通事故责任强制保险）也属于广义的第三者责任险，是国家规定强制购买的保险。机动车必须购买才能够上路行驶、年检、挂牌，且在发生第三者损失需要理赔时，必须先赔付交强险，再赔付其他险种。

商业保险是非强制购买的保险，车主可以根据实际情况进行选择。

1）车辆损失险：负责赔偿由于自然灾害或意外事故造成的车辆自身的损失。这是车辆保险中最主要的险种。保与不保这个险种，需权衡一下它的影响。若不保，车辆碰撞后的修理费用得全部由自己承担。

2）第三者责任险：负责保险车辆在使用中发生意外事故造成他人（即第三者）的人身伤亡或财产的直接损毁的赔偿责任。撞车或撞人是开车时最担心的事情，自己的车受损失不算，还要花大笔的钱来赔偿他人的损失。

3）全车盗抢险：负责赔偿保险车辆因被盗窃、被抢劫、被抢夺造成的车辆的全部损失，以及这之间由于车辆损坏或车上零部件、附属设备丢失所造成的损失。车辆丢失后可从保险公司得到车辆实际价值（以保单约定为准）80%的赔偿。若被保险人缺少车钥匙，则只能得到75%的赔偿。

4）车上人员责任险：负责保险车辆发生意外事故造成车上人员的人身伤亡和车上所载货物的直接损毁的赔偿责任。其中，车上人员的人身伤亡的赔偿责任就是以前的驾驶人和乘客意外伤害保险。

5）无过失责任险：投保车辆在使用过程中，因与非机动车辆、行人发生交通事故，造成对方人员伤亡和直接财产损毁。保险车辆一方无过失，且被保险人拒绝赔偿未果，对被保险人已经支付给对方而无法追回的费用，保险公司按《道路交通事故处理办法》和出险当地的《道路交通事故处理规定》标准在保险单所载明的本保险赔偿限额内计算赔偿。每次赔偿均实行20%的绝对免赔率。

6）车载货物掉落责任险：承担保险车辆在使用过程中，所载货物从车上掉下来造成第三者遭受人身伤亡或财产的直接损毁而产生的经济赔偿责任。赔偿责任在保险单所载明的保险赔偿限额内计算。每次赔偿均实行 20% 的绝对免赔率。

7）玻璃单独破碎险：车辆在停放或使用过程中，其他部分没有损坏，仅风窗玻璃单独破碎，风窗玻璃的损失由保险公司赔偿。

8）车辆停驶损失险：保险车辆发生车辆损失险范围内的保险事故，造成车身损毁，致使车辆停驶而产生的损失，保险公司按规定进行以下赔偿：

① 部分损失的，保险人在双方约定的修复时间内按保险单约定的日赔偿金额乘以从送修之日起至修复竣工之日止的实际天数计算赔偿。

② 全车损毁的，按保险单约定的赔偿限额计算赔偿。

③ 在保险期限内，上述赔款累计计算，最高以保险单约定的赔偿天数为限。本保险的最高约定赔偿天数为 90 天，且车辆停驶损失险最大的特点是费率很高，达 10%。

9）自燃损失险：对保险车辆在使用过程中因本车电器、线路、供油系统发生故障或运载货物自身原因起火燃烧给车辆造成的损失负赔偿责任。

10）新增加设备损失险：车辆发生车辆损失险范围内的保险事故，造成车上新增设备的直接损毁，由保险公司按实际损失计算赔偿。未投保本险种，新增加设备的损失，保险公司不负赔偿责任。

11）不计免赔特约险：只有在同时投保了车辆损失险和第三者责任险的基础上方可投保本保险。办理了本项特约保险的机动车辆发生保险事故造成赔偿，对其在符合赔偿规定的金额内按基本险条款规定计算的免赔金额，保险人负责赔偿。也就是说，办了本保险后，车辆发生车辆损失险及第三者责任险方面的损失，全部由保险公司赔偿。这是 1997 年才有的一个非常好的险种。它的价值体现在：不保这个险种，保险公司在赔偿车辆损失险和第三者责任险范围内的损失时是要区分责任的：若您负全部责任，赔偿 80%；负主要责任，赔偿 85%；负同等责任，赔偿 90%；负次要责任，赔偿 95%。事故损失的另外 20%、15%、10%、5% 需要车主自己承担。

（2）新车保险的购买

面对名目繁多的险种、保费不同的保险公司，究竟应该如何选择最适合自己的车险产品呢？这是汽车销售顾问、汽车保险从业人员必备的常识。

1）交强险必须购买。根据《机动车交通事故责任强制保险条例》规定，从 2008 年 8 月开始，所有的新车和保险到期的车辆续保，必须购买车辆交强险。保险公司将根据车辆销售发票判断车辆的类型、用途，以确定保费。

2）新车商业险种应"求全"。除了国家强制规定购买的交强险，新车主还需购买一些必要的商业险种，其中包括车辆损失险、第三者责任险、全车盗抢险、车上人员责任险等基本险，以及玻璃单独破碎险、自燃损失险、车身划痕险、不计免赔险等附加险。

3）附加险因人而异、因地制宜。如果经常开车出入交通混乱的市场、建筑工地等地方，容易剐蹭车辆漆面，就可以考虑买一份车身划痕险。但要注意的是，有些车主投保了车身划痕险，一发现车辆发生哪怕是很细微的划痕，也要向保险公司报案理赔。其实，即使是再小的理赔，也算作一个案件，如果出险理赔次数过多，会对来年的车险保费影响很大，会导致一定程度的上浮，严重的还会被拒保。因此，车主最好酌情购买车身划痕险，小剐小蹭"私了"可能更划算。如果爱车不得不停放在建筑工地旁的停车场，或者经常跑高速，一不小心就会被飞来的小石子砸破车玻璃。在这种情况下，最好加投一份玻璃单独破碎险，以避免经济损失。

此外，夏天天气热，汽车容易产生自燃，在经济条件充裕的情况下，也可以购买自燃险，做到有备无患。

需要特别提醒客户的是，新车难免磕磕碰碰，发生事故的频率也相对较高，因此保险专家建议车主，如果是采用分期付款方式购买了新车，按要求车主必须购置全险。如果车主采用全款的方式购买了一辆新车，车主本人又是一名新手，为了减少损失，可以考虑购买除自燃损失险外的所有险种。

4）认真选择保险公司。在确定了应该选择的险种以及可以获得的优惠以后，在购买车险的过程中应该如何选择保险公司呢？购买过程中还应该注意哪些问题呢？如果是新车，而且车价相对较高，可选择大公司的车险。因为越高档的车，修理费用也相应越高，一旦出现事故，可能承受的经济压力也就越大，而大公司的赔付额度相对比较高，赔付速度较快，定点维修厂的级别也比较高。但从支付的保费来看，一般而言，相同的车型和险种，大公司的保费要比小公司高。如果是旧车，或者车价不高，修理费用也不会很高，并且车主驾驶技术又比较成熟，选择小公司可能比较划算。但车主也要注意，小公司能省保费，但在服务上可能做得不够到位。如何选择真正性价比高的车险呢？现在有些大型保险公司开通了直销车险业务，比如电话车险、网上车险，由于减少了中间环节，可以将支付给中介的代理费用直接让利给客户，因此有较低的车险折扣，选择这种直销渠道，既能省下保费，服务又更有保障，显然其性价比更高。

如果车辆经常出外跑长途，那么应该尽量选择比较大的保险公司来投保，因为这样的保险公司在全国各地都有分公司，遇到麻烦可及时在当地办理定损、理赔等。此外，专家提示，车主投保车险不能只注重价格，应该结合自己用车的实际情况来决定，比如是否经常跑长途、是否指定专人驾驶等，要综合出险时所需要的服务来投保。

汽车保险商谈

3. 汽车精品

汽车精品销售是汽车销售的一个非常重要的环节，汽车精品销售可增加汽车销售的附加价值，维系客户关系。

（1）汽车精品销售的由来

随着中国汽车工业的高速发展，汽车已进入了寻常百姓家。一般，汽车出厂时都有好几个型号或版本，不同版本的车辆，配置不相同。不同的客户对车辆具有不同的使用观念（比如选购较低配置车辆的车主要求享受更高的产品服务时；需要用到原厂配置不具有的附加产品功能时），精品加装与改装是满足此需求的唯一途径。因此，作为汽车后市场中的汽车精品迎来了其蓬勃发展的时期。

汽车精品（以下简称精品）销售目前依然采用简单的介绍产品功能、价格的方式，已远远不能获得目标客户的信任。这对汽车精品销售人员的销售能力提出了更高的要求。

（2）常见的汽车精品类型

1）汽车内饰精品：主要是指用于汽车内部装饰和布置的产品。常见内饰精品有：汽车香水座、坐垫、冰垫、脚垫、腰垫、地毯、座套、钥匙扣、玩偶、风铃、窗帘、保温壶、太阳膜、防盗锁、安全气囊、车用衣架、隔热棉、门边胶、手机架、安全带、气压表、转向盘套、仪表装饰板等。图8-2-1是加装了座椅套的车辆。

2）汽车外饰精品：主要是指用于车外装潢的产品。常见外饰精品有：晴雨挡、外拉手贴件、挡泥板、车贴、汽车天线、雾灯框、汽车尾灯框等。图8-2-2是加装了个性车贴的车辆。

图8-2-1 加装了座椅套的车辆

3）汽车电子精品：主要是指用于汽车电子控制装置和车载汽车电子装置的产品。常见的电子精品有：GPS 导航、车载 DVD、车载 MP3、汽车音响、汽车加湿器、汽车氙气灯等。图 8-2-3 是加装了导航与倒车辅助系统的车辆。

图 8-2-2　加装了个性车贴的车辆

图 8-2-3　加装了导航与倒车辅助系统的车辆

4）汽车美容精品：主要是指用于汽车清洁与美容的产品。常见的美容精品有：车罩、镀晶/镀膜、抛光蜡、美容粗蜡、镜面处理剂、研磨剂、仪表蜡、修复蜡、空气清新剂、真皮清洁剂、汽车防雾剂等。图 8-2-4 是车漆晶膜的宣传图片。

5）汽车养护精品：主要是指用于汽车的定期保养及维护的产品。常见养护精品有：除锈润滑油、划痕蜡、水晶白玉固蜡、上光水蜡、去污水蜡、空调清洗除臭剂、发动机清洗剂、玻璃清洗剂等。图 8-2-5 是车内抑菌除臭产品的宣传图片。

图 8-2-4　车漆晶膜的宣传图片

图 8-2-5　车内抑菌除臭产品的宣传图片

6）汽车改装精品：主要是用于汽车外观及性能改装的产品。常见的改装精品有：超炫灯饰改装、氙气前照灯、制动灯、前照灯灯泡、尾灯总成、底盘装饰灯、真皮改装、缓冲器、尾翼、大小包围、前后保险杠、雾灯、天使眼光圈、隔热棉、车身装饰线、密封胶条、前风窗贴、外踏板等。图 8-2-6 是加装了车灯装饰框的车辆。

图 8-2-6　加装了车灯装饰框的车辆

7）汽车安全精品：主要是指汽车上用于保证乘客以及驾驶人或汽车本身安全的产品。常见的汽车安全精品有行驶记录仪、轮胎气压监控、防盗器、疲劳驾驶预警、汽车安全带、警示牌等。图 8-2-7 是加装了多功能行车记录仪的车辆。

图 8-2-7　加装了多功能行车记录仪的车辆

（3）汽车精品销售技巧

汽车精品销售在汽车销售过程中占据了重要的位置，而随着市场竞争的日益激烈，汽车精品销售越发成为企业盈利的一种方式，也成为维系客户情感的纽带。如何进行汽车精品的销售？在销售过程中要注意哪些细节？销售话术怎样使用？

1）在卖车的过程中带入汽车精品的销售：汽车精品是不能独立销售的，简单地说，汽车精品就是汽车的附属物，要将汽车精品的销售和整车销售融合在一起，这一点至关重要。例如在向客户介绍这款车可以选装智能钥匙时，销售顾问就必须将遥控器拿给客户看，告诉客户只要将遥控器放在包里面，人一靠近，车门就会自动打开，这样就和整车融合在一起销售了。

2）安装样车让客户体验：任何一种销售，都只有让客户不断去体验，才能把产品卖掉。前面提到汽车精品的销售要和整车销售融合在一起，那么怎样才能跟整车最密切地融合在一起呢？安装样车是最佳的方式，可以让客户切身去体验精品的实际作用与功能。在销售"智能钥匙一键启动系统"产品时，4S 店就是通过安装样车让客户体验的方式去销售，这也是精品厂家所要求的。

3）设计有效的销售流程：为了规范汽车销售顾问或精品销售员的销售行为，做到忙而不乱，让客户满意度达到更高，最终顺利地完成整个销售过程，4S 店还应该设计有效的汽车精品销售标准流程。4S 店在整车销售方面已经有了很完善的销售流程，参照整车的销售流程，根据精品销售的特点进行修改，可以设计出汽车精品销售标准流程。

4）提供专业的意见及建议：

① 用"切割"的原则来树立汽车 4S 店的"专业化"定位。通过向客户提供专业的意见及建议来销售精品。4S 店在汽车精品的营销过程中，客户普遍认为店内精品的价格相对比较高。那么 4S 店要怎样做才能令客户觉得这价格合理呢？首先，想要让客户觉得产品贵得有价值，就必须从专业化的角度向客户介绍产品，让客户切实感到店内的产品有保障，这样哪怕贵一点，他们也能接受。这也是一种切割的原理，就是将后市场和 4S 店一刀切割下去，4S 店是专业的，客户是非专业的。用专业做出来的产品，品质上有保障，客户大可以放心，这才是 4S 店所要达到的理想状态。

② 为客户创造出更多的超值感。4S 店的产品贵是客户的普遍感觉，甚至夸张点说，客户都认为 4S 店卖精品是"宰人"的，因此 4S 店应努力去平衡消费者的这种感觉。除了前面说的，从专业化角度向客户介绍产品，给客户安全的保障外，还可以通过强调产品的多功能或赠送

相关产品及服务，给客户超值感。4S 店在销售"智能钥匙一键启动系统"时就是这么做的。例如，某汽车品牌 4S 店在销售"智能钥匙一键启动系统"时就特别跟客户强调一点，装这套产品赠送 3 年全车盗抢险，最高赔付可以达到 20 万元，而客户单买 3 年全车盗抢险就需要几千元，让客户体会到产品超值。

③ 充分挖掘客户的消费需求。客户对精品的消费需求无非存在于两个时间段，新车落地时和新车使用后。新车落地时是装饰及改装精品销售的最佳时间，除了将精品装进新车与新车打包销售外，4S 店也要考虑到，客户在拿到新车时也会自主挑选一些精品，希望自己的"宝贝"更加完美。这时，防爆膜、大包围、坐垫、座套、头枕、脚垫、香水等装饰及改装类精品最能获得客户的青睐。如果 4S 店能针对客户这个需求，多搞一些促销活动，或者将客户最需要的几样打包优惠销售，相信很多新车主都会买单。此外，4S 店还要关注一些客户回店消费的产品，也就是新车使用后需要的精品，不要单独考虑新车的销售，其实客户回头消费也是精品营销中的一大块。4S 店汽车销售已做了很多年，卖出去的车不计其数，通过一些促销活动，也能把一些持续性消费的汽车精品经营得有声有色，特别是汽车护理、美容、漆面翻新、真皮翻新等这些项目，经营得十分好。

汽车精品商谈

二、拓展知识

以下列举汽车信贷与汽车保险业务洽谈案例供参考。

1. 汽车信贷洽谈案例

【案例】龚女士拟购买一辆 2020 款新迈腾，手头并不宽裕，打算办理汽车贷款，车辆总价为 20 万元，首期交 20%，贷款 80%，供 5 年。根据表 8-2-1 和表 8-2-2 的数据，请帮她计算：每月还款金额？总利息金额？贷款保证保险费金额？

表 8-2-1　贷款利率与万元月供款参考表

年限 / 年	贷款期数 / 月	年利率（%）	月利率（‰）	万元月供款 / 元	万元总利息 / 元
1	12	5.31	4.425	857.50	290.00
2	24	5.49	4.575	440.91	581.84
3	36	5.49	4.575	301.91	868.76
4	48	5.58	4.650	232.93	1180.64
5	60	5.58	4.650	191.38	1482.80

表 8-2-2　贷款保证保险费率参考表

年限（年）	贷款期数 / 月	费率（%）	万元保险费 / 元
1	12	0.7	72.24
2	24	1.0	106.3
3	36	1.2	131.3
4	48	1.4	157.9
5	60	1.7	197.3

计算公式：

月供款 = 贷款额（万元）× 万元月供款

贷款总利息 = 贷款额（万元）× 万元总利息

贷款保证保险费 =（贷款额 + 总利息）× 费率

或 = 月供款 × 贷款期数 × 费率

计算结果：

首期款：200000 × 20%=40000（元）

贷款额：200000-40000=160000（元）

每月供款额：16 × 191.38（万元月供款）=3062.08（元）

5年总利息为：

16 × 1482.8（万元总利息）=23724.8（元）或

3062.08 × 60-160000=23724.8（元）

贷款保证保险费：

（160000+23724.8）× 1.7%=3123.3216（元）或

3062.08 × 60 × 1.7%=3123.3216（元）

2. 汽车保险洽谈案例

【案例一】保险业务洽谈话术

客户："为什么还要买汽车保险？真是多花钱！"

销售：购买汽车保险的目的是为了保障事故发生时，自己有充足的资金来支付可能的赔偿损失，同时也保障了家庭的资金稳定，不至于造成家庭财务的负担，影响家庭的幸福生活。"天有不测风云，人有旦夕祸福"，近几年，我国交通事故的年死亡人数超过10万人，平均每日死亡300多人，每4.8分钟就有一人死于车祸。意外的发生，从来就不是我们能预测到的，不论是天灾还是人祸，不幸发生时，谁来替我们延续那一份对妻儿、父母的责任？保险的功能便在于此，用少部分的钱在意外发生时，换来赔偿金。

客户："我不必保全险，我有十年的开车经验，而且我还有车库。"

销售："是的，我相信您的经验和技术都是一流的，但是在路上开车的人不见得都有您那么好的技术，万一对方撞上您的爱车或是停在路边被人刮伤或撞到，不是白白损失吗？"

客户："为什么要买全险？"

销售："依目前的社会状况而言，车子出外停靠路边容易擦撞而损伤车体，甚至有一些人很喜欢刮别人的新车，最严重的问题是：城市里的小偷很多，新车被偷是时常发生的事，因此建议您还是保全险比较好。"

【案例二】小李最近刚还完了婚房的贷款，看到同事们都有车了，心动了，于是贷款10万元购买了一辆18万元的丰田卡罗拉双擎轿车，请你为小王选择一款经济实用型险种。

分析：小王是贷款买车，经济上有一定的还款压力，购买的车辆属于中档车，发生事故后的维修成本也较高，建议购买基本保障型。

推荐：基本保障型

险种组合：交强险 + 车辆损失险 + 第三者责任险

保障范围：只投保基本险，不含任何附加险。

优点：费用适度，能够提供基本的保障。

缺点：不是最佳组合，最好加上不计免赔特约险。

推荐适用车主：经济实力不太强或短期资金不宽余，有一定经济压力的车主。这部分车主一般认识到事故后修车费用较高，愿意为自己的车和第三者责任寻求基本保障，但又不愿意多花钱寻求更全面的保障。

【案例三】刘先生刚购买了一辆一汽-大众迈腾 B7，实际驾龄达到了 5 年，但是刘先生住的是老小区，没有固定的车位，经济条件中等，平时较为节约，请为他选择险种组合。

分析： 刘先生具有一定的驾驶经验，车龄只有 5 年，加上住的地方是老小区，停车没有安全保障，小偷容易光顾，因此应在减少保费支出的情况下尽量获取较多保障，但由于是私家车，可以增加全车盗抢险。

推荐： 经济保障型

险种组合： 交强险 + 车辆损失险 + 第三者责任险 + 不计免赔特约险 + 全车盗抢险。

保障范围： 基本保障方案上增加全车盗抢险和不计免赔特约条款。

优点： 投保最有价值的险种，保险性价比最高，人们最关心的车辆丢失和 100% 赔付等大风险都有保障，保费不高但包含了比较实用的不计免赔特约险。

缺点： 部分附加险种还未投保，保障还不够完善，主险中还存在较多的免赔情况。

推荐适用车主： 适用于车辆使用三四年，有一定驾龄，是个人精打细算的最佳选择。

【案例四】刘小姐刚拿到驾照不久就购买了一辆一汽-大众探岳，平时喜欢和朋友一起外出自驾游，如何给她上保险呢？

分析： 刘小姐属于新车新手，她对车十分爱惜，希望有全面的保险保障，而且喜欢和朋友一起自驾游，车上乘员及车辆被盗及玻璃的风险应该考虑，而且经济状况较宽余，对于这种情况，建议上最佳保障的车险。

推荐： 最佳保障型

险种组合： 交强险 + 车辆损失险 + 第三者责任险 + 车上人员责任险 + 玻璃单独破碎险 + 不计免赔特约险 + 全车盗抢险

保障范围： 在经济投保方案的基础上，加入了车上人员责任险和玻璃单独破碎险，使乘客及车辆易损部分得到安全保障。

优点： 投保价值大的险种，不花冤枉钱，物有所值。

适用对象： 经济较宽余、保障需要比较全面而乘客不固定的私家车主或一般单位用车。

【案例五】吴先生是一位企业家，上个月他为自己购置了一辆进口奥迪 A8L，价格在 120 万元左右，请为他选择保险险种。

分析： 吴先生是一位经济条件较好的车主，他所购买的进口奥迪 A8L 价格很昂贵，是德国进口车，维修配件的费用非常的高，而且有公用的用途，要保障车上人员的安全，所以建议投保全面保障型保险。

推荐： 全面保障型险种

险种组合： 交强险 + 车辆损失险 + 第三者责任险 + 车上人员责任险 + 玻璃单独破碎险 + 不计免赔特约险 + 新增加设备损失险 + 自燃损失险 + 全车盗抢险

保障范围： 保全险，居安思危才有备无患。能保的险种全部投保，从容上路，不必担心交通所带来的种种风险。

优点： 几乎与汽车有关的全部事故损失都能得到赔偿。投保的人不必为少保某一个险种而得不到赔偿，承担投保决策失误的损失。

缺点：保全险保费高，某些险种出险的概率非常小。

推荐适用车主：经济充裕的车主、价格偏高的车辆和企事业单位用车。

复习题

1. 判断题

（1）第三者责任险是商业保险，是必须投保的险种。　　　　　　　　　　（　　）

（2）汽车精品销售可增加汽车销售的附加价值，维系客户关系。　　　　　（　　）

（3）汽车销售的分期付款实际上是一种促销方式。　　　　　　　　　　　（　　）

（4）车主在投保车险时必须投保交强险。　　　　　　　　　　　　　　　（　　）

2. 单项选择题

（1）（　　）是汽车消费信贷机构服务资金运用的基础。

  A. 收益性　　　　　B. 安全性　　　　　C. 流动性　　　　　D. 多样性

（2）汽车消费信贷风险管理实际上是对（　　）的管理，是信贷管理的核心。

  A. 借款人信用　　　　　　　　　　B. 汽车消费信贷资金安全

  C. 汽车消费信贷流程　　　　　　　D. 消费信贷质量

（3）投保人对（　　）应当具有法律上承认的利益。

  A. 保险事故　　　　　　　　　　　B. 保险责任

  C. 保险风险　　　　　　　　　　　D. 保险标的

（4）（　　）是车辆损失险的主要保险责任。

  A. 自然灾害　　　　　　　　　　　B. 火灾

  C. 盗窃　　　　　　　　　　　　　D. 碰撞损失

3. 多项选择题

（1）我国汽车消费贷款中，最常用的担保方式有（　　）。

  A. 抵押贷款　　　　　　　　　　　B. 按揭贷款

  C. 质押贷款　　　　　　　　　　　D. 第三方保证贷款

（2）汽车贷款的投保人在本合同生效前，必须履行以下义务（　　）。

  A. 办理街道或单位办事处证明

  B. 依法办理抵押物登记

  C. 一次性缴清全部保费

  D. 为车辆办理车辆损失险、第三者责任险、全车盗抢险、自燃损失险等保险

任务三 签约成交

情境导入

客户吴先生来到展厅,询问 2020 款新迈腾的价格,在得知最大优惠价后,向销售顾问周丽说,"同城的另一家 4S 店里同款车型比你们这还便宜 2000 元,而且还有装饰送,你们这不是全国统一售价吗?为什么还会存在这么大的差距?"销售顾问周丽该如何处理价格异议,为吴先生进行报价并引导其签约成交?

任务目标

1. 能描述客户异议的类型及原因。
2. 能描述客户异议的处理方法。
3. 能完成合同签订的流程。

一、基本知识

1. 客户异议的类型及原因

汽车销售顾问在从寻找客户到达成交易的整个销售过程中,不可避免地会遇到客户的各种异议。任何一个销售顾问都必须随时做好心理准备和思想准备,善于分析和处理各种客户异议,努力促使客户签约成交。

(1) 客户异议的含义

客户异议是客户对销售人员所言表示的不明白、不同意或反对的意见。销售活动是从处理客户异议开始的,且处理异议贯穿于整个销售过程的始终。汽车销售工作能否顺利进行,取决于销售顾问、产品(汽车)和客户之间能否保持协调一致。一般来说,客户在接受销售的过程中,不提任何异议就着手购买的情况是不多见的。特别是在汽车销售过程中,由于价值较高,体现得尤为明显。客户在购买某一品牌的汽车前,首先要考虑的是该品牌汽车的使用价值,即该汽车能否满足他某方面的需要,否则,客户不会对该品牌车型产生兴趣。

此外,客户在权衡产品时还会受到经济条件、心理因素、环境条件等多方面因素的影响,因而对价格、质量、售后服务等提出一系列异议。"嫌货才是买货人",不提任何异议的客户往往是没有购买欲望的客户。因此,客户异议是销售过程中的一种正常现象,是难以避免的,作为一名汽车销售顾问首先必须做好应对和消除客户异议的准备。

(2) 客户异议的类型

不同的客户因各种因素的影响,会提出各种不同的异议,销售顾问必须熟悉并善于应对客户的种种异议,才能有效地说服客户,取得销售的成功。

一般来说，客户的异议主要表现为以下几种类型。

1）需求方面的异议：指客户认为产品不符合自己的需要而提出的异议。当客户对你说"我不需要"之类的话时，表明客户在需求方面产生了异议。客户提出需求异议的原因一般有两种：一是客户确实不需要或已经有了同类产品，在这种情况下，销售人员应立刻停止销售，转换销售对象；二是这只是客户想摆脱销售人员或是在销售谈判中占有主动的一种托词。在汽车销售实践中，第一种情况相对比较少见，面对第二种情况，销售人员应根据实际情况，运用有效的异议化解技巧来排除障碍。

2）商品质量方面的异议：指客户针对产品的质量、性能、规格、品种、花色、包装等方面提出的异议，也称为产品异议。这是一种常见的客户异议，其产生的原因非常复杂，有可能由于产品自身存在的不足，也可能源于客户自身的主观因素，如客户的文化素质、知识水平、消费习惯等。在汽车销售实践中，此种异议是汽车销售顾问面临的一个重大障碍，并且客户一旦形成该种异议，就不易说服。

3）价格方面的异议：指客户认为价格过高或价格与价值不符而提出的异议。在销售过程中，汽车销售顾问最常碰到的就是价格方面的异议，这也是客户最容易提出来的问题。一般来说，客户在接触到某一款汽车后，都会询问其价格。因为价格与客户的切身利益密切相关，所以客户对产品的价格最为敏感，一般首先会提出价格异议。即使销售人员的报价比较合理，客户仍会说："你们的价格太高了""能不能再少一点"等。在他们看来，讨价还价是天经地义的事。当然，从另外一方面而言，客户提出价格方面的异议，也是表示客户对产品感兴趣的一种信号，说明客户对产品的其他方面，如性能、质量、款式等比较满意。因此，汽车销售顾问应把握机会，可适当降价，或从产品的材料、工艺、售后服务等方面来证明其价格的合理性，说服客户接受其价格。

4）服务方面的异议：指客户针对购买前后一系列服务的具体方式、内容等方面提出的异议。这类异议主要源于客户自身的消费知识和消费习惯。处理这类异议，关键在于提高服务水平。

5）购买时间方面的异议：指客户认为现在不是最佳的购买时间或对销售人员提出的交货时间表示的异议。当客户说"我下次再买吧"之类的话时，表明客户在这方面提出了异议。这种异议的真正理由往往不是购买时间，而是价格、质量、付款能力等方面存在问题。在这种情况下，销售人员应抓住机会，认真分析时间异议背后真正的原因，并进行说服或主动确定下次见面的具体时间。此外，在汽车销售实践中经常会碰到由于企业生产安排和运输方面的原因，或正处于销售旺季，可能无法保证产品的及时供应。在这种情况下，客户有可能对交货时间提出异议。面对此种异议，销售人员应诚恳地向客户解释缘由，并力争得到客户的理解。

6）客户对销售人员的行为不满意：这种异议往往是由销售人员造成的。在现实中，由于某些销售人员素质相对较低，服务态度不好，或自吹自擂，过分夸大产品的优点，或礼数欠佳等都会引起客户的反感，从而拒绝购买产品。因此，销售人员一定要注意保持良好的仪容仪表，言谈举止得体，并注意自身素质的培训，争取给客户留下良好的印象，从而顺利地开展销售工作。

（3）客户异议的原因——客户自身的原因

1）客户的偏见：客户由于其自身经历等方面的原因，往往会提出一些不合理的异议，这往往是由客户的偏见造成的。偏见导致客户在看问题时十分片面，缺乏整体观念，而且偏见一旦形成就很难克服。因此无论是企业还是销售人员，在进行宣传或销售时务必要谨慎，不要给客户形成偏见的契机。

2）客户的支付能力：即使客户对产品存在需求，但是若客户的货币支付能力不足的话，仍会拒绝购买产品。销售人员要善于察言观色，了解客户的实际货币支付能力，避免无效的销售行为。同时也要注意自己的态度，不放弃其成为自己未来客户的可能性。

3）客户的购买习惯：在很多情况下，客户拒绝购买产品，是由其本身的购买习惯决定的。客户在长期的购买活动中已形成了一些固有的习惯，而这些习惯是很难改变的。因此，当销售活动与客户的购买习惯不一致时，客户就会提出异议，增加销售的难度。

4）客户的消费知识：客户在购买产品时，由于其所掌握的资料极其有限，因而并不具备关于产品的各个方面的专门知识。由于客户缺乏消费知识，或销售人员不能详尽地介绍产品，会导致客户提出异议。这种异议可以经销售人员的努力而解决，因而销售人员应予以高度重视。

5）客户的购买权力：一般来说，无论是一个家庭还是一个企业，都有购买权力的决策中心。如果销售的对象无权决定购买什么产品、购买多少，他就可能借故对购买条件、购买时间等提出异议。因此，销售人员在判定客户资格时，一定要认真仔细，尽量避免销售努力的浪费。

（4）客户异议的原因——产品的原因

1）产品的功能：功能是指产品的功用、效用。功能的多少也是客户选择产品时的一个重要依据。如果功能太多或太少，或功能不能符合客户的需要，客户也会提出异议，拒绝购买该产品。

2）产品的利益：客户购买产品，并不是单纯为了产品本身和产品所带来的基本利益。只有当你的产品能为客户带来比其他产品更多的利益和好处，如节省时间、服务更完善时，客户才有可能放弃购买其他产品而购买你的产品，否则，客户就会因此而提出异议。

3）产品的质量：产品的质量是产品的一切属性中最重要的属性，它是产品的生命。产品质量的好坏直接影响到客户的购买行为。客户对产品的功能、造型等方面的选择都是以产品质量令客户满意为前提的。客户若认为产品质量不过关，或不能达到令他满意的标准，就会提出异议，而且一般很难改变。

4）产品的造型、式样、包装等：产品的造型、式样、包装等属性是产品的非基本属性。但是，随着市场上产品的不断增多，竞争日益激烈，各种产品在质量、价格、功能等方面相差无几。在这种情况下，客户对产品的要求越来越高，对其造型、式样、包装等方面的重视程度也不断增加。若产品的外观没有什么特色，或不能满足客户的特定需求，他们就会对产品的这些方面提出异议。

（5）客户异议的原因——价格的原因

因价格方面的原因使客户提出异议的情况在销售中是比较常见的。一般多表现为客户认为价格过高而与销售人员讨价还价，但也有认为价格偏低而拒绝购买产品的。

1）价格过高：客户认为产品价格过高，这是因价格原因而产生异议的最普遍的情况，具体原因如下。

① 客户对市场上同类产品的价格已形成自己的看法，将此产品的价格与之相比较，认为此产品的价格过于昂贵。

② 客户通过对产品成本的估算，心中确定了一个自认为合理的价格，相比之下认为此产品价格昂贵。这种看法往往存在偏差，尤其对汽车这种知识产权等无形价值含量高的产品往往低估其价格。

③ 客户由于经济原因对产品虽有需求，但缺乏支付能力，因而认为产品贵。

④ 有些客户无论对什么产品，都觉得对方报价贵，因而无论对方报什么价，都要讨价还价一番。

⑤ 客户以价格贵为由来试探销售人员，看是否仍有进一步降价的可能，以实现自己利益的最大化。

⑥ 客户根本无意购买产品，只是以价格高为借口，以摆脱销售人员。

2）价格过低：在某些情况下，客户会因销售商品的价格过低而拒绝购买产品。主要受以下因素的影响：

① 客户经济条件比较好，没必要买价格低廉的商品。

② 客户认为"便宜没好货，好货不便宜"，不信任产品的质量。

③ 客户社会地位比较高，认为购买低档品有损自己的形象。

3）讨价还价：对于客户认为价格过高的产品，客户若确实有购买欲望的话，必然要与销售人员进行一番讨价还价。客户讨价还价主要出于以下动机：

① 客户出于自己利益的动机，希望购买价格更低的产品。

② 客户出于攀比心理，希望自己购买到的产品比其他人购买到的产品价格更低。

③ 客户希望在讨价还价中显示自己的谈判能力，获得心理的满足。

④ 客户希望从别处购买产品，通过讨价还价，以获得较低的价格向第三方施加压力。

⑤ 客户根据自己的经验，认为价格多数有"水分"，经讨价还价，销售人员多数情况下会让步。

2. 客户异议的处理流程及方法

（1）处理客户异议的态度

客户异议在销售过程中是客观存在、不可避免的。客户异议是成交的障碍，但也是客户对产品产生兴趣的信号。若处理得当，反而能使销售工作进一步深入下去。销售人员在处理异议时应注意以下几点。

1）情绪轻松，不可紧张。销售人员要认识到异议是必然存在的，在心理上不可有反常的反应。当听到客户提出异议后，应保持冷静，不可动怒，也不可采取敌对行为，这些是控制异议的必要条件。

2）认真倾听，真诚欢迎。销售人员听到客户所提的异议后，应表示对客户的意见真诚地欢迎，并聚精会神地倾听，千万不可加以阻挠。另外，销售人员必须承认客户的意见，以示对其尊重。与此同时，当销售人员提出相反意见时，客户自然也较容易接纳销售人员的提议。

3）重述问题，证明了解。销售人员向客户重述其所提出的异议，表示已了解。必要时可询问客户，确认其重述是否正确，并选择异议中的若干部分予以诚恳的赞同。

4）审慎回答，保持友善。销售人员对客户所提的异议必须审慎回答。一般而言，应以沉着、坦白及直爽的态度，将有关事实、数据、资料或证明，以口述或书面方式送交客户。措辞须恰当，语调须温和，并在和谐友好的气氛下进行洽商，以解决问题。即使不能解答，也不可乱吹。

5）尊重客户，灵活应对。销售人员切记不可忽略或轻视客户的异议，以避免客户产生不满或怀疑，使交易谈判无法继续下去。销售人员也不可生硬地直接反驳客户，如果粗鲁地反对其意见，甚至指责其愚昧无知，则销售人员与客户之间的裂痕永远无法弥补。

6）准备撤退，保留后路。销售人员应该明白客户的异议不是能够轻而易举地解决的。不过，销售人员与客户面谈时所采取的方法，对于彼此之间将来的关系有很大的影响。如果根据洽谈的结果认为一时不能与客户成交，那就应设法使日后重新洽谈的大门敞开，以期再有机会讨论这些分歧。因此，要时时做好遭遇挫折的准备。如果销售人员最后还想得到胜利，那么在这个时候便应该"光荣地撤退"，不可稍露不快的神色。

（2）处理客户异议的一般程序

一般来说，在处理客户异议时应遵循以下程序。

1）认真听取客户提出的异议

① 认真听取客户的意见，是分析客户异议，形成与客户之间良好的人际关系，提高企业声望、改进产品的前提。当客户提出异议时，销售人员不要匆忙打断对方的话和急于辩解，这样做非常容易演化为争吵，不但导致销售的失败，而且有损企业的形象和产品的形象。

② 在回答客户异议之前，销售人员一定要仔细、彻底地分析一下客户提出异议背后真正的原因。有经验的销售人员在摸不清客户的确切意图时，往往会引导客户讲话，从而逐步从其话语中摸索出客户的真实想法，然后对症下药，消除客户的异议。

③ 转化客户的异议。当客户提出异议时，一方面销售人员要表示接受客户的异议；另一方面，又要运用销售技巧劝说客户放弃其异议。

2）适时回答客户的异议。面对客户提出的异议，销售人员在什么时候回答最合适呢？销售人员回答异议的时机也是非常有讲究的。销售人员应根据销售环境的情况、客户的性格特点、客户提出的异议的性质等因素，来决定提前回答、及时回答、稍后回答，或是不予回答。

① 提前回答：指在客户提出异议之前就回答。一个经验丰富的销售人员往往能预测到客户有可能会提出哪些意见，并在销售过程中及时察觉。这时，销售人员应抢在客户前先把问题提出来，并自己进行解答。如当一位销售人员在介绍产品功能时，发现客户的脸上出现不满的表情，根据以往的经验，销售人员判断客户可能认为产品功能不全。这时，销售人员可及时地将客户可能提出的异议说出来："我们的产品功能确实不太多，但所有基本功能保证都是齐全的。而且，我们的产品设计是便携式的，一般也不需要那么多功能。"

② 立即回答：指对客户的异议立即予以答复。对比较重要并且容易解决的问题，销售人员应立即予以回答。一方面，显示销售人员重视客户，并能立即消除客户的忧虑；另一方面，若任客户提出意见而不予回答，客户的异议增多，对产品的不满会越来越多，以致很难扭转。因此，销售人员在销售洽谈过程中应有选择地及时解决一些问题，避免留下后患。

③ 稍后回答：销售人员认为客户提出的异议比较复杂，不是一两句话可以解释清楚的，需要搜集资料才能回答，无关紧要的可以稍后再予以回答。

④ 不予回答：指对客户提出的异议置之不理，不予回答。对于客户由于心情欠佳等原因提出的一些异议，或与购买决策无关的异议等，销售人员可以不予回答。

3）收集、整理和保存各种异议。收集、整理和保存各种异议是非常重要的，销售人员必须予以充分的重视，并做好这项工作。客户的许多意见往往是非常中肯的，确实指出了产品的缺陷和应改进的地方，使企业改进产品有了一定的方向。除此之外，客户的某些想法有可能激发企业的创新灵感，从而开发出满足客户需要的新产品。销售人员对于客户提出的各种异议不应采取"左耳进，右耳出"的态度，可在销售工作告一段落后加以收集、整理和保存。通过这项工作，销售人员可以了解客户可能提出的异议，并据此设计令客户满意的答案。这样，在日后面对客户提出类似问题时才不会惊慌失措，才会提高自己对销售工作的信心。

（3）处理客户异议的主要方法

客户的异议多种多样，处理的方法也千差万别，必须因时、因地、因人、因事而采取不同的方法。在销售过程中，常见的处理客户异议的方法有以下9种。

1）转折处理法：这种方法是销售工作中的常用方法，即销售人员根据有关事实和理由来间接否定客户的异议。应用这种方法是首先承认客户的看法有一定道理，也就是向客户做出一定让步后才讲出自己的看法。此法一旦使用不当，可能会使客户提出更多的异议。在使用过程中要尽量少用"但是"一词，而实际交谈中却包含着"但是"的意见，这样效果会更好。只要灵活掌握这种方法，就会保持良好的洽谈气氛，为自己的谈话留有余地。当然，如果再举几个例子，效果一定会更好。

2）转化处理法：这种方法是利用客户的异议自身来处理。客户的异议是有双重属性的，它既是交易的障碍，同时又是很好的交易机会，销售人员要是能利用其积极因素去抵消其消极因素，未尝不是一件好事。

3）以优补劣法：又叫补偿法。如果客户的异议确切说中了你的产品或企业所提供的服务中的缺陷，千万不可以回避或直接否定。明智的方法是肯定有关缺点，然后淡化处理，利用产品的优点来补偿甚至抵消这些缺点。这样有利于使客户的心理达到一定程度的平衡，有利于使客户做出购买决策。

4）委婉处理法：销售人员在没有考虑好如何答复客户的异议时，不妨先用委婉的语气把对方的异议重复一遍，或用自己的话复述一遍，这样可以削弱对方的气势。有时转换一种说法会使问题容易回答得多，但你只能减弱而不能改变客户的看法，否则客户会认为你歪曲他的意见而产生不满。可以在复述之后问一下："你认为这种说法确切吗？"然后再说下文，以获得客户的认可。比如客户抱怨"这价格比上个月高多了，怎么涨了这么多？"销售人员可以这样说："是啊，价格比上个月确实高了一些。"然后再等客户的下文。

5）反问法：这种方法是指销售人员对客户的异议提出反问来化解客户异议。常用于销售人员不了解客户异议的真实内涵，即不知是寻找借口还是真有异议时，进行主动了解客户心理的一种策略。采取反问法时，应注意销售礼仪和保持良好的销售气氛。

6）反驳法：这种方法是指销售人员根据事实直接否定客户异议的处理方法。理论上讲，这种方法应该尽量避免。直接反驳对方容易使气氛僵化而不友好，使客户产生敌对心理，不利于客户接纳销售人员的意见。但如果客户的异议产生于对产品的误解或你手头上的资料可以帮助你说明问题时，你不妨直言不讳。但要注意态度一定要友好而温和，最好能引经据典，这样才有说服力，同时又可以让客户感到你的信心，从而增强他对产品的信心。

比如客户提出你的售价比别人贵，如果你的产品实行了销售标准化，产品的价格有统一标准，你就可以拿出目录表，坦白地指出对方的错误之处。反驳法也有不足之处，这种方法容易增加客户的心理压力，弄不好会伤害客户的自尊心和自信心，不利于销售成交。

7）冷处理法：对于客户一些不影响成交的异议，销售人员最好不要反驳，采用冷处理的方法是最佳的。千万不能客户一有异议，就反驳或以其他方法处理，那样就会给客户造成你总在挑他毛病的印象。当客户抱怨你的公司或同行时，对于这类无关成交的问题，都不予理睬，转而谈你要说的问题。

比如客户说："啊，你原来是××公司的销售员，你们公司周围的环境可真差，交通也不方便呀！"尽管事实未必如此，也不要争辩。你可以说："先生，请您看看产品……"国外的销售专家认为，在实际销售过程中，绝大多数的异议都应该冷处理。但这种方法也存在不足，不理睬客户的异议，会引起某些客户的注意，使客户产生反感。且有些异议与客户购买关系重大，销售人员把握不准而不予理睬，可能有碍成交，甚至失去销售机会。因此，使用这种方法时必须谨慎。

8）合并意见法：这种方法是将客户的几种意见汇总成一个意见，或者把客户的异议集中在一个时间讨论，总之，是要削弱异议对客户所产生的影响。但要注意不要在一个异议上纠缠不清，因为人们的思维有连带性，往往会由一个异议派生出许多异议。摆脱的办法，是在回答了客户的异议后马上把话题转移开。

9）比较优势法：这种方法是指销售人员将自己产品与竞争产品相比较，从而突出自己产品的优势。

3. 销售合同签订

（1）"购车协议书"

当客户对价格无异议时，及时提出签订"购车协议书"（车辆购销合同）的要求。客户所购车型无现货时，填写"购车协议书"并交预订金；有现货，请客户验车、确认。销售顾问应准确填写"购车协议书"中的相关内容，并协助客户确认所有细节。不同的汽车经销商的"购车协议书"不完全一致，但是大致内容是相同的。图 8-3-1 是某汽车经销商的"车辆购销合同"。

车辆购销合同

甲方（卖方）：×××汽车销售服务有限公司

销售代表：_____ 联系电话：_____ 销售热线：8888××××

乙方（买方）：_____

联系人：_____ 联系电话：_____ 地址：_____

甲乙双方在平等、自愿的基础上，经双方友好协商，就购车事宜签订本合同。

一、合同标的：

车型	配置	颜色	车辆单价	数量
车辆总价：（大写）	¥			
自选配置一			价格	
自选配置二			价格	
自选配置三			价格	
自选配置总价：（大写）		¥		
合同总价：（大写）		¥		
预付定金：（大写）		¥		

二、交货地点与方式：由乙方到甲方公司 ＋
　　预计交货时间：_____
三、付款方式：签订本合同时，乙方支付定金，余额在提车前须全额付至甲方指定账户。
　　车辆价格为裸车价格，不包含：车辆购置税、车辆保险费、上牌杂费等。
四、车辆验收标准：乙方按新车标准在提车时一并验收。
五、其他条款：
　　1. 乙方未付清全部车款前，甲方拥有本合同项下车辆的处分权。
　　2. 卖方应于约定交货期内交车，但如因不可抗力因素影响交货期，买方不得拒绝收货。
　　3. 甲方在车辆到店后通知客户三天内付款提车。乙方逾期未提，甲方有权解除合同。定金归甲方所有，车辆另行分配。
六、特别约定：
七、本合同条款未尽事宜，由甲乙双方协商解决。
本合同一式两份，双方各执一份，具有同等法律效力，双方代表签字（或盖章）即生效。
　甲方：　　　　　　　　　　　　　　　　　乙方：

　或代表：　　　　　　　　　　　　　　　　或代表：
　　　　　　　　　　　　　　　　　　　　　签订日期：____年 月 日

图 8-3-1 "车辆购销合同"实物图

（2）成交阶段的风险防范要点

在成交阶段，还要注意成交方面的风险，避免在成交以后再起争议。达成交易以后，销售人员暂且忘掉一切，不要再去回顾整个交易过程的艰辛情况，特别要注意的是不要被客户牵着鼻子走。

例如，成交之后，假如客户说："你们做汽车销售的也挺不容易的，为了一个订单跑了这么多次，费了这么大的力气，够辛苦的。"此时，如果你接了客户的话题，回忆交易过程的艰难，说："可不是嘛，所有的客户就您跟我签了单，其他客户们都还没有签呢。"听到这话，客户也许会敏感地认为是不是你的价格、服务还是其他什么地方存在问题。因此，很有可能发生一些新的争议，造成客户在购买上的反悔。

成交阶段注意以下要点：

1）成交过程中的风险防范：销售人员要积极地在客户的感情方面多做工作，一旦进入成交过程就不轻易动摇条件。销售人员要不卑不亢，说话短促有力，充满自信，不说没用的话，不使用模棱两可的语言，明确告知 Yes 或 No，让客户自己做出决定。

2）制作订单之前的风险防范：销售人员既然在成交阶段之前已经做了大量的工作，此时要相信自己，相信客户是通情达理、真心诚意的，不要在销售条件上屈服，所有的变通都要在规定的条件框内决定。

3）写订单阶段的风险防范：销售人员要多听少说，注意言多必失，一定要将承诺和条件互相确认。如确认车辆的颜色、车辆的交货期、车辆的代号、车辆的价格等，以避免出现歧义。同时，要确认车辆的购买个人（单位）、确认支付方式、支付银行、交易银行、银行账号等。

4）签字盖章阶段的风险防范：这个阶段，销售人员要动作迅速，一切按规范处理，一定要确认资金和支付方式，按规定收取定金，把订单（协议、合同）的一联交给客户，同时要把注意事项事先说清楚。成交之后，即指签订购车合同后，双方都会表现出高兴、得意的表情，但在这个阶段客户对洽谈的内容有时还会存有一些担心，因此，不忘适时地赞美客户几句，一定要给客户留下"确实买了一样好东西，物有所值"的印象。

二、拓展知识

1. 促成交易的方法和技巧

在销售洽谈的最后阶段，销售人员除应密切注意成交信号，做好成交的准备外，还要学会运用不同的成交技巧与方法。成交技巧与方法是指在最后成交过程中，销售人员抓住适当的时机，启发客户做出购买决定、促成客户购买的推销技术和技巧。

（1）优惠成交法

优惠成交法是销售人员向客户提供各种优惠条件来促成交易的一种方法。这种方法主要是利用客户购买商品的求利心理动机，通过销售让利，促使客户成交。供销售人员选择的优惠条件有广告补助、批量折扣、附赠品、优先供货优待、提供特殊服务等。采用优惠成交法，即使客户感觉得到了实惠，增强了客户的购买欲望，也同时改善了买卖双方的人际关系，有利于双方长期合作。但是，采用此法无疑会增加销售费用，降低企业的收益，运用不当还会使客户怀疑推销品的质量和定价。因此，销售人员应合理运用优惠条件，注意进行损益对比分析及销售预测，遵守国家有关政策、法规，并做好产品的宣传解释工作。

（2）假定成交法

假定成交法是销售人员假定客户已经做出购买决策，只需对某一具体问题做出答复，从而促使客户成交的方法。假定成交法不谈及双方敏感的是否购买这一话题,减轻客户购买决策的心理压力,以"暗度陈仓"的方式,自然过渡到实质的成交问题。假定成交法是一种积极的、行之有效的方法,它自然跨越了敏感的成交决定环节,便于有效地促使客户做出决策,能够适当减轻客户决策的压力,有效地节省推销时间,提高销售效率。但是,如果使用的时机不当,会阻碍客户的自由选择,会产生强加于人、自以为是的负效应,引起客户反感。销售人员运用假定成交法时,应尽量创造和谐融洽的洽谈气氛,注意研究观察客户的购买心理变化,捕捉客户成交的信号,然后采用此法促成交易。如果客户对推销产品兴趣不浓或还有很多的疑虑时,销售人员不能盲目采用此法,以免失去客户。同时,销售人员应善于分析客户,对于较为熟悉的老客户或个性随和、依赖性强的客户,可以用假定成交法,而对于自我意识强,过于自信或自以为是的客户,不宜采用假定成交法。

(3)从众成交法

从众成交法是销售人员利用从众心理来促成客户购买推销品的成交方法。在日常生活中,人们或多或少都有一定的从众心理。从众心理必然导致趋同的从众行为。作为人们的购买行为,当然受到自身性格、价值观念、兴趣爱好等因素的影响,同时又受到家庭、参考群体、社会环境等因素的影响。因此,客户在购买商品时,不仅要依据自身的需求、爱好、价值观选购商品,也要考虑全社会的爱好,以符合大多数人的消费行为。从众成交法正是抓住了人的这一心理特点,力争创造一种时尚或流行的趋势来鼓动人们随大流,以便促成交易。从众成交法主要适合于具有一定时尚程度的商品推销,且要求客户具有从众心理。如果商品流行性差,号召力不强,又遇到自我意识强的客户,就不宜采用此法。在具体运用从众成交法时应注意把握以下两点。

1)使用从众成交法推销商品前,先期发动广告攻势,利用名人,宣传品牌,造成从众的声势。

2)寻找具有影响力的核心客户,把推销重点放在说服核心客户上。在取得核心客户合作的基础上,利用客户们的影响力和声望带动、号召大量具有从众心理的客户购买,同时还要注意为客户提供证据。

(4)解决问题成交法

解决问题成交法是指在成交阶段,客户异议已经发生,销售人员针对客户异议设法予以解决,促使推销成功的一种方法。一般情况下,销售人员可通过异议试探,有针对性地解除客户的疑虑。如果这时客户的异议是真的,客户会慎重选择销售人员提供的方法而促成交易;如果客户的异议是假的,自然会以别的借口搪塞,这时销售人员就知道如何处理了。

(5)对比平衡成交法

对比平衡成交法也称T形法,即运用对比平衡方式来促使客户做出购买决策。在一张纸上画出一个"T",销售人员需要在潜在客户的参与下共同完成对比分析,可以将购买的原因列举在T形的右边,同时将不购买的原因列举在T形的左边。销售人员在与潜在客户共同制作好对比表以后,还得向客户逐一说明,然后邀请成交和提出诸如"对此您感觉如何"之类的坦率问题。

销售人员可根据轻重缓急对需要解决的问题进行排序,客观全面地列出购买或不购买的原因,最好邀请潜在客户一起参与,这样不仅提高了销售人员的可信度,而且进一步激发了潜在客户的购买愿望。这种方法适用于驾驭型和分析型客户,因为这符合客户们强调沟通理性的风格。

（6）小点成交法

小点成交法是指销售人员通过解决次要的问题，从而促成整体交易实现的一种成交方法。销售人员运用小点成交法时，要注意客户的购买意向，慎重选择小点，以利于创造和谐的气氛，保证以小点的成交促进整体交易的实现。从客户的购买心理来说，重大问题往往会产生较强的心理压力，客户往往比较慎重，不会轻易做出购买决策，如在购房、汽车、高档家电等方面尤为突出。而在比较小的交易问题面前，如购买日用品，客户往往信心十足，比较果断，容易做出成交的决定。小点成交法正是利用客户的这种心理规律，对大型的交易，先就局部或次要问题与客户成交，然后在此基础上，再就整体交易与客户取得一致意见，最后成交。小点成交法采取先易后难、逐渐推进的方法，避免大笔交易给客户带来的心理压力，运用较为灵活。但是此法如果运用不当，容易分散客户的注意力，不利于突出推销品的主要优点，客户会因次要问题纠缠不清，容易导致失败。

（7）总结利益成交法

总结利益成交法是销售人员在成交阶段，对客户汇总阐述其销售产品的优点，激发客户的购买兴趣，促使交易实现的一种方法。这种方法是在推销劝说的基础上，进一步强调销售产品的良好性能和特点，给客户带来的多方面利益，使客户更加全面地了解销售产品的特性。

总结利益成交法能够使客户全面了解产品的优点，便于激发客户的购买兴趣，最大限度地吸引客户的注意力，使客户在明确既得利益的基础上迅速做出决策。但是采用此法，销售人员必须把握住客户确实的内在需求，有针对性地汇总阐述产品的优点，不能将客户提出异议的方面作为优点予以阐述，以免遭到客户的再次反对，最终使汇总利益的劝说达不到效果。

（8）循循善诱成交法

循循善诱成交法与总结利益成交法有类似之处，但销售人员不直接总结产品的利益，而是提出有关利益的一系列问题让客户回答的成交方法。值得注意的是，使用这一方法，应该认识到某些潜在客户也可能先假装同意销售人员所陈述的所有产品利益，但当销售人员提出购买请求时却出人意料地被拒绝，有意想看到销售人员惊奇的表情。此外，多疑的客户可能会把循循善诱成交法视为陷阱，或看成是对客户们智商的伤害，无助于购买决策。无论是对于哪种客户，心平气和地看待和处理是销售人员必须具备的职业素养。

（9）请求成交法

请求成交法是销售人员直接要求客户购买产品的一种成交技术。在洽谈出现以下3种情况时可以果断地向客户请求成交。

1）洽谈中客户未提出异议。如果洽谈中客户只是询问了产品的各种性能和服务方法，销售人员都——做了回答后，对方也表示满意，但却没有明确表示购买。这时销售人员就可以认为客户心理上已认可了产品，应适时主动地向客户提出成交。

2）客户的担心被消除后。洽谈过程中，客户对商品表现出很大的兴趣，只是还有所顾虑，当通过解释已经解除顾虑并取得了客户认同，就可以迅速提出成交请求。

3）客户已有意购买，只是拖延时间，不愿先开口。此时为了增强其购买信心，可以巧妙地利用请求成交法以适当施加点压力，达到直接促成交易的目的。请求成交法的优点在于若能正确运用的话，能够有效地促成交易。因为从客户心理来看，客户一般不愿主动提出成交要求。为了有效地促成交易，就要求销售人员把握时机，主动提议，说出客户想说又不愿意说的话，从而促成交易。另外，采用请求成交法，可以避免客户在成交的关键时刻故意拖延时间，贻误成交时机，从而有利于节约推销时间，提高推销活动效率。但是请求成交法也存在局限性。若销售人员不能把握恰当的成交机会，盲目要求成交，很容易给客户造成压力，从而产生抵触情绪，破坏本来很融洽的成交气氛。此外，若销售人员急于成交，就会使客户以为销售人员有求于自己，从而使销售人员丧失成交的主动权，使客户获得心理上的优势。还有可能使客户对本来已认可的条件产生怀疑，从而增加成交的难度，降低成交的效率。

（10）选择成交法

选择成交法是销售人员为客户提供一种购买选择方案，并要求客户立即做出购买决策的方法。此法是在假定客户一定会买的基础上为其提出购买决策的选择方案，即先假定成交，后选择成交。选择成交法适用的前提是：客户不是在买与不买之间做出选择，而是在产品属性方面做出选择，如产品价格、规格、性能、服务要求、订货数量、送货方式、时间、地点等都可作为选择成交的提示内容。这种方法表面上是把成交主动权让给了客户，而实际只是把成交的选择权交给了客户，客户无论怎样选择都能成交，并利于充分调动客户决策的积极性，较快地促成交易。

（11）以退为进成交法

以退为进成交法一般是指销售人员提出第一项方案被客户拒绝后，再提出第二项方案，客户就会认为对方已经做出让步了。以退为进促成交易方式的基本出发点是由于社会成员间存在着互动共荣的特点。销售人员改变方案意味着已经接受了异议或拒绝，重新提出的成交方案肯定比第一项方案有所让步，否则不可能成交。

（12）体验成交法

体验成交法是销售人员为了让客户加深对产品的了解，增强客户对产品的信心而采取的试用或者模拟体验的一种成交方法。体验成交法能给客户留下非常深刻的直观印象。目前，在很多高价值、高技术含量的产品领域，体验成交非常流行，体验成交法在汽车销售中运用广泛，每个客户都可以通过试乘试驾活动体验预购车辆乘坐和驾驶的感受。

（13）机会成交法

机会成交法是销售人员向客户提示最后成交机会，促使客户立即购买的一种成交法。人们一般都有"机不可失，时不再来"的心理认识，遇到有利机会一旦错过，将后悔莫及。机会成交法正是抓住客户在最后机会面前的犹豫并将其变为果断购买。机会成交法利用人们怕失去能够得到某种利益的心理，极大地刺激了客户购买欲望，减少了推销劝说的难度，增强了客户主动成交的压力，促使交易尽快完成。但是，运用此法要求销售人员必须实事求是，不能欺骗和愚弄客户，否则会影响企业的信誉和客户对销售人员的信任。

（14）保证成交法

保证成交法是销售人员通过向客户提供售后保证而促成交易的一种方法。客户成交有多种不同的心理障碍，有的担心购买后商品质量有问题，有的担心送货不及时，无人上门安装修理等。如果不消除客户的这些心理障碍，客户往往会拖延购买或以借口拒绝购买。保证成交法是针对客户的忧虑，通过提供各种保证以增强客户购买的决心，利于客户迅速做出购买决定，有利于有针对性地化解客户异议，有效地促成交易。

（15）肯定成交法

肯定成交法是销售人员以肯定的赞语坚定客户的购买信心，从而促成交易实现的一种方法。肯定的赞语对客户而言是一种动力，可以使犹豫者变得果断，拒绝者无法拒绝，从而使客户别无选择地成交。销售人员采用肯定成交法,必须确认客户对推销品已产生浓厚兴趣。赞扬客户时一定要发自内心,态度要诚恳,语言要实在,不要夸夸其谈,更不能欺骗客户。肯定成交法先声夺人,减少了推销劝说难度,销售人员由衷的赞语是对客户的最大鼓励,有效地促进了客户做出决定,利于提高推销效率。但是这种方法有强加于人之感,运用不好可能遭到拒绝,难以再进行深入的洽谈。

2. 买卖(销售合同)法律知识

汽车销售工作涉及面广,影响到的利益相关者较多,要求遵循的法律法规也较多,销售顾问应对相关的法律法规知识有一个系统的了解,以便更好地开展销售工作。汽车销售顾问在销售过程中不可避免地要与客户订立买卖合同,因此作为一名合格的销售顾问必须对《中华人民共和国民法典(合同编)》及买卖合同有所了解。

(1)买卖合同的性质

1)买卖合同属于双务合同。双务合同是指当事人双方互负对待给付义务的合同,即一方当事人所享有的权利是另一方当事人所负有的义务,反之亦然。如常见的买卖、租赁、承揽、运输等合同均为双务合同。

2)买卖合同属于有偿合同。有偿合同是指一方通过履行合同规定的义务而给对方某种利益,对方要求得到该利益必须为此支付相应代价的合同。有偿合同是商品交换最典型的法律形式,在实践中,绝大多数反映交易关系的合同都是有偿的。

3)买卖合同属于有名合同。有名合同,又称典型合同,是指法律上已经确认了确定名称及规则的合同。

4)买卖合同属于诺成合同。诺成合同是指当事人一方的意思表示一旦为对方同意即成立的合同。诺成合同的特点在于当事人双方意思表示一致之时合同即告成立,绝大多数的合同都是诺成合同。

(2)买卖合同形式

《中华人民共和国民法典(合同编)》第四百六十九条【合同订立形式】当事人订立合同,可以采用书面形式、口头形式或者其他形式。书面形式是合同书、信件、电报、电传、传真等可以有形地表现所载内容的形式。以电子数据交换、电子邮件等方式能够有形地表现所载内容,并可以随时调取查用的数据电文,视为书面形式。根据这一规定,合同形式可以分为书面形式、口头形式或其他形式。在我国汽车销售实践中为避免不必要的合同纠纷一般采用书面形式。

(3)买卖合同的主要条款

1)当事人的名称或者姓名和住所:这一条款也可以称为当事人条款,为合同的履行提供方便,同时住所也是判断当事人履行情况的依据。在发生纠纷之后,当事人的住所还可以成为确定受诉法院的依据。

2)标的:标的即合同权利义务指向的对象。合同的标的必须准确无误,标的的名称、型号、规格、品种、等级、颜色等都应当规定清楚,避免发生误解。

3)数量:数量是标的在量的方面的具体化,是计算和衡量合同当事人权利义务的尺度。

4)质量:质量是标的质的规定性,是指对标的在标准和技术方面的要求。关于质量的标准,国家有许多不同的要求,当事人应当予以明确。当然,当事人也可以根据合同的目的约定特别的质量标准。在质量条款中,除应当规定检验质量的标准之外,还应当载明对产品质量负责的期限和条件、产品质量检验的时间和方法等内容。

5）价款：价款就是指买受人为取得标的物而应当向对方当事人支付的货币。

6）履行期限、地点和方式：履行期限就是指债务人履行合同义务和债权人接受履行的时间界限，是确定当事人是否发生迟延履行的依据。期限有期日和期间之分，履行期限可以为一个确定的日期，也可以是一个时间段。无论是期日还是期间，履行期限一定要明确具体。履行地点是债务人履行合同义务和债权人接受履行的地方。履行地点是确定验收地点，合同标的是否交付、标的所有权是否转移、标的物意外灭失风险由哪一方承担的依据。在特殊情况下，履行地点还可能成为确定价款的依据。

7）违约责任：违约责任是指当事人不履行合同义务或者履行合同义务不符合约定而应当承担的民事责任。违约责任的形式多种多样，主要有继续履行、采取补救措施、赔偿损失、违约金责任等。

8）解决争议的方法：解决争议方法的条款中，主要包括在当事人不愿和解、调解或者和解、调解不成的情况下，是通过诉讼还是仲裁的方式来解决双方的争议。由于仲裁和诉讼管辖在性质上是相互排斥的，当事人或者选择诉讼方式解决争议，或者选择仲裁的方式解决争议。当事人可以根据仲裁协议向仲裁机构申请仲裁。涉外合同的当事人可以根据仲裁协议向中国仲裁机构或者其他仲裁机构申请仲裁。当事人没有订立仲裁协议或者仲裁协议无效的，可以向人民法院起诉。对于发生法律效力的判决、仲裁裁决、调解书，当事人应当自觉履行；拒不履行的，对方可请求人民法院依法执行。

复习题

1. 判断题

（1）异议处理贯穿于整个销售过程的始终。（　　）
（2）在客户签订合同前，一定要向客户讲明合同条款，尤其是车辆价格组成。（　　）
（3）对于有需求异议的客户，销售人员应立刻停止销售，转换销售对象。（　　）
（4）对于客户提出的真实异议，销售顾问必须视情况而采取立即处理或延后处理的策略。（　　）

2. 单项选择题

（1）汽车销售顾问最常碰到的就是（　　）。
　　A. 服务方面的异议　B. 需求方面的异议　C. 质量方面的异议　D. 价格方面的异议
（2）客户希望降价，但却提出油耗高、颜色不好、内饰太差等，属于（　　）。
　　A. 真实异议　　　B. 虚假异议　　　C. 隐藏异议　　　D. 误解异议
（3）以下对待客户异议不正确的态度是（　　）。
　　A. 把客户异议看成正常现象　　　B. 把客户异议看成推销机会
　　C. 把客户异议看成交易信号　　　D. 对客户异议予以反驳或置之不理
（4）以下属于购买时间异议的处理技巧的是（　　）。
　　A. 激发客户需求　B. 坚持报价不让步　C. 分期付款　D. 良机激励

3. 多项选择题

（1）处理异议的基本步骤是（　　）。
　　A. 测定异议　　　B. 了解异议　　　C. 求证异议　　　D. 处理异议
（2）处理异议时必须避免（　　）。
　　A. 争辩　　　　　B. 放任　　　　　C. 悲观、哀求　　D. 前后不一

09

学习情境九
交车及售后跟踪

交车环节是客户最兴奋的时刻。交车前销售顾问应做好充分的准备，在交车当天通知参与交车的相关人员，确保顺利交车。交车后3天内，还应该对客户进行跟踪服务，了解车辆使用情况，与客户建立良好的关系，便于客户转介绍等工作。

本情境主要学习交车及售后跟踪的流程与技巧，分为两个工作任务：任务一交车流程，任务二售后跟踪。通过本情境的学习，你能够掌握交车及售后跟踪的流程与技巧。

任务一　交车流程

➡ 情境导入

客户吴先生终于订购了一辆 2020 款新迈腾,这是销售顾问周丽成交的第一笔业务。周丽如何才能将新车完美地交付给吴先生呢?

➡ 任务目标

1. 能描述客户提车前的期望。
2. 能描述交车前的准备工作,明确车辆状况检查要点。
3. 能描述交车流程及各环节要点。
4. 能按要求完成交车工作。

一、基本知识

新车交车环节非常重要,销售顾问必须了解购车客户提车前的期望,熟悉交车服务流程,理解交车前的准备工作,掌握交车服务工作内容和注意事项。

1. 购车客户提车时的期望

交车环节是购车客户最兴奋的时刻,也是销售顾问与客户保持良好关系的开始。调查显示,购车客户在提车时都有如下期望:

① 期望在约定的时间内能够顺利地提到车。
② 期望所提到的新车内外是干干净净的。
③ 期望销售顾问能够在交车时对所购买的车辆配置和性能做详细介绍。
④ 期望了解新车的使用方法及注意事项。
⑤ 期望了解新车的保养知识及厂家对新车的保修政策。
⑥ 期望能够认识维修服务站的技术人员。
⑦ 期望销售顾问能够协助或直接帮助办理新车的车辆管理登记和上牌手续。
⑧ 期望能够顺顺利利地将车开走等。

销售顾问要想做到让客户满意驾车而归,首先要做好交车的准备,包括了解客户提车的人员组成,提前做好车辆的清洁工作,对车辆进行检查,最后为客户提供较为温馨和规范的交车服务。

2. 交车前的准备

在汽车销售的全过程中,每一个环节都应体现对客户关怀备至的服务。销售顾问经过了前面那么多的销售环节,做了那么多的努力,到了现在交车的阶段,可以说是历尽千辛万苦,终于迎来收获的时刻。

在交车环节中,按约定把一辆客户喜欢的车交给客户,对于提高客户满意度起着很重要的作用,对以后开展新的业务、争取回头客户也是非常重要的。在交车服务中与客户建立朋友关系,实际就是准备进入到新一轮的客户开发。

为此,销售顾问通过标准的交车流程和贴心的服务,使客户拥有愉快满意的交车体验,以保持长期的友好关系,同时也让客户对汽车的产品与服务产生高度认同,发掘更多的商机。

(1)交车前的文件准备

交车前要对涉及车辆的相关文件进行仔细全面的检查,确认无误后,装入到文件袋,以便交给客户。这些文件包括:

① 商业单据(发票、合同等)、临时行车牌照、使用说明手册、保修手册、产品合格证等相关文件。

② 配件保证书(卡)及所有费用清单。

③ 完税证明、保险卡(含交强险及其他加保险种)等。

④ 名片(销售顾问、服务部经理/服务代表)。

⑤ 交车确认表、PDI 检查表等。

(2)交车前的检查(PDI)

所谓 PDI 就是新车送交客户之前进行的一种检查。PDI 是交车体系的一部分,该体系包括一系列在新车交货前需要完成的工作,其中大部分项目是由服务部门来完成的。服务部门的责任是以正确迅速的方法执行 PDI,以便使车辆完美无缺地交到客户手中。保质保量地交付一辆完美无缺的车是使客户满意的首要条件。

1)PDI 的重要性:新车 PDI 的目的就是在新车投入正常使用前及时发现问题,并按新车出厂技术标准进行修复;同时再次确认各部位技术状态良好,各种润滑油、冷却液等是否符合技术要求,以保证客户所购汽车能正常运行。

新车出厂要经过一定的运输方式(或自行行驶)到销售部门,通过销售商才到客户手中,其间有的要运输(或行驶)适当里程或者花费较长的时间。在运输中,由于种种原因难免发生一些意外。在工厂与特约店之间有许多地方或因素能使汽车遭到损坏。从制造厂家到特约店的时间可能是几个星期,也可能需要几个月。在这段时间内车辆可能遇到极端恶劣的情况,如保管过程中的高温,运输过程中的碰撞、飞石、严寒、风雨等。尽管在生产过程中及产品制成后的质量管理是持续进行的,但是不能保证汽车完好无损地运到特约店,因此检查新车在运输过程中是否受到损伤是一项非常重要的工作。

在很多情况下,新车是在库存状态,但是如果保管不当,新车也将不可避免地出现一些问题,如果不仔细地检查就会给客户留下不良印象,给今后的销售带来麻烦。当进行 PDI 时,可能会发现一些新车库存中的问题,例如蓄电池会过度放电等,发现这些问题并及时解决,将会使服务部门省去不少麻烦。检查新车在库存的过程中是否因保管不当而造成损坏,如果必要的话,新车应加以整备,以恢复出厂时应有的品质。此外,新车出厂时虽有厂家检验的技术质量标准,各种装备也按一定的要求配齐,但也难免存在因一些疏忽、而导致的差错和损坏,对此要一并加以检查,并及时反馈给生产厂家,为整车质量的提高提供更多宝贵意见。

总之,新车交给客户之前的检查是新车在投入运行前的一个重要环节,涉及制造厂、供应商和客户三方的关系,是对汽车制造厂汽车质量的再一次认可,是消除事故隐患的必要措施,也是对购车客户承诺及系列优质服务的开始。

2)PDI 的检查项目:PDI 的检查项目主要包括 VIN 码、发动机号、发动机舱(暖机后)、驾驶室内的装饰、车身周围、门、汽车底部和驾驶操作功能等内容。各品牌汽车车型的检查项目大同小异。

（3）交车前车辆状况检查要点

所有销售的车辆必须经过实际操作，确认所有的功能都处于正常状态。交车当天销售顾问再根据 PDI 检查表对各检查项目进行确认。

1）车辆清洁。包括车身及车体内外，检查车辆的内、外观。

2）车辆细节检查。确保车身没有任何刮伤及其他任何异常状况。

建议在光线明亮的环境下做检查。在光线不足的情况下，很多刮痕或异常容易被忽略。

3）整理新车交车前的检查表。每月由经办人员按新车汇总表的顺序归档，以备检验。

4）预先将交车事项通知到相关员工，做好交车前的各项准备工作。

5）交车前要和客户确认有关车辆的相关事项，特别是要确认是否要撕掉保护膜等。

6）交车前装配好约定的选装件。

7）请维修服务人员检查油、水及车内所有电器及电路是否正常（四门电动车窗及天窗），把车内需调整的调整好。

3. 交车流程及各环节要点

交车流程如图 9-1-1 所示。

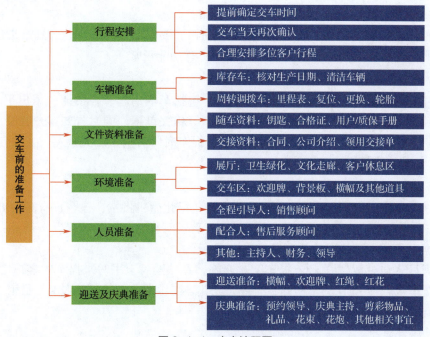

图 9-1-1　交车流程图

（1）行程安排（确认交车日期）

1）销售顾问应提前 3 天主动与客户确认具体交车的日期，而且要确认交车具体时间是交车日的上午还是下午。如有任何延误交车日期和时间的因素出现，应立即和客户联系，表示道歉，同时说明延误的原因，并重新确定交车时间。

2）在电话预约时就应该向客户说明整个交车过程需要耗费多长时间。

3）如果时间超过 30min 以上的，应告知客户所需时间较长的原因，提醒客户做好时间和工作安排。

4）如果客户选定有"良辰吉时"，应该充分尊重客户的时间要求并予以配合。

5）在选择交车日期时，应避免与中国传统节假日或者客户忌讳日期相冲突。

6）如果遇到交车日期与合同约定的交车日期有延期，则应提前2天告知客户，争取获得客户理解，并给予适当的补偿。

7）如果同一天有多辆车需要交接，应合理安排顺序。

8）交车的当天，销售顾问要再次与客户确认，防止客户临时有事或遗忘。

9）提前向客户确认一起来店提车的有哪些人员，以便在交车时为随行人员准备礼物，在准备欢迎牌时书写正确的称呼。

10）与客户确认尾款支付方式，是现金支付还是刷卡支付。

（2）车辆准备

销售顾问在交车前，要对车辆进行重点检查。

1）销售顾问协助服务部维修检验技师完成新车PDI准备（含选装件安装），销售顾问再次确认并于PDI检查单上签名确认。

2）注意库存车的生产日期是否合理。

3）如果是从其他区域（二网或分公司）调拨的周转车辆，应确保里程表、轮胎磨损情况在可解释的范围内。

4）保持车辆清洁，特别是车窗和车厢、发动机及行李舱等是否脏污。

5）检查车上有没有不必要的标签或其他物品。

6）为客户新车加注汽油，加油量约为1/4油箱。要保证客户新车能开到最近的加油站。

7）必须经过实际起动和行驶操作，以保证所有功能正常。

（3）文件资料准备

销售顾问要做好交车相关文件资料的准备，包括车辆钥匙、合格证、用户手册、质保手册，以及合同、公司介绍资料、客户领用交接单等相关单据，同时告知客户在交车过程中需要使用到的有关证件和合约文件，提醒客户来店提车时随身携带相关资料，主要包括身份证、订单收据、金融信贷等。

（4）环境准备

保证展厅、客户休息区、交车区域干净整洁，绿化生机盎然，让客户有宾至如归的感觉。交车区出口无障碍物，方便客户驾驶新车离店不受任何影响。同时布置以下道具：

1）根据车辆特点准备对应主题的交车背景板。

2）在展厅入口处放置"××提车"欢迎牌，在欢迎牌上书写来提车的客户姓名。

3）在交车区悬挂LED交车横幅，准备大红花、红丝带、交车贵宾胸卡、照相机、三脚架，销售顾问随身携带小抹布。

（5）人员准备

安排好交车相关的人员，并做好分工。一般情况下，交车前需要确定一位全程引导人，最好是该车的销售顾问，也可以是其他指定人员，负责全程安排引导车主交车事宜。其他人员包括庆典主持人、售后服务顾问、负责收款及开票的财务人员，必要时还应预约领导参加，体现对客户的重视。

（6）迎送及庆典准备

交车仪式要营造欢乐喜庆的氛围。

为客户及随行人员准备小礼物，可以是一个吉利红包、品牌Logo礼品、花束、花炮等。

以上准备完成后，销售顾问及其他相关人员，开始等待迎接客户的到来，进行激动人心的环节——车辆交接。

图 9-1-2 是新车交接仪式的场景。

4. 车辆交接

车辆交接流程如图 9-1-3 所示。

新车交付

图 9-1-2 新车交接仪式场景

图 9-1-3 车辆交接流程图

（1）客户接待

客户接待时，汽车销售顾问要明确自己及相关人员的工作，做好客户接待工作。各工作人员工作事项见表 9-1-1。

表 9-1-1 各工作人员工作事项

序号	工作人员	说明
1	保安员	（1）当客户进入 4S 店门口时，保安应当立正敬礼 （2）询问客人是找销售部门还是售后部门，然后引导客户停车 （3）如果客户开车前来，则指引客户入店方向
2	迎宾员	（1）站在展厅门口两侧的接待人员看到客户入店时，应主动上前为客户开门 （2）如果是电动开启式自动门，则应主动上前点头致意，表示欢迎，并询问客户来意 （3）问清是来提车之后，恭喜客户，为客户挂上交车贵宾证，然后引导客户到休息区域就座，为客户端茶或倒水 （4）安排客户休息后，为客户把预约销售顾问带到客户前面，把客户交给预约销售顾问
3	销售顾问	（1）销售顾问邀请客户至交车区看新车，然后引领客户至洽谈区，向客户介绍交车流程，办理相关手续 （2）在交车过程中，销售顾问应全程陪同客户办理交车手续，直到完成交车 （3）在陪同客户的过程中，如果中途有急事则应该征得客户同意后离开，离开时间不得超过 5min （4）如果离开时间超过 5min，则应该委托其他同事代为处理

（2）车辆付款确认

新车准备好之后，请客户确认新车型号及配置与之前选定的车辆是否一致。使用"PDI 项目表"逐项核查车辆状况，确认客户需要的精品已经安装完好，能正常使用。请客户绕车检查外观是否清洗到位，检查车辆内室和发动机舱的清洁是否满足其要求等。

1）在购车结算清单上列明所有应交纳款项，与客户一一核对，并提供有关凭证和票据，确定最终金额。

2）陪同客户到财务部门结清款项。

3）在财务部门付款时，财务人员应该起立微笑向客户致意，并口头祝贺"恭喜您成为××车主！"

4）询问客户付款方式，确定付款方式后，如果是现金支付，应该在点清现金后报数与客户核对，如果是刷银行卡则应与客户核对数额，再确认付款。

（3）凭证票据交接

1）在客户结清款项后，财务人员应该询问客户开票是否有其他要求。

2）尽量满足客户的开票要求，如果不能满足，则给予解释说明，不能无理由而直接生硬地拒绝客户的要求。

3）向客户开具有关票据，并就票据与客户进行核对，清点票证齐全，一起交给客户。

4）领取随车文件结清款项后，财务部门开具随车物料领取通知单；销售顾问安排客户到休息区休息后，凭随车物料领取通知单到仓库领取随车物料；随车物料一般有合格证、产品使用说明书、保修手册等资料。

5）与客户清点随车工具，一般有千斤顶、三角警示牌、螺栓套筒、牵引拉钩等。清点交接完随车工具之后，请客户在"交车确认表"上签字确认。

6）向客户逐一介绍车辆各主要系统的功能及使用方法。结合"用户使用手册"，针对要项，向客户介绍如何操作，每一个开关、每一个步骤需依据客户的了解程度讲解清楚，切忌用"你自己回去慢慢找""用户手册上有说明的"等语句。在对客户培训完之后，请客户自己试用一遍，确认客户掌握使用方法之后，请客户在"新车功能使用确认表"上签字。

7）向客户介绍"三包"规定。销售顾问向客户交接"三包"凭证，并简单解释"三包"规定的相关条款及"三包"索赔范围，说明本品牌所承诺的"三包"责任，并告知客户妥善保管"三包"凭证。

8）服务顾问引荐。销售顾问引领客户到售后服务部门，把服务顾问介绍给客户认识。服务顾问应该向客户表示祝贺："恭喜您成为××车主！"由服务顾问向客户递交名片。

9）向客户介绍服务流程。服务顾问向客户介绍4S店的售后服务流程和售后服务关键岗位的工作职责，引导客户阅读公示墙上的政策和宣传文件。服务顾问要告知客户，以后他到维修站享受维修服务时会经历哪些流程环节，应该携带什么文件资料及其他注意事项，并且详细解释维修保养手册的使用方法。使客户熟悉汽车保养方面的有关内容，为客户车辆的后期服务提供方便。服务顾问拿出服务手册，向客户讲解新车的有关保养说明，日常用车出车前的常规检查事项。服务顾问向客户介绍特约维修站的热线电话、厂家的24小时服务电话、厂家的客户投诉电话及其查阅方式；确认客户理解后，请客户在"新车交车确认表"上签字确认。另外，根据客户状态介绍公司汽车俱乐部的相关业务，如代办上户、代办手续、定期活动、车辆保养优惠活动等，为客户提供便利。根据客户需要介绍车辆保险、车辆转换等业务。

10）参观客户休息室。引导客户到客户休息室参观体验，告知客户休息室内都有哪些便利服务项目。

11）举行交车仪式。在新车左右后视镜系上红丝带，在发动机舱盖上挂大红花。没有紧急工作的销售顾问在新车的两旁列成一队；由两人负责点放花炮，销售经理把象征着车钥匙的钥匙模型转交给客户，销售顾问向客户献上一束鲜花表示祝贺。其他人员一起鼓掌表示祝贺，同时点放花炮。

12）合影留念。由摄影技术比较好的销售顾问担当摄影师，为客户拍摄照片。一共拍两张照片,一张由客户与新车单独合影,另一张由客户、销售顾问、服务顾问和销售经理一起合影。所拍照片每张冲印两份,在客户离店后3天内邮寄给客户留念,另一份张贴在新车交付区墙壁上以做宣传。

二、拓展知识

1. 传统机动车号牌

(1) 机动车号牌的作用及信息

机动车号牌,简称车牌或牌照(图9-1-4)。车牌分别悬挂在车辆前后,通常使用的材质是铝、铁皮或其他材质,在上面刻印车辆的登记号码、登记地区或其他的相关信息。车牌的主要作用是通过车牌可以知道该车辆的所属地区,也可根据车牌查到车主以及该车辆的登记信息。不按规定安装机动车号牌属于违法行为。

图9-1-4 机动车号牌
(上图为小型车,下图为大型车)

现行民用车牌为92式,自1994年7月开始在全国使用。

车牌第一位是汉字:代表该车户口所在的省级行政区,为各(省、直辖市、自治区)的简称,比如:北京是京,上海是沪。

车牌第二位是英文字母:代表该车户口所在的地级行政区,为各(地级市、地区、自治州、盟)字母代码,一般按省级车管所以各地级行政区状况分划排名(字母"A"为省会、首府或直辖市中心城区的代码,其后字母排名不分先后)。

(2) 机动车号牌的申领

除有些实行车辆限购的城市,如北京、上海外,各地区申请车牌的手续基本相同,请参照相关车辆管理部门发布的"机动车号牌申请指南"。一般需要的材料和程序如下。

申请条件:

1) 初次申领机动车号牌、行驶证的,机动车所有人应当向住所地的车辆管理所申请注册登记。

2) 机动车所有人应当到机动车安全技术检验机构对机动车进行安全技术检验,取得机动车安全技术检验合格证明后申请注册登记。

申请材料:

1) 机动车所有人填写申请表。

2) 机动车所有人的身份证明。

3) 购车发票等机动车来历证明。

4) 机动车整车出厂合格证明或者进口机动车进口凭证。

5) 车辆购置税完税证明或者免税凭证。

6) 机动车交通事故责任强制保险凭证。

7) 法律、行政法规规定的应当在机动车注册登记时提交的其他证明、凭证。

申请流程:

1) 提交相关材料。

2) 缴费。

3) 办事窗口排队取号。

4) 机动车查验与业务受理。

5) 领取号牌。

申请地址:

所在地区的车辆管理所。

（3）临时号牌

汽车临时号牌（图9-1-5）是指汽车由于手续的办理，还未正式落户前由公安车管部门发放的临时车辆行驶证明，也包括某些行政辖区内临时行驶使用的临时行驶车号牌。

临时号牌的使用带有时限性和区域性。符合下列条件之一者，可向当地车管所申领临时号牌：

图9-1-5 临时号牌

1）从车辆购买地驶回使用地时，需在购买地车管所申领临时号牌。

2）车辆转籍，已缴正式号牌时，需在当地车管所申领临时号牌，以便驶回本地。

3）在本地区未申领正式号牌的新车，需驶往外地改装时，需在本地申领临时号牌，改装完毕，在当地申领临时号牌驶回原地区。

4）尚未固定车籍需要临时试用的。

办理临时号牌的时候，申领者需持有单位介绍信、车辆来历证明、合格证，以及其他有关证明（除介绍信存档外，其余退还给申领者），到车管所办理。办理时应讲明车辆行驶起止地点和使用临时号牌的时间。经管理人员审查和对车辆进行检查合格后，发放临时号牌，并签署有效期和起止地点。

2. 新能源汽车号牌

新能源汽车号牌体现绿色环保寓意，以绿色为主色调，增加了专用标识，应用了新的防伪技术和制作工艺，既可实现区分管理、便于识别，又能体现新能源特色、技术创新。

（1）新能源汽车号牌样式及特点

新能源汽车号牌分为小型新能源汽车号牌和大型新能源汽车号牌。新能源汽车号牌的外廓尺寸为480mm×140mm，其中小型新能源汽车号牌为渐变绿色（图9-1-6），大型新能源汽车号牌为黄绿双拼色（图9-1-7）。

图9-1-6 小型新能源汽车号牌　　图9-1-7 大型新能源汽车号牌

与普通汽车号牌相比，新能源汽车号牌号码增加一位，号牌号码由5位升为6位，号牌号码容量增大，资源更加丰富，编码规则更加科学合理，可以满足"少使用字母、多使用数字"的编排需要。新能源汽车号牌工本费不变，仍执行现行国家规定的普通汽车号牌收费标准，每副号牌100元。

（2）新能源汽车办理号牌手续流程

新能源汽车办理号牌手续流程与传统车辆基本一致，参考如下：经销商接洽提车→开具发票→办理保险→办理临时号牌→发票工商验证盖章→购置税免税证明→网上或现场选号→检测场验车上牌。

1）办理临时号牌：到4S店或其他经销商处选定车辆后交尾款，然后在保险窗口（通常是店内）办理车辆保险手续后，凭材料到交管部门上临时号牌。

办理临时号牌需要携带的材料包括：身份证（暂住证或居住证）原件及复印件（1份）、

购车发票及复印件（1份）、车辆合格证及复印件（1份）、交强险凭证及复印件（1份）。由代理人代理的，还需提交代理人身份证明原件和复印件。

费用：10元（含发票）。

上交资料：身份证复印件和交强险复印件。

2）工商验证：工商验证又叫做工商备案，是售车单位（经销商）所在的当地工商局对已售新车的录入备案。如所购新车在验车上牌前没有进行工商验证，并不影响随后的验车上牌的工作，但此车以后不能交易。原因就是当初没有进行工商验证，手续不全，不能予以过户。工商验证主要是为了将来车辆可以作为二手车出售。拿到临时号牌后，就可以把车开去做工商验证了。

需要的材料包括：车辆合格证、购车发票（第一联、第四联）原件、购车发票（第一联）复印件。

费用：6元。

上交资料：购车发票（第一联）复印件。

得到资料：车辆合格证、购车发票（第一联、第四联）原件上面均盖上工商已验的红章。

3）购置税免税证明：购置税免税证明到当地国家税务局办理。

办理免税证明需要的材料包括：身份证及复印件、车辆合格证及复印件、发票第三联、中签指标（因地方而异）、车辆购置税纳税申报表原件。

费用：免费。

得到资料：车辆购置税（免税证明）。

4）选取号码：新能源汽车和传统燃油汽车上牌过程中差别最大的地方是选号规则，新能源汽车拥有两种注册登记的选号途径，其中之一便是现场选号，办理者现场可以拥有一次"50选1"的随机选号机会。办理者如果想要通过网络平台参与新能源汽车的选号，就必须注册登录交通安全综合服务管理平台或者交通12123手机平台。网络平台上的自主选号将为办理者提供最多5次"10选1"和20个自编选号。自编号码按优先顺序确定，如自行编选的号牌号码经系统确认可供选择使用的，系统将自动确认该号码为最终所选号码。选好后须在3个工作日内办理注册登记，逾期未办理的，取消预选号牌，同时列入"黑名单"，2年内禁止办理互联网预选号牌业务。如果办理者在用完自主选择机会后仍没有选到满意的号码，那么网络平台上的机会则被消耗殆尽，办理者想要继续选号，便只能通过现场"50选1"来完成。

5）验车上牌：到车管所业务大厅办理手续，等待工作人员拓号、外观检查、拍照等程序完成后，便可以领取并安装新能源汽车号牌了。

需要资料：身份证原件及复印件、购车指标、车辆合格证、购车发票、完税证明、原厂制作的车架拓号条及照片、其他相关资料等。

费用：注册费200元，牌照费10元。

上交资料：完税证明副本、车辆合格证、购车发票（第一联）。

得到资料：机动车登记证书、行驶证、检验合格证、牌照一副。

> ⚠ 提示：
> ① 向购买者告知本公司代办手续规定及收费标准规定。
> ② 如果客户（购车者）对销售顾问的工作很满意，或者想节省自己的时间并且不怕多花钱的话，可以向客户推荐本公司的号牌代理业务，并说明收费标准，让客户自主决定，争取服务增项。

复习题

1. 判断题

（1）如有任何延误交车日期和时间因素的出现，应立即和客户联系表示道歉，同时说明延误的原因并重新确定交车时间。（　　）

（2）销售顾问认真做好销售准备工作就可以，不需要将交车事项通知其他相关员工。（　　）

（3）确保交车时服务部经理在场，以增加客户对售后服务的信任感。（　　）

（4）要交给客户一个清洁干净的车辆，交车前可以不需要和客户确认，直接撕掉保护膜等。（　　）

2. 单项选择题

（1）交车前的最后检查是维修业务中的重要环节，直接影响客户满意度，其检查工作由（　　）负责。

  A. 销售顾问　　　B. 服务顾问　　　C. 前台接待　　　D. 技术总监

（2）购车客户最兴奋的销售环节是（　　）。

  A. 试乘试驾　　　B. 签订合同　　　C. 交车　　　D. 售后回访

（3）新车交付时，汽油箱内至少有（　　）箱汽油。

  A. 1/4　　　B. 1/3　　　C. 1/2　　　D. 2/3

3. 多项选择题

（1）与客户确认交车日期，以下说法正确的是（　　）。

  A. 提前3天与客户沟通　　　B. 尊重客户时间并予以配合

  C. 避免与客户忌讳日期相冲突　　　D. 根据销售顾问工作计划确定，客户配合

（2）交车前，一定要与客户确认（　　）。

  A. 交车日期　　　B. 交车携带证件资料

  C. 来店交车人员身份　　　D. 预计耗时

（3）以下属于车辆交接确认环节的工作的是（　　）。

  A. 请客户确认是否有充足的时间进行交车

  B. 请客户确认新车型号及配置与之前选定的车辆是否一致

  C. 请客户绕车检查外观是否清洗到位

  D. 清点交接随车工具，请客户在"交车确认表"上签字确认

任务二　售后跟踪

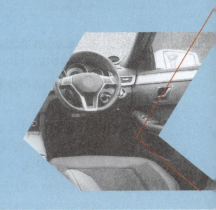

情境导入

客户吴先生购买大众新迈腾以后，销售顾问周丽需要对客户做售后跟踪回访，回访中需要注意什么问题呢？一个月后，吴先生到展厅投诉"汽车空调制冷效果非常差，开了跟没开一样"，销售顾问周丽应该如何处理？

任务目标

1. 能描述客户售后跟踪回访的作用、形式和流程。
2. 能按流程进行客户跟踪回访。
3. 能描述售后投诉处理的技巧，并进行处理。

一、基本知识

对于购买了车辆的客户来说，售后跟踪回访是其首次体验特约店"服务流程"的机会。为了继续促进双方之间的长期关系，发掘更多的商机，提高特约店服务站的效益，跟踪回访人员应通过专业的回访流程，提高客户满意度，吸引客户回店。

售后电话回访

1. 售后跟踪回访的作用

为了获取客户的真实的意见，为管理层提供真实的数据，各汽车品牌厂家以及服务商都要求对已经服务过的客户的意见进行收集、统计、分析。客户离厂后，客服人员应在3天（72小时）内对客户进行跟踪回访。

跟踪回访是汽车销售或售后服务流程的最后环节。根据服务类型可以由销售顾问或服务顾问完成，但为了获取更加真实的信息，一般由独立的客户关系管理部门（客服中心）或专/兼职客服专员完成。

跟踪回访的作用如下：

1）询问客户对本次服务的满意程度，如果有抱怨或投诉，第一时间进行处理，若超出权限则及时上报主管领导，将客户所反馈问题记录、分析和保存，制订改善措施，预防问题再次出现。

2）了解客户车辆使用情况，告之客户有关驾驶与保养的知识或有针对性地提出合理使用的建议。

3）感谢客户的光临，体现公司对客户及车辆的关怀和重视。

4）提醒客户下次车辆保养的时间。

5）介绍公司新增服务及内容、免费或优惠服务的计划和要求等。

6）发现新的服务机会。

7）完成汽车销售流程的闭环服务作业。对客户进行电话回访是完成销售闭环的重要环节之一，主要原因是：

① 客户购车之后往往会由于车辆的使用或手续的办理等存在很多困扰，销售顾问通过回访为客户提供专业的咨询，有助于提高客户对服务的满意度，培养企业的忠诚客户。

② 购车之后对客户进行回访，了解客户的车辆使用现状，淡化客户购车后的失落感，增加客户的信任程度，从而有利于实现保有客户的介绍。

③ 多数客户在销售过程中由于多种原因不愿意透露对服务的评价，通过售后回访，能够获取客户对企业服务的评价，从而有助于企业提高服务水平。

8）其他汽车销售相关的内容。

2. 售后跟踪回访的形式

跟踪回访根据不同需求类型采用不同的形式：

1）电话回访。

2）在线回访（短信、微信、电子邮件等）。

3）信函（问卷）回访。

跟踪回访的形式大部分都是以电话回访为主。

3. 跟踪回访的流程及各环节要点

跟踪回访的流程如图 9-2-1 所示。

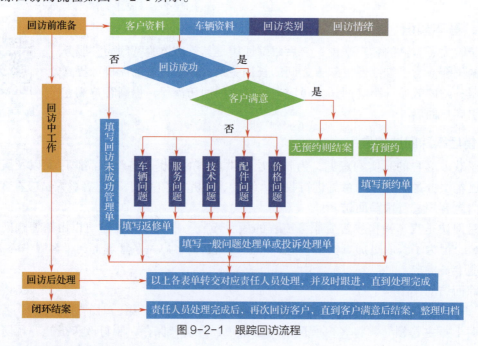

图 9-2-1　跟踪回访流程

跟踪回访环节的要点如下：

（1）回访前准备

回访客户之前要有一定的准备，访问要有针对性，不能漫无边际，脱离主题。回访客户时不仅要告知本公司的意图，还要善于在交谈中了解客户需求和市场信息，发现潜在的业务资源和开发重点。

1）资料的准备：根据客户档案的相关资料，确认回访的时间与日期，目前是否是最佳联络时间。电话回访的时间要短，内容要明确精练。

2）回访心态准备

① 面带微笑，坐姿端正。

② 态度热情、有礼、亲切。

③ 声音柔和、语速适中、发音标准、吐字清晰。

④ 应对客户不满或发怒，做好抗压准备，并会调节解压。

（2）回访中的工作

1）因电话问题回访未成功，可填写"回访未成功管理表"，交由相关人员进行核实并修正客户资料。

2）回访成功，且客户满意，表示适当关心后即可结案。若客户预约其他服务，可按"预约登记表"登记。

3）回访成功，但客户不满意。

若是对车辆质量有不满，应立即向客户致歉安抚，并为客户确定进店检查的时间。如果不能当场答复的，必须限期答复。

若非质量问题，如服务态度、价格、配件等问题，则填写"跟踪回访登记表"，并且提交对应人员或相关领导处理。

若为客户投诉，则应引起重视，立即填写"客户投诉处理表"，并转呈上级领导及时处理。

（3）回访后处理

1）针对回访过程中出现的表单，按不同的类别进行及时处理与跟进，并转交相关部门人员，事态严重的必须上报领导妥善处理，并跟踪结果备案。

2）在车辆质量保证期内，因车辆质量问题发生故障和提前损坏的，售后服务部门应优先安排其返修。

3）如果在车辆质量方面发生争议，应本着"实事求是、先内后外（即先在内部，然后再从外部查找原因）"原则，积极妥善解决。

（4）闭环结案

整个售后跟踪回访完成后，回访人员应进行业务统计。对于客户不满意甚至投诉的回访结果，待对应责任人处理完毕后，应再次回访客户，了解处理后的客户满意度，直至或尽量让客户满意结案。

（5）回访的要求

1）回访时间要求

上午 10:00—12:00；下午 14:30—17:30

节假日后第一天（如周一）上午不跟踪，前一天（如周五）下午不跟踪。

2）回访各步骤重点要求

准备：客户资料。

确认：接电话的是否是要找的人。

询问：客户是否方便交谈，一定要在客户自愿和方便的前提下进行。

解释：电话的目的（确认满意度而非推销）。

倾听：倾听客户的建议。

致谢：感谢客户的时间。

3）回访使用统一表格，制订标准回访模版。
4）按照要求填写回访报表。
5）回访率要求达到100%。
6）回访客户满意度不低于95%。
7）每日、每周、每月进行回访结果统计分析，并将数据交由各部门进行学习整改。
8）回访语音的要求。客户回访中，回访人员的语音要求如下：
① 保持喜悦的心情；
② 保持端正的姿态；
③ 保持热情度，带笑的声音，杜绝产生不耐烦的语气；
④ 音调要自然；
⑤ 音量适中，不宜过大；
⑥ 语速不能太快或太慢；
⑦ 发音要标准，吐字要清晰。
9）避免电话回访中容易犯的错误。电话回访容易犯的错误见表9-2-1。

表9-2-1　电话回访容易犯的错误

时段	容易犯的错误
通话开始时	一听到抱怨就无回音
	忘记介绍自己
通话过程中	因客户情绪激动，言语激烈，不给对方回应
	自己的心情受到客户影响，导致思维混乱、说错话
通话结束时	那就这样……拜拜
	你去找他吧

10）回访人员要学会缓解压力和调整自己的心情，避免因为个人原因影响回访工作。

4. 售后跟踪客户抱怨或投诉的处理

（1）客户抱怨或投诉类型归类

跟踪回访中客户抱怨、投诉类型归类如下。
1）问候和礼貌：受到员工不礼貌的对待。
2）产品质量或保养、维修质量：不满意的产品质量或保养、维修质量。
3）价格：销售实际价格超出报价或对价值的怀疑。
4）时间：不能按时交车。
5）清洁：交付的车辆清洁状态不好。
6）交车服务：不满意交车时对车辆相关情况的说明。
7）设施：专用设施、休息室、餐饮等。
8）其他：其他汽车销售、售后相关的问题。

（2）客户抱怨与投诉的区别

客户抱怨：客户因对产品或服务的不满而数落别人的过错。
客户投诉：客户对提供的服务和产品不满意，明确要求服务商负责处理或提出补偿要求，或诉求到社会其他单位协助处理。

区分客户抱怨与投诉,关键在于客户是否要求结果,如图9-2-2、图9-2-3所示。

我们都不希望发生客户投诉,因为这说明我们的服务出了问题。但从另一个角度来看,客户会投诉,说明他/她愿意给你一个改正的机会。如果客户不投诉,而是选择"默默地离开",甚至"含恨地离开",那么我们永远不会知道自己错在那里。甚至,可能会让客户的投诉演变成更严重的"危机"事件。

图9-2-2 抱怨与投诉的区别　　　　图9-2-3 投诉是危险也是机会

(3)客户投诉处理步骤

客户投诉处理的过程也是满意度重新建立的过程,图9-2-4是客户投诉处理步骤。

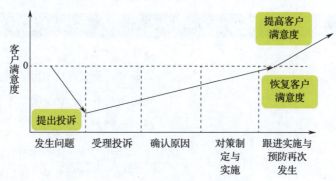

图9-2-4 客户投诉处理步骤

(4)客户投诉处理技巧

根据客户投诉处理步骤处理客户投诉时,应注意以下技巧。

1)投诉处理基本原则

① 先处理心情,再处理事情;
② 不回避,第一时间处理;
③ 隔离客户及其他无关人员;
④ 了解客户的背景,便于采取合适的应对措施;
⑤ 探察投诉的原因,界定控制范围;
⑥ 总结发生的问题及客户的需求;
⑦ 及时向客户解释我们已经或即将采取的补救行动;
⑧ 不做过度的承诺,坚持底线原则;
⑨ 争取双赢;
⑩ 取得授权,必要时让上级参与,运用团队解决问题;
⑪ 感谢客户的选择和理解;

⑫ 对处理结果跟踪确认，再次表示歉意；
⑬ 总结经验，反思并学习；
⑭ 投诉处理结果必须个案了结，决不能留下"后遗症"。

2）投诉处理的几种方法
① 转移法：将话题转移到我们服务好的方面；
② 拖延法：以请示上级、走程序为由，争取时间；
③ 否认法：若客户的陈述与事实有明显的差异，应采取否认法；
④ 预防法：在预估事情可能发生时，先给予提醒。

3）投诉处理中的沟通技巧
① 善用提问发掘客户的不满；
② 认真倾听，并表示关怀；
③ 不要抢话或急于反驳；
④ 再次确认投诉内容及诉求；
⑤ 表示歉意，认同客户的情感。

与客户沟通中的禁忌与正确方法见表9-2-2。

表 9-2-2　与客户沟通中的禁忌与正确方法

禁忌	正确方法
立刻与客户讲道理	先听，后讲
急于得出结论	先解释，不要直接得出结论
一味地道歉	道歉不是办法，解决问题才是关键
言行不一，缺乏诚意	说到做到
这是常有的事	不要让客户认为这是普遍性问题
你要知道，一分钱，一分货	无论是什么样的客户，我们都提供同样的优质服务
绝对不可能	不要用如此武断的口气
这个我们不清楚，你去问别人吧	为了您能够得到更准确的答复，我帮您联系×××来处理好吗？
这个不是我负责的，你问别的部门吧	
公司的规定就是这样的	为了保证您的车辆的安全使用，所以公司制定了这样的规则
信息沟通不及时	及时沟通信息
随意答复客户	确认了准确信息再回复客户

二、拓展知识

1. 回访情境举例

（1）电话回访

电话回访是指在客户购车之后，通过打电话或发送手机短信等手段，询问产品的使用情况，帮助客户解决可能出现的问题，促进彼此之间交流的一种服务方式。

话术举例：

您好！××先生（女士），我是××经销商的客服专员×××，您×××（时间）到我站修过您的车，现在想占用您几分钟的时间做个回访。您对我们的服务感到满意吗？

（2）短信/微信回访

在电话回访的过程中，许多客户不方便接听电话，因此可以采用短信形式回访，以下是某汽车4S店回访短信，供参考。

1）致谢车主。购车后即发送感谢及跟踪信息："尊敬的车主：非常感谢您在本店购车，我们非常荣幸有机会为您服务，××4S店的服务热线为××××××××，欢迎您在需要的时间拨打，我们将为您提供满意的服务。"

2）车辆保养。提醒车主定期进行车辆保养："尊敬的车主：您的爱车下一次保养为×××km，为确保您的出行顺畅，减少维修，请您届时到本店进行保养。××4S店。"

3）车险续保。提醒车主进行车辆保险续保："尊敬的车主：您爱车的保险将于×月×日到期，请您届时带齐行驶证、保险卡等资料到××4S店办理续保手续。"

4）维修质量跟踪。收集车主对维修质量的反馈信息，以作为改善维修质量的依据："尊敬的车主：您的爱车于×月×日在本店进行维修，请您将维修质量以'很好''良好''一般''较差''很差'五个等级，以短信方式回复给我们，以利于我们为您提供更优质的服务。"

5）促销活动通知。给车主发送促销信息："尊敬的车主：××4S店将于×月×日举办车辆免费检测活动，同时您可享受维修配件及工时费9折的优惠，欢迎您届时光临。"

6）新车上市宣传。给车主发送新车上市宣传信息，促其介绍朋友购买："尊敬的车主：××品牌原装进口轿车已隆重上市，××4S店恭候您前来感受××的高贵气质。销售咨询热线：××××××"

7）节日问候及营销。祝车主节日快乐并提醒其进行节前维修保养："尊敬的车主：祝您××节快乐，为保证您××期间的出行安全，请您于节前到本店进行一次例行检测。××4S店。"

8）车主生日祝福。祝车主生日快乐："尊敬的车主：祝您生日快乐、事业成功、天天开心、出入平安！××4S店。"

9）新车主发展。吸引意向购车者到店购车："尊敬的车主：您所关注的××型车，××4S店将于×月×日在××广场举行大型展销会，现场认购价格优惠，欢迎前来试驾。"

10）车主互动。运用短信回复功能，与车主形成互动沟通："尊敬的车主：为答谢您长期以来的关心和支持，××4S店将于×月×日在本店举行××活动，特邀您光临，如参加请回复Y，谢谢！"

2. 客户信息准确判断标准和处理办法

客户信息准确判断标准和处理办法，见表9-2-3。

表9-2-3 客户信息准确判断标准和处理办法

序号	电话拨打的情况	判断类型	处理方法
1	语音提示为空号	电话不准确	放弃拨打，重新核实资料
	电话接通以后，机主表示没有进店		
	语音提示停机		

(续)

序号	电话拨打的情况	判断类型	处理方法
2	电话接通以后，客户明确表示拒绝回访 语音提示关机 语音提示占线 电话接通以后无人接听 语音提示无法接通	无法确定	选择不同时间段重复拨打3次再判断是否准确
3	电话接通后，客户表示目前没空	电话准确	根据客户时间确定再回访时间
4	电话接通后，客户不是登记车主本人，但符合档案其他资料（地址、车型等）	电话准确	进一步联系

➡ 复习题

1. 判断题

（1）如果客户有抱怨，可找些借口搪塞一下，告诉客户已经记下他的意见了。（　　）

（2）在与投诉客户沟通时，一定要认真聆听，取得授权，必要时让上级参与，运用团队解决问题。（　　）

（3）汽车销售或售后服务流程的最后环节是交车。（　　）

（4）客户投诉处理的过程也是满意度重新建立的过程。（　　）

2. 单项选择题

（1）汽车售后服务的终极目标是实现（　　）。

　　A. 信息技术　　　B. 客户满意　　　C. 一体化思想　　　D. 系统化

（2）新车初驶时速应控制在（　　）km/h 之内。

　　A. 40~60　　　　B. 60~80　　　　C. 70~90　　　　D. 80~100

（3）车主买车时，比较关注车的内饰、维修、保养和好的售后服务，这些属性位于产品的（　　）层。

　　A. 核心产品　　　B. 形式产品　　　C. 延伸产品　　　D. 潜在产品

3. 多项选择题

（1）对汽车销售客户回访的方法有（　　）。

　　A. 电话回访　　　B. 在线回访　　　C. 微信回访　　　D. 信函回访

（2）跟踪回访的作用有（　　）

　　A. 了解客户对服务的满意程度　　　B. 了解客户车辆使用情况

　　C. 发现新的服务机会　　　　　　　D. 是完成销售闭环的重要环节

（3）以下属于客户投诉处理技巧的是（　　）。

　　A. 先处理心情，再处理事情　　　　B. 不回避，第一时间处理

　　C. 争取双赢　　　　　　　　　　　D. 不做过度的承诺，坚持底线原则

学习情境十
车展销售

车展活动是展示最新汽车科技、汽车文化的平台，同时也是汽车销售的一个重要方式。车展销售的目的在于培养潜在客户，挖掘有望客户，最终实现销量的提升。

本情境介绍车展销售的流程和技巧，分为两个工作任务：任务一 车展销售概述；任务二 车展销售技巧训练。通过本情境的学习，你能够掌握车展销售的流程与技巧。

任务一 车展销售概述

🔶 情境导入

销售顾问周丽所在的4S店准备配合整车制造厂参加上海国际汽车展,周丽作为此次车展的专职销售顾问,应该具备哪些车展活动、车展销售的专业知识,并做好哪些准备工作,才能更好地挖掘和培养潜在意向客户?

🔶 任务目标

1. 能描述车展活动的目的与分类。
2. 能描述车展销售的目标。
3. 能进行车展销售现场准备工作。

一、基本知识

每年世界各地都会举办很多汽车展览,厂家纷纷利用车展的机会,展示自己的实力和推出新车型,因此,车展是汽车行业从业人员特别是销售人员必须关注的展会。

销售顾问了解并掌握车展相关概念与车展销售技巧的目的在于:充分利用车展平台和媒体的宣传,提升汽车品牌和汽车经销商在当地的知名度和美誉度,取得客户的信任,培养潜在客户,挖掘有望客户。

1. 车展概述

(1)车展的概念

车展是一种以汽车为主题的商业展览,由政府机构、专业协会或主流媒体等组织,在专业展馆或会展中心进行的汽车产品展示展销会或汽车行业经贸交易会、博览会等。通过车展延伸经销商展厅的销售量,改善展厅客流量不足导致的销量提升过慢的现象。通过车展活动实现培养潜在客户,挖掘有望客户,并通过车展活动的后续跟进来提升展厅客流量,最终实现销量的提升,同时通过车展活动提升汽车品牌和汽车经销商在当地的知名度和美誉度。

(2)车展的分类

车展按照举办规模和目的不同可以分为国际车展和国内车展。

国际车展是经由"世界汽车工业国际协会"所认定及国际社会普遍所公认,如法兰克福、东京、底特律、日内瓦、巴黎、上海等汽车展览,皆具有历史性与自我特色。历届汽车展览会场所展示的概念车型或赛车,不仅显示出未来汽车的发展趋势与导向,更将汽车制造工业最先进的技术与最前沿的设计发挥得淋漓尽致。

国内车展则主要以展示国内厂家的汽车,以新出车型为主。主要目的是汽车厂家利用车展机会进行品牌宣传，增强品牌效应，间接提升汽车的销量；促销部分车型，实现短期销量直接增长；宣传车辆性能及其他优点，吸引有望客户，挖掘潜在客户，培养意向客户，建立长期稳定的客户关系。

我国定期举办车展的主要城市是北京、上海、成都和广州。图10-1-1是展会的车辆展台场景。

2. 车展销售目标

对于车展销售顾问来说，在车展现场要实现以下五个目标。

（1）车展现场客户聚集量

车展主要通过邀请函、短信、电话、报纸、广播、电视、网络等宣传手段吸引和预约客户，并通过各种

图10-1-1 车辆展台效果图

手段在车展过程中有目的、有计划地实施聚客活动。车展的销售顾问在车展现场对车辆的介绍能够培养潜在意向客户，车展现场聚集的客户数量与潜在意向客户数量呈线性关系。

（2）客户信息收集量

销售顾问通过多种方法对现场客户进行信息的收集，并从中获取有价值的内容，如赠送小礼品、抽奖、游戏、优惠券、寄送资料等方式留下客户的信息。通过分析收集到的客户信息，挖掘意向客户，掌握客户需求，指导销售顾问顺利开展高效销售活动，并为后期跟踪活动奠定基础。

（3）现场成交量

国内车展主要通过促销套餐、现场活动、团队共战以及采用恰当的车展销售技巧快速促成交易，成交量也成为销售顾问车展期间最为关键的目标。在车展现场"百花齐放"的氛围中，潜在客户量提高，客户购车欲望大增。同时配合大幅度的促销优惠，抓住时机，采用各种方法争取订单，提高车展现场的成交量。

（4）"回头客"量

车展的另一个特点是通过展会促销套餐、特定店内活动、客户预约技巧来实现客户的回店。"回头客"主要是销售顾问在车展结束后，对意向客户进行跟踪，配合展会促销政策，通过各种方式邀请客户再次回店，把握时机，及时促成车展中的意向客户成交。

（5）客户满意度

在车展现场非线性的销售流程中最容易忽略的就是客户满意度。提高客户满意度有利于现场成交，更有利于培养忠实客户。销售顾问应运用恰当的车展销售技巧，执行标准的车辆交车流程来提高客户满意度。

3. 车展销售现场准备

车展所展示车辆在某一方面具有突出的特点才能吸引客户，满足客户心理需求，促成交易。因此销售顾问应精心设计和准备具有特色的销售方式与现场布置，以更加专业的服务和形象赢得客户的信任。

以下是车展销售现场准备的要点：

1）车展现场布置凸显主打车型与特色车型，并以突出、鲜明和简短的描述展示极具特色的促销内容。

2）在车展展出的车辆应按要求进行精心准备，如车身整洁、车内布置整齐、车辆按键设

定等。

3）为吸引客流，应准备合适的节目表演、游戏、抽奖活动，小礼品、优惠券、饮品、零食、水果等。还需要考虑客户自身特点，如男女客户、胖瘦客户、年轻与年长客户、不同职业客户等，使得客户内心感觉到一切都很合适，争取全部可能的客户。

4）准备微信公众号二维码和纸质的客户信息登记表，在游戏中或其他活动中方便收集意向客户信息和需求。

5）以传单的形式展示展出车辆的参数、促销活动内容、销售顾问联系方式等，方便客户取阅，并做进一步的了解和后续的咨询。

6）销售文件准备，主要包括试乘试驾文件、销售订单/合同、增值业务文件、保险相关资料、上牌服务文件等。

二、拓展知识

以下介绍世界上著名的车展。

1. 国外车展

（1）德国法兰克福车展

法兰克福车展创办于1897年，是世界上最早的国际车展（图10-1-2），也是世界上规模最大的车展，有世界汽车工业"奥运会"之称。展览时间一般在9月中旬，每2年举办一次，展出的车辆主要有轿车、跑车、商务车、特种车、改装车及汽车零部件等（图10-1-3）。此外，为配合车展，德国还举行不同规模的老爷车展览。

图10-1-2 法兰克福车展大楼

图10-1-3 法兰克福车展的参展车辆

（2）瑞士日内瓦车展

日内瓦车展创办于1924年，是欧洲唯一的每年度都举办的大型车展。每年3月份举行，面积虽然不大，却是生产豪华轿车的世界著名汽车生产厂家的必争之地。

日内瓦车展上的展品不仅是各汽车厂家最新、最前沿的产品，而且参展的车型也极为奢华（图10-1-4）。由于各大公司纷纷选择日内瓦车展作为自己最新最靓的车型首次推出的场所，这就为日内瓦车展博得了"国际汽车潮流风向标"的美誉，图10-1-5所示为日内瓦车展现场。

图10-1-4 瑞士日内瓦车展的参展车辆

图10-1-5 瑞士日内瓦车展现场

日内瓦车展没有任何歧视，无论是汽车巨头还是小制造商，都可以在日内瓦车展上找到一席之地。

（3）法国巴黎车展

作为浪漫之都的巴黎，车展也如同时装，总能给人争奇斗艳的感觉。巴黎车展起源于1898年的国际汽车沙龙会，直至1976年每年一届，此后每两年一届。在每年的9月底至10月初举行，图10-1-6所示为巴黎车展现场。与此同时，巴黎车展也是概念车云集的海洋，各款新奇古怪的概念车常常使观众眼前一亮（图10-1-7）。

1998年10月，巴黎车展恰逢100周年，欧洲车迷期待已久的巴黎"百年世纪车展"以"世纪名车大游行"的方式，让展车行驶在大街上供人观赏。

图10-1-6　法国巴黎车展现场　　　　图10-1-7　法国巴黎车展的参展车辆

（4）日本东京车展

1954年，最初展览名称为"全日本汽车展览"，自1964年起，展览名称更改为"东京汽车展览"。身为具有国际性质的汽车展览，东京车展自然成为世界各大汽车公司选择新型车辆首次公开的场所之一，图10-1-8所示为东京车展现场。世界级水平的车辆，优秀的技术人员与众多的供应商的支持，使得媒体关注的焦点也开始转往"零件馆"（部件馆），遂成为"东京车展"的特色之一。图10-1-9所示为日本东京车展的参展车辆之一。

图10-1-8　东京车展现场　　　　图10-1-9　日本东京车展的参展车辆

（5）北美国际车展

北美国际车展创办于1907年，最初叫做"底特律车展"，1989年更名为"北美国际汽车展"，是世界最早的汽车展览之一。北美车展拉开每年车展的序幕，时间固定在1月5日左右开始，举办地在美国的汽车之城底特律（图10-1-10）。

北美车展每年总能出现四五十辆新车，可谓豪车云集（图10-1-11）。此外，车展办得像个大的假日集会，吃喝玩乐，热闹非凡，这也是车展吸引观众的主要原因之一。

图 10-1-10　北美国际车展大楼

图 10-1-11　北美国际车展的参展车辆

2. 我国国内主要城市举办的车展

我国以下城市定期举办国际、国内车展。

（1）北京国际车展

于 1990 年创办的北京国际汽车展览会（Auto China），每两年定期在北京举办（图 10-1-12）。自创办以来，规模不断扩大，展会功能也由过去单纯的产品展示，发展到今天成为企业发展战略发布和全方位形象展示的窗口、全球最前沿技术创新信息交流的平台、最高效的品牌推广宣传舞台。展品品质逐届提高，影响也日趋广泛，众多跨国汽车企业将北京车展列为全球 A 级车展（图 10-1-13）。北京国际车展为我国汽车工业的发展、自主汽车品牌的创立发展发挥了重要的作用，并为促进中外汽车业界的交流与合作做出了积极贡献。

图 10-1-12　北京国际车展大楼

图 10-1-13　北京国际车展的参展车辆

（2）上海国际车展

上海国际车展创办于 1985 年，是中国最早的专业国际汽车展览会，逢单数年举办，是亚洲最大规模的车展（图 10-1-14）。

2004 年 6 月，上海国际汽车展顺利通过了国际博览联盟（UFI）的认证，成为中国第一个被 UFI 认可的汽车展。

2011 上海车展的主题为"创新·未来"，车展占地 23 万 m^2，展出的车辆达 1100 辆，堪称当年全球规模、影响力最大的汽车展之一（图 10-1-15）。

图 10-1-14　上海国际车展大楼

图 10-1-15　上海国际车展的参展车辆

（3）广州国际车展

中国（广州）国际汽车展览会创办于 2003 年，基于"高品位、国际化、综合性"的定位，经过几年的发展，已成为中国大型国际车展之一（图 10-1-16）。广州国际车展云集国内外的豪车（图 10-1-17），已逐渐成为越来越多国内外业内人士不可缺少的一次盛宴。

图 10-1-16　广州国际车展大楼

图 10-1-17　广州国际车展的参展车辆

（4）成都国际车展

作为中国西部地区专业的汽车展览会，成都国际汽车展览会从 1998 年创办至今已成功举办十几届（图 10-1-18）。如今，一年一届的成都国际车展已从国内众多车展中脱颖而出，成为目前国内最具人气和吸引力的汽车盛会之一（图 10-1-19）。

图 10-1-18　成都国际车展现场

图 10-1-19　成都国际车展的参展车辆

复习题

1. 判断题

（1）车展活动属于户外展示的一种，通过车展延伸经销商展厅的销售量，弥补展厅客流量不足导致销量提升过慢的现象。（   ）

（2）为吸引客流，车展现场需要准备合适的节目表演、游戏、抽奖活动，以及小礼品、优惠券、饮品、零食、水果等。（   ）

（3）车展现场布置要尽量将品牌的所有车型都布置到位，描述也尽可能详细。（   ）

（4）人流大，环境嘈杂，是车展销售的一大弊端。（   ）

2. 单项选择题

（1）车展现场销售中最容易忽略的是（   ）。

　　A. 集客量　　　　B. 成交率　　　　C. 品牌宣传　　　　D. 客户满意度

（2）以下不属于车展成交量高的因素是（   ）。

　　A. 团队共战　　　B. 车型种类多　　C. 客流量增加　　　D. 促销套餐

（3）有世界汽车工业"奥运会"之称的是（   ）。

　　A. 德国法兰克福车展　　　　　　　B. 瑞士日内瓦车展

　　C. 法国巴黎车展　　　　　　　　　D. 日本东京车展

（4）中国最早的专业国际汽车展览会是（   ）。

　　A. 北京国际车展　　B. 上海国际车展　　C. 广州国际车展　　D. 成都国际车展

3. 多项选择题

（1）以下属于车展销售目标的是（   ）。

　　A. 车展现场客户聚集量　　　　　　B. 客户信息收集量

　　C. 现场成交量　　　　　　　　　　D. "回头客"量　　　E. 客户满意度

（2）销售顾问了解并掌握车展相关概念与车展销售技巧的目的在于（   ）。

　　A. 充分利用车展平台和媒体的宣传取得客户的信任

　　B. 提升汽车品牌和经销商在当地的知名度和美誉度

　　C. 培养潜在客户

　　D. 挖掘有望客户

（3）车展销售现场准备的要点包括（   ）。

　　A. 展位布置　　　B. 展车准备　　　C. 电话集客　　　D. 优质服务

任务二 车展销售技巧

情境导入

上海国际汽车展在国家会展中心如期举行,车展现场人流量大,噪声也大,销售顾问周丽遇到很多客户询问"这车多少钱?""这车最便宜多少钱?""这个车有什么活动价"等问题,累了一天,一辆车都没成交。很多客户都是冲着礼品而来,参加完活动,拿完礼品就走人,所以整个车展下来没有多少意向客户。周丽意识到光用展厅销售技巧是难以达到车展销售的目的,请分析周丽应该怎样调整才能提升成交量?

任务目标

1. 能描述车展销售的特点。
2. 能根据车展汽车销售基本技巧进行车展销售。

一、基本知识

车展现场与展厅现场不同,车展现场较乱,环境嘈杂,人流量大,车展上客户与观众混合,不易分辨是否潜在客户,那么如何"快、准、狠"地找到潜在客户,收集更多客户资料,提升订单成交量呢?

1. 车展销售的特点

车展销售与展厅销售有很大的不同,车展销售的特点如下。

(1)直面的竞争

从4S店的角度看,在大型车展上面对的是最惨烈的竞争。品牌与品牌,车型与车型,本店与其他店,比车型、比价格。

竞争的核心:第一是价格,第二是品牌,第三是车型。

(2)封闭而开放的空间

车展展台开放式的特点导致了客户的流动性很大,客户行踪不可控;但车展整体场馆是封闭性的,潜在客户若没有下单,就不会离开车展,具有多次推销的机会。因此,这就是在一个封闭而开放的空间,一场不同品牌的4S店对意向客流的反复争夺的攻坚战役。

(3)庞大的客流量

客流量大意味着要买车的人基数也大,但销售顾问会出现无法接待全部客户的现象,并且最后真正下订单的人很少,一般远少于总人数的5%,如何识别购车意向强烈的客户是最为关键的环节。识别成本很高,因为识别过程是一件人力与物力高度付出的过程,而爆棚的客流本身就是识别过程的最大干扰因素。

（4）复杂的洽谈成交环境

车展上，音乐、现场活动、播放的节目、嘈杂的人流等干扰度非常大，客户的消费心理及销售顾问的心理都会受到各种影响。能确定的是，客户与销售顾问都有压力，销售顾问想要快速与客户成交，防止客户流失；客户要全面对比价格，使得购车成本达到最低，这种博弈非常考验销售顾问洽谈能力和团队配合度。

2. 车展销售基本技巧

（1）快速区分不同客户类型

车展现场人头攒动，潜在客户是被动的，如何快速挑选目标客户是重点。从眼神、移动路线、停留时间、看车位置等来判断客户，再运用"利诱法"让潜在的客户浮现。准确辨别客户是否打算在车展买车、买什么价位的车，要以最快的时间判断出客户的基本情况。

1）走马观花型：凑热闹，发动机舱盖打开即围过来，很少询问价格，在各个展厅停留的时间都不是很长，而且有时候会被车展内的歌舞活动吸引驻留。

应对技巧：先拿产品资料给他（她），让他比较后再商谈。

2）炫耀型，近期已购车新用户：这类客户是车展前已经购买了某款车型，来车展就是为了打听价格，看自己是不是买亏了，如果买亏了，好马上找4S店讨个说法。这类客户进入展厅更关心的是价格，对产品讲解没太大兴趣，而且这类人和销售顾问交流时都是围绕价格展开的。

应对技巧：赞美一下，请其推荐其他意向客户，并承诺给予相应好处。

3）真想购车并考虑购车型号

① 现场订购类型：这类人群在前期就已经看好某款车型了，而且已经决定购买，来车展目的是等着厂家的促销，无论促销力度多大，基本都会签单购买。

② 犹豫选择类型：这类人群有购买意向，但还在几个品牌之间徘徊，还没有做出选择。来车展主要想看看各品牌的促销力度，另外也是想通过车展确定购买某一品牌，这种类型客户很容易转化成现场订购类型。

③ 潜在购买类型：这类人群的购车时间都在半年甚至一年以后，虽然肯定是要买车的，但是还处于初期询价和学习期。

④ 公司采购类型：这类人一般不是一个人来到展厅的，都是两个人以上，目的是为了公司采购而来，所以在性能上关注得更多，反而在价格上关注得比较少，有的甚至还会询问有没有其他的优惠。

⑤ 外地客户类型：这类客户一般都是郊县和车程在50km以内的外地客户，他们来是为了比较两地之间的价差，这类客户比较好分辨，一般销售顾问询问客户住址的时候，就能了解到他的来历。

应对技巧：对症下药，全面介绍；强调现场成交的好处，"过了这村没有这个店"。

（2）现场介绍技巧

车展观众如潮，产品介绍必需掌控时间，进而把握商机，强调这是最新款式，全系标准配置及报价，介绍车型名称与排气量，直接提供目录供参考，介绍一项最大卖点，探询客户兴趣，介绍优于同级别车的特点。介绍时间限制在1min内，可以根据具体情况将多位客户合并进行介绍。

有时需要针对某位客户关心的某项特性做介绍，由此挖掘并抓住有望成交的客户。通过不断的交谈建立互信关系，在此过程中发掘顾客需求，寻找解决方法，并提供专业的建议，尝试寻求承诺，以此获得客户满意，最终达到期望的成交目的或留存客户信息。

（3）应对话术技巧

1）回答客户问题后应顺势再探询。

例如：回答发动机动力后顺势询问驾驶需求，同时询问如果对动力满意的话能不能订车。因为在车展上我们没有太多时间给客户认真仔细地看车及分析。

2）客户询问你有现车吗？

这是客户经常提出的问题。销售顾问可以反问："那您是今天一定要提车了？"客户提出车辆配置、让利以及赠送等问题后，销售顾问应该以"如果/是否"等句型引导客户承诺下订单。

3）客户犹豫问价。

客户问："这车最低多少钱？"其实，通常展车上有价格牌，不正面回答：请问——

话术举例：

您以前看过xx车吗？（确认客户是否以前曾经了解价格、产品的情况）

您打算什么时间购买？今天定车吗？（初步确认客户级别，但不能完全相信）

您大概想买个什么价位的车？（确认客户预算，准备进行车型推荐）

您还看中其他什么车型了或您在跟什么车型做对比？（确认竞争对手，准备竞品话术）

4）你再送我一个坐垫我就订了！

最好不要直接答应，否则客户可能会"得寸进尺"，甚至认为还有很大空间。

话术举例：

先生/女士真是太佩服您了，都这时候了还能有再送的道理了吗？

真的是送不了啦！

您看这样吧，今天我们举行抽奖，最低都是赠送保养，最高赠送几千元的笔记本电脑。

您如果保证现在就订，我就去找经理再申请看看。

5）我回去再商量下。

应趁热打铁，客户回去就是别人家的了。

话术举例：

一看就知道您是一个买东西特别谨慎的人！

我确确实实给您尽全力，好不容易为您争取的优惠，您看这样行不？

价格也到这份上了，资源又这么紧张，要不您先交点订金先预订着。

提车也是按订单先后顺序提，回去商量后感觉不好，我们也不能强卖给您！

您看财务在这边，先交订金吧！

6）我没带钱。

话术举例：

您可真会开玩笑！现在是移动支付时代，没有人会买车带现金的，除非土豪。

要不您就一定是有卡一族，刷卡也成，信用卡也可以刷的，大老远地赶过来，不订车不是白来了？

7）没现车，我是外地的，现在就得提车走。

确实没有现车的情况。

话术举例：

太抱歉了，真是不好意思，这车非常紧俏，现在没有现车可交！

再说我们有标准的交车流程，这样草草地给您交车，太不尊重您了，好多注意事项没法给您细说，回头咱们会有一个隆重的交车仪式。

您要不今天先预定一下,交车我们改天再根据您的时间安排,您看可以吗?

8) 能否试驾?

话术举例:

您真是内行!

买车前一定要试驾!

您现在对我们这款车如果还有什么不明白,我给您再讲讲!

您先定下来,回头您试驾要是不满意,保证全额退您订金好吧?

9) 团购便宜多少钱?

话术举例:

非常抱歉!车展上的价格都是最低价!

您买一辆是这个价,订10辆也是同样价,童叟无欺!

来,我给您算算您把车开回家要准备多少钱⋯

10) 可否再优惠一点?

话术举例:

您真是太有眼光了!

咱们的车无论是大气的外观、精致的内饰,还是优越的操控,都得到了大家的认可,可是由于资源太紧张了,之前都必须加装饰才能订车。

现在不但不用加装饰,还赠送5000元装饰。

沾车展的光,现在订车可以参加抽奖的,平时是没有这个机会的。

二、拓展知识

以下列举几种车展常见的情境:

1) 看热闹的,过来转转的。

销售顾问:您好,欢迎光临××展台。今天来××展台看下车子吗?您之前有了解过我们品牌吗?

客户:没有,只是过来看下。

销售顾问:哦,那您随意参观下,有需要的话,可以招呼我们。

2) 最近想到要买车,通过车展的综合平台过来了解对比车型,看看有什么车型适合自己,又有什么特别的优惠,进行一个初步了解,心里有个数,到时再到展厅进行一个具体的洽谈。

销售顾问:您看,今天车展也比较热闹,声音比较嘈杂,这样交谈也不怎么方便。要不这样,车展结束我约您到我们展厅来进行细谈。您可以留个联系方式,我们店内还提供免费的试乘试驾,到时我们预约个时间,大概什么时间段打您电话比较方便?

3) 准备在车展上订车的,之前都已经对比过车型了,也基本上确定了自己所要购买的车型,就图车展上的优惠政策了,优惠幅度大的话就能马上下定单。

销售顾问:您好,欢迎光临××展台。先生/小姐,想看下我们××什么车型呢?之前您有关注过××车型吗?

客户:关注过。

销售顾问:是哪一款呢?

客户:××。

销售顾问:那您价格都具体了解过吗?

客户:有。

销售顾问：看来您是有备而来啊，今天车展的价格非常实惠，而且现场订车还有大礼。要不咱们坐下来，让我详细地跟您说下具体的报价方案，相信您看了肯定满意。

复习题

1. 判断题

（1）车展展台是开放的，车展销售场所具有不封闭、开放的特点。（　　）

（2）车展上客户与观众混合，销售顾问工作核心是"快、准、狠"地找到潜在客户。（　　）

（3）对于走马观花型客户，应该先拿产品资料给他（她），比较后再商谈。（　　）

（4）因车展客流量大，对于近期已购车的炫耀型新用户应该不予理睬。（　　）

2. 单项选择题

（1）在汽车促销中，直接面对客户的短期刺激性方式是（　　）。

　　A. 人员销售和公共关系　　　　　　B. 人员销售和销售促进

　　C. 广告和公共关系　　　　　　　　D. 广告和销售促进

（2）（　　）不能获得顾客的好感。

　　A. 了解客户心理　　　　　　　　　B. 学会推销自己

　　C. 换位思考　　　　　　　　　　　D. 指出其他品牌的缺点

（3）法兰克福车展前身为（　　）车展。

　　A. 吕塞尔海姆　　B. 布来梅　　　C. 柏林　　　　D. 斯图加特

（4）接近客户的首要目的是（　　）。

　　A. 设法赢得客户的好感　　　　　　B. 向客户低头行礼

　　C. 快速介绍商品　　　　　　　　　D. 签合同

（5）以下销售过程中的产品展示方法哪个不属于基本手法之一。（　　）

　　A. 机械销售展示　　B. 公式化展示　　C. 客户利益展示　　D. 需要满足展示

（6）当顾客说："你推荐的这款车型质量不好"。此时，销售人员便问："质量不好？您是指它的哪些方面？"该种处理顾客异议的方法是（　　）。

　　A. 转化处理法　　B. 转折处理法　　C. 询问处理法　　D. 同意和补偿处理法

参 考 文 献

[1] 吴荣辉，陈信文.汽车销售与服务流程［M］.上海：同济大学出版社，2010.

[2] 朱小燕.汽车销售实务［M］.北京：机械工业出版社，2011.

[3] 李海燕，刘韵.汽车市场营销实战［M］.上海：同济大学出版社，2013.

[4] 吴荣辉，李颖.新能源汽车认知与应用［M］.北京：机械工业出版社，2019.

[5] 孙杰.汽车销售实务［M］.北京：机械工业出版社，2016.

[6] 刘金霞，宋宝珍.汽车销售实务［M］.镇江：江苏大学出版社，2016.

[7] 孟璐，张新智.汽车营销实务［M］.长春：吉林大学出版社,2017.

[8] 苏忆，纪文煜.汽车营销基础与实训［M］.沈阳：东北大学出版社,2013.

[9] 刘金霞，宋宝珍.汽车销售实务［M］.镇江：江苏大学出版社，2016.

[10] 夏志华，姬虹，孔春花.汽车营销服务礼仪［M］.2版.北京：北京大学出版社，2015.